全国教育科学规划2022年度教育部重点课题“英国大学教育思想史研究”
（课题批准号：DOA220438）的阶段性成果之一

英国教育史研究丛书
易红郡　主编

U0894425

19世纪英国大学科学教育派与古典人文教育派的论战

秦　睿　著

DEBATES BETWEEN SCIENTIFIC AND CLASSICAL HUMANISM EDUCATION IN BRITISH UNIVERSITIES IN THE 19TH CENTURY

河北大学出版社
·保定·

出 版 人：马　力
选题策划：何　东
责任编辑：李　达
装帧设计：赵　谦
责任校对：姚萌萌
责任印制：常　凯

图书在版编目（CIP）数据

19 世纪英国大学科学教育派与古典人文教育派的论战 / 秦睿著．-- 保定 ：河北大学出版社，2025．7．--（英国教育史研究丛书 / 易红郡主编）．-- ISBN 978-7-5666-2701-8

Ⅰ．G649.561

中国国家版本馆 CIP 数据核字第 2025NG7909 号

19 世纪英国大学科学教育派与古典人文教育派的论战
19 SHIJI YINGGUO DAXUE KEXUEJIAOYUPAI YU GUDIANRENWENJIAOYUPAI DE LUNZHAN

出版发行：河北大学出版社
地址：河北省保定市七一东路2666号　邮编：071000
电话：0312-5073003　0312-5073029
网址：www.hbdxcbs.com
邮箱：hbdxcbs@163.com
印　　刷：涿州市般润文化传播有限公司
幅面尺寸：170 mm × 240 mm
字　　数：270千字
印　　张：18.25
版　　次：2025年7月第1版
印　　次：2025年7月第1次印刷
书　　号：ISBN 978-7-5666-2701-8
定　　价：72.00 元

如发现印装质量问题，影响阅读，请与本社联系。
电话：0312-5073023

总　序

本人在北京师范大学攻读博士学位期间，就选择了英国教育史作为自己的研究领域，后来陆续出版了四部关于英国教育史方面的著作。我从 2013 年起开始招收博士生，由于多年来是在教育学原理方向招生，故首届招收的两位博士生没有从事英国教育史研究。后来，根据张斌贤教授、刘铁芳教授的建议，我开始有意识地要求学生选择英国教育史专题作为博士论文的选题，以便形成较为稳定的团队研究方向。目前，在已毕业的十位学术型博士生中，有八位从事英国教育史研究，他们根据自己的专业兴趣选题，并已通过博士学位论文的答辩。这套丛书就是他们的研究成果汇集，研究主题包括英国现代英语教育的变迁、英国幼儿学校的发展、英国大学开放教育、英国职前教师教育、英国学校音乐教育、英国中产阶级家庭教育、英国工人阶级教育、英国贵族教育、英国新大学、英国大学教育的论战等。此外，我的博士学位论文也纳入了这套《英国教育史研究丛书》。虽然 2005 年我的博士论文已由湖南教育出版社正式出版，但当时的发行量相当少，面世的仅有二三百册；2013 年 12 月至 2014 年 12 月我在伦敦大学教育学院访学时，又找到了不少新的英文文献。因此，该书纳入这套丛书重新出版时进行了适当的扩充和完善。

目前国内教育史学界关于美国教育史的研究居多，研究成果也较为丰富，并且形成了以北京师范大学和河北大学为主的美国教育史研究基地。英国是位于西欧一隅的小岛国，它在人类文明史上具有重要地位。英国最早实现了工业化，成为近代大工业的先行者；英国最早实行政治变革，为西方民主制度树立了榜样。英国的教育同样引人注目，它既是当今世界教育强国之一，也是全球范围内最具吸引力的留学目的地之一。据统计，过去二十年我国赴英留学生的数量大幅增加，我国赴英留学生已成为非欧盟学生中的主力军，优质的教育质量是中国学生选择赴英留学的重要动机。当今英国教育发展，与其教育传统及变革密不可分，研究英国教育的历史和传统，有助于我们更深刻地认识英国教育的特质以及英国教育走向现代化的机制。然而，目前国内关于英国教育史的研究略显不足，相关成果并不多见，类似的研究丛书似乎没有。《英国教育史研究丛书》的出版，不仅弥补了这方面的不足，为外国教育史学科建设贡献微薄之力，而且能为我国教育改革和发展提供一些历史参照。由此可见，无论从出版价值、社会效益还是理论意义而言，《英国教育史研究丛书》的出版无疑是一种有益的探索。

这套丛书主要包括以下十册。

易红郡著的《从冲突到融合：20世纪英国中等教育政策研究》。该书将教育史研究和政策分析相结合，将20世纪英国中等教育政策发展划分为三个不同的时期，从教育政策的角度详尽、系统地研究了不同时期英国中等教育的历史变迁，并从政治学、社会学、经济学、历史学、文化学等方面，着重分析了20世纪以来不同时期英国中等教育政策的变动与得失，总结英国中等教育发展的经验，探讨影响英国中等教育政策形成的内外因素及其内在机制。

稂建中著的《从民族性到全球化：英国“现代英语”教育的变迁研究》。该书主要从英格兰民族国家的建立、民族文学的发展和民族语言的形成等方面分析英国“现代英语”教育变迁的背景，重点探讨16世纪之后英国“现代英语”教育的民族特性以及17世纪之后英国“现代英语”教育的文化殖民特性；进而分析18世纪末和19世纪英国“现代英语”教育的全球化视野及其影响因素；最后，从语言文化教育、民族身份教育和国家发展战略等维度，反思英国“现代英语”教育的价值及其局限性。

唐超著的《从个人实验到国家主导：19世纪英国幼儿学校的发展研究》。该书将19世纪英国幼儿学校的发展历程分为四个阶段，分别是新拉纳克幼儿学校的实验（1800—1823）、民间幼儿学校运动的兴起（1824—1838）、民办公助下幼儿学校的推进（1839—1869）及国家主导下幼儿学校的普及（1870—1900），主要考察了不同阶段幼儿学校的教育实践及其发展特点。研究表明，19世纪英国幼儿学校的性质是从民间慈善转变为国家福利，教育场所则经历了从家庭、教会到社会的转移，同时教育的内容也逐渐走向世俗化。

李慧迎著的《战后英国大学开放教育资源研究：基于质量文化的视角》。该书将战后英国大学开放教育资源的发展置于特定的历史背景之下，并以质量文化为分析视角，考察五种不同形式的开放教育及其开放教育资源，即海外办学中的开放教育资源、开放大学的开放教育资源、产业大学的开放教育资源、开放学习项目中的开放教育资源、慕课中的开放教育资源；进而分析其内部质量保障机制和内外部的质量评估过程；最后，总结战后英国大学开放教育资源的特点及动因，从中得出对于我国开放教育资源发展的启示。

周亦斌著的《传承与嬗变：英国都铎时期学校音乐教育的演进研究》。该书以英国都铎王朝时期（1485—1603）的主要学校为研究对象，首先考察了英国学校音乐教育的缘起（古希腊时期）、英国学校音乐教育的肇始（中世纪早期）以及英国学校音乐教育的变迁（中世纪晚期）；其次将英国都铎时期学校音乐教育的演进划分为恢复（1485—1547）、重构（1547—1558）及渐变（1558—1603）三个阶段，阐述了每一阶段学校音乐教育的形态及其成因；最后分析了英国都铎时期学校音乐教育演进的趋势，并总结其演进的特征。

赵森著的《延续与新变：英国斯图亚特时期贵族教育研究》。该书以英国斯图亚特王朝时期（1603—1714）的英国贵族为考察对象，首先追溯了斯图亚特时期之前英国贵族教育发展的历史源流与文化基础；其次在分析斯图亚特时期英国贵族所处的政治、经济与文化背景基础上，进一步从历时性与共时性角度阐释了英国贵族的教育思想、教育场所与教育内容；最后揭示了该时期英国贵族教育的价值取向与性别差异，并且在强调其发展的继承性和创新性特征的基础上，分析了斯图亚特时期英国贵族教育发展所产生的历史影响。研究表明，随着教育现代化的发展，英国贵族教育的"装饰性"逐步让位于"实用性"，英国贵族孕育出的贵族精神、精英教育、道德教育仍是英国社会价值取向的风向标。

王宇遥著的《何以为"新"：英国新大学研究》。该书将英国新大学置于特定的历史背景之下，首先考察了新大学诞生的背景、原因及过程；其次通过探讨建筑设计的理念、实施及功能揭示了新大学建筑层面之"新"，并从经费、组织、教师与学生等角度阐述了新大学管理层面之"新"；最后重点探讨了新大学人才培养、科学研究与社会服务等职能之"新"。研究发现，新大学不仅在一定程度上解决了英国大学教育的过度专门化问题，加强了英国大学文理科之间的交流，而且促进了英国高等教育的大众化；但是，新大学也损害了其管理人员的研究权利，并迫使传统大学出现"职业漂移"。

陈瑶著的《维多利亚时期英国中产阶级家庭教育研究》。该书以维多利亚时期（1837—1901）英国中产阶级家庭教育作为研究对象，首先从家庭观、女性观、儿童观三方面分析了维多利亚时期英国中产阶级的价值观；其次从儿童的身体养育、精神陶冶、生活教育三方面再现了维多利亚时期英国中产阶级家庭教育的场景；最后从作为学校的家庭、作为社会组织的家庭两方面揭示了维多利亚时期英国中产阶级家庭的社会属性，并在此基础上进行了一些反思。研究表明，维多利亚时期英国中产阶级十分重视家庭教育，家庭承担着学校教育的职责，母亲和家庭女教师是重要的教育者，同时家庭也是社会阶层再生产的重要场所。

秦睿著的《19 世纪英国大学科学教育派与古典人文教育派的论战》。该书首先以 16 世纪为起点，追溯了英国大学科学教育派与古典人文教育派论战的缘起；其次通过考察 19 世纪英国的社会背景，分析英国大学科学教育派与古典人文教育派论战的动因；再次探讨 19 世纪英国大学科学教育派与古典人文教育派论战的开端、发展与高潮，以此勾勒科学教育派与古典人文教育派关于大学教育目的、内容、对象等方面论争的过程；最后剖析 19 世纪英国大学科学教育派与古典人文教育派论战的结果，具体表现为政府调查与立法、古典大学的改革和城市学院的建立，并进一步评析 19 世纪英国大学科学教育派与古典人文教育派论战对英国高等教育大众化与现代化的影响。

王宇遥著的《劳工的呼声：19 世纪英国工人阶级争取教育权利的历程研究》。该书将教育史研究与阶级分析法相结合，首先探讨了 19 世纪英国工人阶级争取教育权利的缘起；其次根据英国工人阶级争取教育权利的性质和相关法案，将 1800—1900 年英国工人阶级争取教育权利的历程分为三个阶段，分别是自发阶段（1800—1832）、有组织阶段（1832—1870）和新阶段（1870—1900），并在此基础上考察了不同阶段英国工人阶级争取教育权利的背景、过程与结果等；最后从特征、实质与影响三方面对 19 世纪英国工人阶级争取教育权利的历程进行了反思。研究表明，英国工人阶级的教育发展史是一部斗争史；英国工人阶级最后所获得的教育权利，也并非资产阶级的恩赐，而是他们不断斗争的结果。

《英国教育史研究丛书》只是一个剪影，我们力图从不同的视角勾勒英国教育发展的历史轨迹，探讨英国教育发展的内在逻辑，揭示英国教育发展的基本规律。出版《英国教育史研究丛书》也是我们的一种尝试，我们希望能继续深化和推进这一领域的研究，期待得到外国教育史学界同人的指导，同时形成自己团队的研究特色。但由于我们的研究水平和能力有限，尤其是语言表达风格各异，丛书中还存在不少瑕疵，敬请各位学者和读者批评指正！

最后，感谢吴式颖先生、史静寰教授、张斌贤教授、杨汉麟教授、贺国庆教授、朱文富教授、刘宝存教授、肖朗教授、王晨教授、李先军教授、刘铁芳教授、刘德华教授、容中逵教授、王卫华教授、田景正教授以及伦敦大学学院加里·麦卡洛克（Gary McCulloch）教授等，他们在上述作者博士论文答辩过程中给予了客观评价与悉心指导。感谢朱文富教授在这套《英国教育史研究丛书》出版过程中给予的大力支持！感谢河北大学出版社马力老师、何东老师的精心策划！

易红郡

2025 年 6 月 2 日

目　录

导　论

一、选题缘由

19 世纪工业革命完成后，英国在多个领域取得了显著成就，稳步推进现代化。这一时期，英国大学教育在社会变革的推动下进入改革阶段，但改革过程并非一帆风顺，需化解不同利益群体的需求冲突，其中科学教育派与古典人文教育派的论战是改革矛盾的重要体现。英国是第一个工业化国家，也是第一个国家现代化、教育现代化的探索者和先行者。① 19 世纪是研究英国高等教育的关键时期，科学教育派与古典人文教育派的论战是研究 19 世纪英国高等教育不可忽视的内容。

（一）19 世纪是英国大学步入现代化改革的关键时期

19 世纪英国资产阶级力量崛起、自然科学进步和宗教自由扩大等因素促使传统古典大学进行改革，这一时期高等教育的目的与内容开始发生根本性转变。以 1870 年为界，英国近代高等教育的形成可以划分为两大阶段，前一阶段主要表现为牛津大学和剑桥大学等传统大学改革以及伦敦大学的创立；1870 年之后的第二阶段表现为新型高等教育机构的出现以及近代高等教育制度的建立。②

---

① 高书国．世界教育强国的形成与发展：以英、法、德、美为例［J］．教育研究，2023（2）：15-29.

② 黄福涛．外国高等教育史［M］．上海：上海教育出版社，2003：102.

19世纪初，古典大学提供的教育主要目的是将个体塑造为高贵优雅的绅士。这种教育具有极强的封闭性，它只适用于那些已获得一定社会地位的精英阶层。它还具有较强的宗教性，为神职人员服务。在18世纪末期和19世纪上半叶，一半的剑桥大学毕业生和三分之二的牛津大学毕业生进入了神职人员行列。[①] 古典大学的宗教色彩浓厚，导致它们在宗教信仰上具有排他性，特别是排斥中产阶级的非国教徒学生。在此背景下，伦敦大学应运而生。它在招生上不以宗教信仰为限，为非国教徒的中产阶级学生提供入学机会。伦敦大学还引入现代学科和课程，在19世纪40年代仿照德国模式建立实验室，设立了英国第一个土木工程和建筑的教授职位，对英国大学的现代改革起到巨大的促进作用。[②]

自19世纪70年代起，英国高等教育经历了根本性的变革。为改变英国高等教育脱离实际生产的状况，一批新型的大学和城市学院建立起来。这些大学与学院由当地发展的工商业提供财政支持，因而具有鲜明的科学技术导向，开设大量现代学科，主要为工商业经济发展提供人才，充分迎合中产阶级的教育需求。这些新设大学突破了传统大学教育的理念，主要提供科学化、现代化和专业化的教学内容。更重要的是，城市学院的发展提供了更多的高等教育机会，使英国高等教育开始迎合经济和地方发展的需要，也促进了牛津大学和剑桥大学进行改革。古典大学教育的封闭性与保守性引起了社会的诸多批评，尤其是与教研合一、产教结合的德国大学相比，牛津大学、剑桥大学无法为工业化生产提供人才。在多方推动下，牛津大学、剑桥大学开始进行教育改革，引入新兴学科。英国高等教育的目标不再局限于培养有教养的绅士，而是开始注重培养科学技术人才。

---

① SANDERSON M. The universities in the nineteenth century[M]. London: Routledge & Kegan Paul, 1975.

② 刘海峰，史静寰. 高等教育史 [M]. 北京：高等教育出版社，2010：388.

本书涉及的主要大学包括牛津大学、剑桥大学两所古典大学，伦敦大学以及19世纪后期成立的城市学院。在此，“大学”一词不单指特定机构，而是代表19世纪英国高等教育体系的演变。19世纪是英国高等教育处于变革与发展的关键时期，古典大学的改革与新型大学的设立为20世纪英国高等教育新格局的形成奠定了基调，科学教育与人文教育的论战是这一时期英国高等教育变革的重要线索。

（二）科学教育派与古典人文教育派的论战是19世纪英国高等教育变革的重要动力

大学科学教育派与古典人文教育派的论战推动了19世纪英国古典大学的改革。英国高等教育在19世纪中叶前一直被古典人文教育传统垄断，新生的科学教育力量在大学中生存艰难。19世纪50年代后，科学教育力量逐步增强，将科学教育纳入高等教育成为大学改革的必然趋势，由此教育改革逐步展开。在改革过程中，英国高等教育界形成了两大思想阵营，分别捍卫科学教育和古典人文教育，引发了近一个世纪的教育辩论。尽管不同阶段的辩论焦点各异，但核心议题始终是科学教育与古典人文教育在大学教育中的关系，这为推动教育改革提供了舆论支持和思想动力。

大学科学教育派与古典人文教育派的论战推动了19世纪英国新大学的成立。在19世纪30年代，伦敦大学的成立是功利主义教育家与保守主义教育派之间辩论的重要成果。伦敦大学的建立在当时具有巨大的反传统性，仅“不设置宗教课程”这一条在欧洲历史上就未曾有过，它以实际行动率先向以牛津大学与剑桥大学为统治地位的英格兰传统高等教育发起挑战，开启了近代英国高等教育的世俗化进程。① 19世纪50年代后，有关古典人文教育与科学教育的辩论达到高潮，科学教育

① 袁传明. 近代英国高等教育改革与发展研究：以伦敦大学百年史（1825-1936）为个案［M］. 广州：广东高等教育出版社，2017：85.

内容引入高等教育逐渐成为广泛接受的观念。19世纪末，一批以现代科学知识为主要教学内容的城市学院成立，它们立足工业发展，注重科技应用。城市学院的兴起开创了英国高等教育的新纪元，为英国高等教育陈旧保守的知识体系注入新鲜血液。

19世纪英国大学科学教育派与古典人文教育派的论战在思想上、行动上都极大地推动了英国高等教育改革。科学教育派与古典人文教育派近一个世纪的博弈，在英国高等教育从保守走向开放、从古老走向现代的过程中发挥了关键的过渡作用，形成了大学教育改革的新局面，使英国高等教育焕发新的活力。

（三）科学性与人文性的关系是教育中永恒的话题

从古至今，许多教育家都探讨过教育的科学性与人文性的关系。人文教育思想源于古希腊的亚里士多德（Aristotle），他主张教育不应以功利、致用为目的，而应该追求德、智、体的完善，这种完善本身就是目的。① 到文艺复兴时期，欧洲形成了古典教育传统。它强调以古典著作为课程的核心内容，因为在这些作品中人们发现了一种衡量现实生活的尺度，它是如此优越，甚至超越了作者们所生活的时代。② 这也导致了长期以来，人文教育对学校教育造成垄断，科学教育流于障蔽。但随着科学技术的进步，并在生产生活中发挥重要作用，教育越来越要求纳入科学知识的内容了。

教育的科学性与人文性是个体发展的“两翼”，将二者长期对立反而造成个体发展的偏颇。为此，科学教育家托马斯·亨利·赫胥黎（Thomas Henry Huxley）赋予“自由教育”新的含义，以诠释教育中科学性与人文性的关系。在他看来，这种教育不受限制，它涉及所有领域中必须认识的事物，锻炼人的全部官能，而且对人类全部活动的

① 李甫贵．西方科学教育与人文教育关系的历史演变［J］．河北师范大学学报（教育科学版），2007（2）：47-50.

② 易红郡．英国教育思想史［M］．上海：华东师范大学出版社，2017：253.

两大方面——艺术和科学给予同样的重视。[①] 对于科学教育与人文教育相对立的局面，杜威（Dewey）从他的“教育即生活”论出发。杜威认为消除科学与人文的对立需要提倡“人本学习”，即学习任何科目都要增加对生活的价值的关心，要对社会的幸福有敏感性并具有推进社会幸福的能力。[②] 1959 年，英国科学家查尔斯·珀西·斯诺（Charles Percy Snow）在剑桥大学发表了题为《两种文化》（“The Two Cultures”）的演讲。斯诺所指的两种文化是人文知识分子的文化和自然科学家的文化。斯诺声称在两者之间出现了深刻的相互怀疑和相互不理解，而这种怀疑和不理解，将对运用技术以缓解世上问题的前景产生破坏性的后果。[③] 可见，从古至今科学教育与古典人文教育间的关系一直为人所谈论。

19 世纪被誉为“科学的世纪”，在这一时期，几乎整个欧洲都因科学与技术的进步而发生巨大变革。科学教育开始向古典人文教育发起挑战，一批有识之士们围绕学校教育的核心是科学知识还是古典知识展开大辩论。在英国大学科学教育派与古典人文教育派近百年的论战中，出现了许多关于二者关系的讨论。本书旨在探讨 19 世纪英国大学中科学教育派与古典人文教育派之间的论战，并在此过程中试图从各种教育思想中汲取启示，以深入理解大学中科学教育与古典人文教育之间的关系。

有价值的研究应围绕问题展开论证，立足好问题，才能解决真问题。鉴于此，本书围绕以下问题展开研究。第一，19 世纪英国科学教育派与古典人文教育派展开论战的原因及背后动因。第二，19 世纪英

---

① 赫胥黎. 科学与教育［M］. 单中惠，平波，译. 北京：人民教育出版社，2005：162.

② 刘德华. 科学教育的人文价值［M］. 成都：四川教育出版社，2003：85-86.

③ 斯诺. 两种文化［M］. 陈克艰，秦小虎，译. 上海：上海科学技术出版社，2003：2.

国科学教育派与古典人文教育派的论战在大学中展现的方式及具体表征。第三，19 世纪英国大学的科学教育派与古典人文教育派的论战对英国高等教育产生的影响。

二、研究意义

本书试图梳理 19 世纪英国大学科学教育派与古典人文教育派间的论战，并揭示这两种教育力量的变化及其与大学发展的关系，有助于丰富有关 19 世纪英国大学教育史的研究内容，具体表现为以下三个方面。

首先，本书有助于更加全面、深入地了解 19 世纪英国大学中科学教育派与古典人文教育派论战的历史脉络。19 世纪英国大学的教育辩论及教育改革，不仅涉及人物众多，且历时较长，不同时期呈现出不同的特点。本书探讨了科学教育与古典人文教育之间的辩论、古典大学的改革措施和新型大学的兴起，反映了教育观念在改革过程中的变化并分析了这些变化如何塑造 19 世纪末英国高等教育的格局。

其次，本书有助于加深对英国 19 世纪大学教育改革的理解。在英国教育现代化进程中，19 世纪高等教育的改革推动了英国建立制度完备、质量领先的现代化教育体系。19 世纪前，英国大学教育长期奉行精英式的培养模式，主要为贵族阶级服务。随着社会环境的变化，“小而精”的大学教育面临脱离社会生活的问题，亟需大刀阔斧的改革。其中，科学教育与古典人文教育的关系成为大学教育改革的关键议题之一。19 世纪英国大学科学教育派与古典人文教育派的论战归根到底是高等教育的发展问题。改革后的英国大学不仅保留了传统教育的优势，又融入了现代教育的特色，再次成为世界高等教育的领跑者。

最后，本书有助于揭示 19 世纪教育力量竞争背后英国贵族阶级与中产阶级、宗教势力与世俗力量之间的社会矛盾与冲突，以及英国大学教育改革如何在冲突中走向融合的特点。在 19 世纪，代表中产阶级立场的功利主义哲学家开始提倡功利主义的教育理念，这种理念逐渐动摇了古典人文教育在大学中的主导地位。在此之前，古典人文教育的主要目的是培养具有贵族气质的绅士和为贵族阶级服务的人才。然而，随着科学知识的兴起和发展，科学知识体系开始对传统的古典知识体系形成冲击，使得以培养绅士和服务贵族为目标的古典人文教育面临前所未有的挑战。这场关于英国大学科学教育派与古典人文教育派的论战反映了当时英国社会各阶层及不同社会因素之间的复杂关系。最终，古典大学着手改革，对教育传统进行扬弃；新型大学开拓出大学教育的新路径，在服务工业的同时也注重开设古典学科。这种在冲突中走向平衡的改革模式既体现了高等教育自身组织系统的妥协性，又符合英国社会发展与改革的特点。

三、概念界定

教育概念不仅仅是一类客观的观察和陈述语言，就如同数学的符号与物理学的公式，而且是一种表达性的、历史性的、规范性的概念，具有内在的价值规定。[①] “科学教育”与“古典教育”“人文教育”“古典人文教育”等概念虽常出现在各类研究中，但对其概念却缺乏清晰的定义。为梳理本书研究思路，现对“科学教育”“古典人文教育”进行历史追溯，明确概念内涵，力求概念的准确性。

（一）科学教育

要界定科学教育的概念，首先要明确“科学”的内涵。亚里士多德认为，科学建基于初始前提，我们通过理智直观（nous）而达到它

① 石中英. 教育学的文化性格［M］. 太原：山西教育出版社，2001：186.

们。[①] 亚里士多德强调科学要有根据地推理。19世纪科学史家威廉·塞西耳·丹皮尔（William Cecil Dampier）认为："科学是关于自然现象的有条理的知识，是对于表达自然现象的各种概念之间的关系的理性研究。"[②] 丹皮尔注重科学的知识性，将科学研究的对象视为自然现象。《牛津高阶英汉双解词典》中指出，"science"一词作为名词有四种解释，一是基于实验证明有关物质世界结构的科学或自然科学；二是自然科学的学习与研究或理科；三是自然科学学科；四是人文、社会学科。[③] 上述定义着重强调科学作为一项专门的研究活动与一门专业学科的属性，其面向对象不仅包括自然物质也包括社会文化。《现代汉语辞海》规定科学为"反映自然、社会、思维等客观规律的分科的知识体系"[④]。该词典将"科学"定义为反映自然物质世界、社会世界与人类精神世界的知识体系。综上观之，在内容上，"科学"一词强调对客观真理的把握，关注科学知识的获得；在对象上，现代社会侧重"科学"是对客观世界的反映，其范围包括自然世界与社会世界。

19世纪中期，随着各种自然科学的进一步发展并逐渐为社会生活所必需，以及进化论的提出，强调科学知识和重视自然科学教育已成为时代的精神，自然科学知识逐步在学校教育课程中占据重要的位置。[⑤] 因而，本书中的"科学"（science）主要指自然科学，具体来说是指以自然物质世界为研究对象，获取关于自然物质属性、状态、规

---

① 斯通普夫，菲泽．西方哲学史［M］．邓晓芒，匡宏，等译．北京：北京联合出版公司，2019：78．

② 丹皮尔．科学史［M］．李珩，译．桂林：广西师范大学出版社，2009：8．

③ 霍恩比．牛津高阶英汉双解词典：大字本［M］．石孝殊，王玉章，赵翠莲，等译．北京：商务印书馆，2005：432．

④ 《现代汉语辞海》编辑委员会．现代汉语辞海［M］．北京：中国书籍出版社，2003：735．

⑤ 吴式颖，任钟印．外国教育思想通史：第8卷［M］．长沙：湖南教育出版社，2002．

律等客观真理，为人们在社会实践活动中合理地利用物质世界而服务。

文艺复兴时期不仅解放了人类的思想，也催生出近代科学。随着科学知识的传播，体系化的科学课程逐渐形成，科学教育活动随之兴起。英国科学教育肇始于16世纪的弗朗西斯·培根（Francis Bacon），培根在《新大西岛》（*New Atlantis*）中描述了“所罗门之宫”，为科学教育活动提供了初步设想。17—18世纪科学教育仍处于萌芽阶段，但其专业化和实用化价值取向业已显现。19世纪是科学教育从学校的边缘地位转变为重要组成部分的关键时期。该时期以赫伯特·斯宾塞（Herbert Spencer）和赫胥黎为代表的科学教育思潮在英国兴起。在斯宾塞的眼中，科学知识具有较强的实用价值。他指出，掌握某些科学门类的知识对于一切从事商品生产、交换与分配的人而言，都是至关重要的。① 赫胥黎认为，科学教育应使学生牢固地掌握科学的一般特点，并且在所有的科学方法上多少受到一点训练，在日后面临科学问题时，能凭借熟悉广泛传播的科学思想以及能适当地运用那些科学方法，了解某个科学问题的状况。② 赫胥黎除了强调科学知识的掌握、为解决实际问题发挥的作用，还注重学生对科学方法的运用。在现代，有学者从知识、文化、精神三种形态指出，科学教育包括“自然科学（包括技术）教育、科学文化教育与科学精神教育”③，科学教育的目的是“提高人类对自然界的认识，增强人类征服自然、改造自然的能力，发展人与自然的和谐共存关系，从而为人的生存和发展提供坚实的物质基础”④。

---

① 斯宾塞. 教育论：智育、德育和体育［M］. 王占魁，译. 北京：中国轻工业出版社，2016：24.

② 赫胥黎. 科学与教育［M］. 单中惠，平波，译. 北京：人民教育出版社，2005：88.

③ 杜时忠. 科学教育与人文教育［M］. 武汉：华中师范大学出版社，1998：57.

④ 杜时忠. 科学教育与人文教育［M］. 武汉：华中师范大学出版社，1998：58.

在不同历史时期，科学教育的内涵有所不同。本书立足于19世纪英国，结合其时代特点，将科学教育界定为基于对自然物质世界的考察，形成系统的知识体系并以学校教育的方式进行传播，其目的是培养具备科学知识、富有科学精神并运用科学原理改造物质世界的人才，具有一定的职业性或专业性。

（二）古典人文教育

关于"古典人文教育"概念的界定，理论界并无一致意见。现对"古典教育""人文教育"的概念分别进行梳理，以探寻古典人文教育的内涵。

《高等教育辞典》中认为，古典教育又称经典教育，是以古代名著及其使用的语言为内容的教育。如在欧洲国家及具有欧洲文化传统的国家里，对古代拉丁语和希腊语及用这些语言写作的经典著作的研究和传授。① 这一界定说明了古典教育的教育内容。根据《教育大辞典》的解释，古典教育是近代欧洲普通中等教育体系。其特点为以希腊语和拉丁语等古代语言和古希腊、古罗马文化为主要教学内容，以欧洲文艺复兴时期教育家的主张为其思想渊源，以路德派教育家、斯特拉斯堡督学斯图谟（Sturm）1538年创办的第一所古典文科中学为学制模型，以培养新教教会神职人员和国家官吏为目标。② 这一解释明确了古典教育的历史渊源、教育内容与培养目标。有学者认为古典主义教育兴起于文艺复兴时期，也称为古典人文主义教育。它强调以古典著作为课程的核心内容，因为在这些作品中人们发现了一种衡量现实生活的尺度，它是如此优越，甚至超越了作者所生活的时代。……古典著作也称为人文学科，即以希腊文、拉丁文为基础的一些学科。③ 该界定说明古典主义教育与古典人文主义教育基本具有相同含义，强调以人

① 朱九思，姚启和. 高等教育辞典［M］. 武汉：湖北教育出版社，1993：95.
② 顾明远. 教育大辞典［M］. 上海：上海教育出版社，1990：458.
③ 易红郡. 英国教育思想史［M］. 上海：华东师范大学出版社，2017：253.

文学科即古典语、经典著作为主要内容，注重培养学生对古典著作永恒精神的把握。我们可以发现，古典教育、古典主义教育与古典人文主义教育都起源于文艺复兴时期，强调掌握以古典语、古典著作为主要内容的知识及接受相关学校教育。

“人文教育”一词与人文学科、人文主义息息相关。人文主义的提法源于拉丁文，最初的意义是人文学科，即赋予人以人性的学科，15世纪时，人们用它来指以希腊文和拉丁文为基础的那些学科，尤指修辞学、逻辑学、伦理学、哲学、历史、宗教这样一些科目。① “人文学科从其产生直至文艺复兴，在其漫长的历史过程中，都被当作完整的教育纲领，提供一种博雅教育，其最终目的在于训练人的多方面的才能，并使之得到最大限度的发展。从古希腊到文艺复兴，人文学科在人类知识领域和教育领域毫无争议地占据着主导地位。”② 这说明人文学科及其相关教育活动主要是为了培养个体的高雅品位，促进自身发展，并长期成为学校教育的主要内容。不难发现，古典教育以人文学科及其教育活动为基础，主要目的是培养全面发展的人才。

鉴于此，结合本书研究内容，本书中的古典人文教育是指以古典语及相关的学科、著作为主要内容，以重视学生道德发展、培养绅士为目的，以社会上层子弟为主要教育对象，以古典文科中学和传统大学为依托，自文艺复兴至19世纪中期英国占主导地位的教育活动。

四、文献综述

根据已有文献，本书主要从四个方面进行综述：一是19世纪英国大学教育改革研究，梳理大学教育改革的发展历史将为厘清英国大学

---

① 单中惠. 西方教育思想史［M］. 太原：山西人民出版社，1996：80-81.

② 刘德华. 科学教育的人文价值［M］. 成都：四川教育出版社，2003：30.

科学教育与古典人文教育论战的发展提供清晰的方向；二是 19 世纪英国大学教育辩论研究，了解 19 世纪英国有关大学教育方面的辩论，为明确科学教育与人文教育之间力量的发展奠定基础；三是 19 世纪英国科学教育研究，这有助于本书了解英国大学科学教育的情况；四是 19 世纪英国古典人文教育研究，这有助于本书了解英国大学人文教育的概况。

（一）关于 19 世纪英国大学教育改革的研究

相较于国外，国内有关 19 世纪英国大学教育改革的研究起步较晚。由于英国大学教育在 19 世纪处于社会改革期，受工业革命的完成、自然科学的发展及社会政治改革等因素的影响，英国的大学教育改革呈现较为复杂的局面。因而，相关文献主要分为关于大学课程与教学改革的研究、关于大学制度改革的研究和关于大学教育近代化的研究三方面。

1. 大学课程与教学改革研究

课程设置的变化能够较为直观地反映科学教育在大学教育中的变革作用。一般来说，以中世纪为起点，对英国大学课程改革进行纵向论述，能够较为全面地梳理英国 19 世纪大学课程改革的概况，通过课程改革侧面反映大学变革的过程。① 16 世纪中叶，在宗教改革的推动下，牛津大学与剑桥大学就已经开始增加与科学相关的教授席位，但科学课程发展得极为缓慢，直到 19 世纪英国展开的教育辩论才促进科学知识引入大学课程。因此有研究将目光专注于 19 世纪英国社会变革时代的剑桥大学教育改革；② 还有研究专门围绕剑桥大学的科学教育改革展开论述，将剑桥大学的科学教育改革分为萌芽阶段、探索阶段、

---

① 杨春梅. 英国大学课程改革与发展［M］. 北京：北京理工大学出版社，2006.

② 刘兆宇. 19 世纪英格兰高等教育变革研究［M］. 合肥：中国科学技术大学出版社，2008.

加强阶段和繁荣阶段，以反映剑桥大学改革科学课程的演进历程。① 这些研究通过课程内容、教育目标等变化考察 19 世纪的社会评价与大学教育改革的关系，体现 19 世纪英国大学的教育变革，研究科学课程引入大学的过程。②

国外关于大学教育教学改革的研究以通史类作品为主。有学者基于翔实史料考察了剑桥大学自建校至 20 世纪末的发展历程，主要阐述剑桥大学 1750—1870 年的发展变化，一方面交代了剑桥大学 19 世纪改革的背景、格雷厄姆委员会的成立、科学数学课程的改革等，另一方面介绍了学生在剑桥大学的音乐、辩论、戏剧等各类课程，还展现了五位学生在剑桥大学的本科经历。③ 该研究对 19 世纪的剑桥大学有较为深入全面的描述，不仅关注与改革措施相关的内容，还聚焦于学生的学习生活，完整还原了剑桥大学的基本风貌。也有学者从教学的角度系统论述 19 世纪剑桥大学改革，主要围绕 19 世纪剑桥大学自然科学与数学学科的建立与发展、三一学院考试制度改革、女性入学、成立皇家委员会等改革措施，展现剑桥大学摆脱中世纪遗留的保守之风，产生时至今日仍存在的制度结构。④ 该研究为读者展现了 19 世纪剑桥大学的教学概况，但对自然科学学科的教学情况描述较少。维多利亚时期剑桥大学课程体系中的变化，主要通过不同时期的制度改革反映剑桥大学所受到的影响，如古典文学与神学在课程设置与考试制度上

---

① 周保利. 欧美教育史论丛：19 世纪剑桥大学改革研究［M］. 呼和浩特：内蒙古大学出版社，2012.

② 李晶晶. 19 世纪英国传统大学的社会评价及其改革研究［D］. 上海：华东师范大学，2008.

③ SEARBY P. A history of the University of Cambridge：volume 3 1750-1870［M］. Cambridge：Cambridge University Press，1997.

④ SMITH J，STRAY C. Teaching and learning in nineteenth century Cambridge［M］. Woodbridge：Boydell Press，2001.

的变化，其重要性逐渐减弱，科学教育的课程比重同时在上升等。①

综上所述，专门对19世纪英国大学课程与教学改革的研究，其数量并不多见，国内外研究对课程改革的概况已有大致梳理，但对促进改革的科学教育派与古典人文教育派如何展开论战，缺少深入分析。

2. 大学制度改革研究

19世纪大学教育的改革具有全面性，不仅涉及教育教学活动，还包括院系设置、考试制度、大学自治等各方面。因而，不少研究者对大学管理与制度改革进行深入探讨。有学者以19世纪英国大学制度变革作为研究和论述的对象，梳理19世纪英国大学制度从传统到现代的转型，其中包括古典大学、伦敦大学和城市学院三种类型的大学。同时，分析大学与政府的关系以及大学如何进行自我发展完善、进行内部制度改革，在此基础上分析英国大学制度变革的基本动因、路径、特点以及对后世的影响。② 另有研究基于英国科技教育发展的社会因素，从中等教育、高等教育、成人教育三个方面论述19世纪中后期英国科技教育发展的情况。一方面伦敦大学和城市学院以现代科学为核心教学内容，冲破了牛津大学和剑桥大学对高等教育的垄断；另一方面，牛津大学和剑桥大学自然科学荣誉学位考试制度的建立及通过考试的学生人数的增加，标志着科学教育在传统大学也已经站稳脚跟，而卡文迪什实验室和克拉伦登实验室的创办，表明英国大学开始承担起科学研究的职能，大学的社会职能进一步完善。③ 有研究考察从中世纪到19世纪古典大学经历的萌芽、发展与改革，以及19世纪城市大学

---

① WINSTANLEY D A. Early Victorian Cambridge[M]. Cambridge：Cambridge University Press，2009.

② 王宝玺，王磊. 19世纪英国大学制度变革研究［M］. 青岛：中国海洋大学出版社，2015.

③ 高志良. 19世纪中后期英国科技教育发展研究［D］. 保定：河北大学，2010.

为英国高等教育带来的变化，这有利于扩展对大学教育改革的认识。①

此外，还有研究采用比较的视角探讨19世纪英国大学的制度改革，介绍英国、日本、德国等国家的高等教育问题。学者通过分析高等教育机构数量的变化，指出19世纪英国大学的制度改革采取了新大学新形式、老大学守传统的方式，体现出革新与传统共存的主要特征。② 学者运用比较研究法主要从制度沿革、制度现状、制度改革与制度特点等方面研究英、法、美、德等国家的高等教育制度。针对英国高等教育制度的历史发展，该学者从教育法规、教育机构及其资源配置和课程设置等方面进行回溯，对19世纪大学制度改革的梳理更为系统直观。③

更多研究者将目光聚焦于剑桥大学或牛津大学某一所学校的变革。例如，以管理的视角考察科学教育在19世纪的剑桥大学如何逐渐走向繁荣，梳理剑桥大学改革经过的自主探索、政府督导和繁荣发展三个历史阶段，呈现剑桥大学在管理、教学体制、教师队伍、科学研究等方面的根本性变化，以说明剑桥大学开始从固守古典教育传统转向以科学教育为中心。④ 剑桥大学的科学教育的繁荣很大程度上取决于其完备的教育体制，剑桥大学自然科学荣誉学位考试的设立、教学内容的完善、科学领域教师队伍建设的加强及研究生教学制度的建立都吸引了大批学生前来求学。⑤ 就自然科学荣誉学位考试而言，完备的科学教育体制可以追溯到剑桥大学于19世纪早期建立的自然科学荣誉学位考

---

① 刘海峰，史静寰. 高等教育史［M]. 北京：高等教育出版社，2010.

② 胡建华. 比较视野中的高等教育研究［M]. 北京：中国海洋大学出版社，2009.

③ 许庆豫，葛学敏. 国别高等教育制度研究［M]. 徐州：中国矿业大学出版社，2004.

④ 朱文富，周保利. 19世纪剑桥大学改革研究：从古典教育堡垒到科学教育中心的转变［J]. 河北师范大学学报（教育科学版），2009（4）：15-20.

⑤ 周保利. 19世纪后期剑桥大学科学教育教学体制的确立［J]. 黑龙江高教研究，2009（4）：48-51.

试制度。剑桥大学的自然科学荣誉学位考试制度从创立到成熟经历了三个阶段：19世纪中期前为第一个阶段，即制度确立阶段；19世纪中期至19世纪70年代初为第二个阶段，此时自然科学荣誉学位考试制度面临种种问题，亟待改革；19世纪70年代初至20世纪初为第三个阶段，该时期考试制度内部的问题得到解决。① 这一考试制度在后期的教育改革中对剑桥大学的课程内容设置、人才培养方向的确定和教师队伍的配备都发挥了重要作用。还有学者针对牛津大学的导师制进行研究，指出19世纪处于牛津大学导师制的早期发展阶段与教学制度化发展阶段，这一时期的导师制逐渐走向成熟，成为一种真正具有现代大学理念，适用于现代大学的教学制度。② 19世纪牛津大学导师制的变化是大学保守力量与现代力量争论的结果，反映了科学等现代学科对古典传统教育的冲击。建立于19世纪上半叶的伦敦大学是论战的重要成果，是功利主义派争取教育权的关键。伦敦大学正是在19世纪初杰里米·边沁（Jeremy Bentham）思想鼓舞下的自由主义进步运动中诞生的。③ 它开创了英国大学不因学生宗教信仰为限进行招生的先河。伦敦大学在19世纪的创建与教育改革，也是科学教育派与古典教育派论战产生的结果。④

总体而言，国外对19世纪大学教育体制改革的研究大多建立在丰富的一手资料的基础上，研究范围更广。有研究将19世纪英国古典大学教育改革的历程划分为两个阶段：第一阶段为1845—1870年，系统论述了古典大学的课程设置、学位制度、考试制度等方面的改革；第

---

① 何文华. 剑桥大学自然科学荣誉学位考试制度早期发展研究［D］. 保定：河北大学，2016.

② 杜智萍. 19世纪以来牛津大学导师制发展研究［M］. 呼和浩特：内蒙古大学出版社，2011.

③ 王承绪. 伦敦大学［M］. 长沙：湖南教育出版社，1995.

④ 袁传明. 近代英国高等教育改革与发展研究：以伦敦大学百年史（1825-1936）为个案［M］. 广州：广东高等教育出版社，2017.

二阶段为 1870—1885 年，这一时期古典大学改革范围更为宽泛，涉及教育法制、机构设立、女性教育等多个方面。① 其中对科学教育改革产生的背景、表现、影响等方面有较为充分的论述，对本书挖掘英国大学教育中的科学教育提供了重要资料支持。对古典大学教育改革进行全面论述，还可以大学的最初形式为起点，从人员管理、学院设置、学科设置等方面对 19 世纪前的英国大学教育进行回溯，重点介绍 19 世纪“牛桥”如何从固守古典人文教育阵地走向包容科学教育。该研究详细描述了 19 世纪初两次外界对古典大学的批评及批评后的改革措施、1850 年皇家委员会的成立、19 世纪 50 年代与 70 年代的大学立法等方面的状况。更可贵的是，作者提供了寇松爵士（Lord Curzon）对剑桥大学全面改革的计划，包括人员管理、财政状况等。② 前文提及的两种观点是国内多数研究 19 世纪大学教育的学者关注的重要问题，具有较强的权威性与针对性，为本书挖掘 19 世纪科学教育派与古典人文教育派论战的相关史料提供了有力支撑。也有学者以比较的视野来看英国的高等教育改革，主要介绍英、德、俄、美四国高等教育转型，既关注英国转型的共同动力，也结合国家发展特点。③

伦敦大学是 19 世纪英国建立的一所具有中产阶级性质的大学，也是当今世界领先的大学之一。自 1826 年成立以来，伦敦大学就秉承着进步和开拓进取的精神。它是英国第一所不分宗教信仰招收学生的大学，向中产阶级和非国教徒敞开高等教育的大门。有研究介绍了伦敦

---

① SANDERSON M. The universities in the nineteenth century[M]. London: Routledge & Kegan Paul, 1975.

② TILLYARD A I. A history of university reform from 1800 A. D. to the present time, with suggestions towards a complete scheme for the University of Cambridge[M]. Cambridge: W. Heffer and Sons Limited, 1913.

③ JARAUSCH K H. The transformation of higher learning 1860-1930: expansion diversification social opening and professionalization in England, Germany, Russia, and the United States[M]. Chicago: University of Chicago Press, 1983.

大学从1826年至今的历史制度变革，描述了多年来大学治理的变化以及伦敦大学办学过程中不断变化的社会和经济环境。[①] 有学者介绍了伦敦大学早期的发展形态、结构和作用，概括了构成这些大学的一系列活动和下属机构，较为直观地呈现伦敦大学19世纪的教育状况，使用大量插图体现伦敦大学的建校渊源、建筑风格、日常教学、课程设置等，反映了伦敦大学在19世纪初至20世纪中后期如何形成完善的现代教育制度体系。[②]

国外对古典大学教育体制改革的研究起源更早，资料更丰富，体系更完善。牛津大学的建校过程不仅涉及20世纪前牛津大学的发展，还关涉牛津大学建校前的早期大学。[③] 19世纪牛津大学变革经历了走向世俗化、学术制度的变革、教学目标等内部改革等，反映了牛津大学内部改革的缓慢及各方利益间的复杂关系。[④] 牛津大学历史悠久的学院制与导师制是其作为古典大学的优势，但也是其改革的阻碍之一。[⑤] 前人对19世纪牛津大学的发展与改革做出的较为翔实的论述，为本书了解19世纪牛津大学的教育状况奠定了基础。[⑥] 此外，有人利用个案研究的方法以亨利·哈福德（Henry Halford）的牛津大学求学经历，展现19世纪牛津大学的各方面改革，为研究19世纪牛津大学改革提供了

---

① HARTE N B,NORTH J. The world of UCL,1828-1990[M]. London:UCL Press,1991.

② HARTE N B. The University of London 1836-1986:an illustrated history[M]. London:Athlone Press,1986.

③ BRODRICK G C. A history of the University of Oxford[M]. London:Longman,Green,and Co.,1886.

④ BROCK M G,CURTHOYS M C. The history of the University of Oxford:volume Ⅶ nineteenth-century Oxford part 2[M]. Oxford:Clarendon Press,1997.

⑤ TAPPER T,PALFREYMAN D. Oxford and the decline of the collegiate tradition[M]. London:Woburn Press,2000.

⑥ MALLET C E. A history of the University of Oxford[M]. New York:Barnes & Noble,1968.

新的研究视角。[①] 19 世纪自然科学荣誉学位制度的引入对剑桥大学乃至英国大学历史产生了重要影响，具体影响因素可以概括为：制度影响、招聘和社会准入、教育理念及职业兴趣。[②] 总的来说，关于 19 世纪英国大学体制改革的资料较为丰富，时间跨度较大且论述内容全面。

3. 大学教育近代化研究

引入科学教育、出台大学相关法案等举措都为 19 世纪的英国高等教育注入了新鲜血液，推动了英国高等教育的近代化进程。因而部分研究者以近代化的视角关注 19 世纪的英国高等教育改革。以 1870 年为界，可以将英国近代高等教育的形成划分为两大阶段：第一阶段表现为“牛桥”等传统大学的改革与伦敦大学的创立，第二阶段表现为新型高等教育机构的出现及近代高等教育制度的建立。高等教育机构的数量变化、课程内容、高校与国家的关系等方面能够呈现英国高等教育近代化的过程。[③] 高等教育近代化主要表现为传统大学的改革与新大学的成立。新大学以伦敦大学、国王学院为代表，发展壮大了英格兰高等教育；传统大学的转型标志着英格兰高等教育走向现代化。[④]

国外有学者通过大学世俗化体现英国高等教育的近代化，梳理了欧洲自中世纪至 20 世纪初大学历史发展的通史，为读者呈现出欧洲大学形成的基本脉络。19 世纪英国大学的改革摆脱保守风气，开启近代化的过程，两股力量之争不仅体现在“牛桥”两所古典大学的改革中，还表现在伦敦大学与国王学院两所新建大学的变革上。伦敦大学是英

---

① BILL E G W. University reform in nineteenth-century Oxford: a study of Henry Halford Vaughan 1811-1885[M]. Oxford: Clarendon Press, 1973.

② MACLEOD R, MOSELEY R. The“naturals” and Victorian Cambridge: reflections on the anatomy of an elite, 1851-1914[J]. Oxford review of education, 1980(2): 177-195.

③ 黄福涛. 欧洲高等教育近代化：法、英、德近代高等教育制度的形成［M］. 厦门：厦门大学出版社，1998.

④ 刘兆宇. 19 世纪英格兰高等教育变革研究［M］. 合肥：中国科学技术大学出版社，2008.

国历史上第一个纯粹世俗化的高等教育机构，不墨守成规的人甚至自由思想家都被录取，没有任何限制，学校的学习课程强调科学、历史和其他纯粹的世俗科目。[①] 还有研究全面介绍 18—20 世纪英国社会概况，并结合社会现实从初等教育、中等教育、大学教育、教育与社会等方面论述教育问题，描绘了有关“牛桥”的衰落与复兴、苏格兰大学的启蒙运动、自由教育与科学教育之争等大学教育改革的内容。[②]

（二）关于 19 世纪英国大学教育辩论的研究

19 世纪英国大学持续了近一个世纪的教育辩论，辩论内容涉及大学教育观念、组织结构与教学内容等方面。这场教育辩论很大程度上影响了古典大学改革与新型大学成立，为英国大学教育传统的坚守与革新埋下伏笔。值得注意的是，科学教育派与古典人文教育派的论战作为教育辩论的线索贯穿了整个 19 世纪，通过教育辩论体现 19 世纪英国大学科学教育与古典人文教育间的论战关系。国内外对 19 世纪英国大学的教育辩论研究较为丰富，现通过以下两方面展开综述。

1. 19 世纪英国大学教育辩论发展阶段研究

国内外对 19 世纪英国教育论战的研究较为丰富，现将相关研究分为以下两方面。一是从整个 19 世纪出发，纵向描述教育辩论与高等教育之间的关系。19 世纪上半叶，英国发生了两场关于大学教育的大辩论。第一场辩论实质上是办学目的和方向的斗争。而第二场辩论更具实际价值，它有力推动了伦敦大学的创办与古典大学的改革。[③] 有学者研究了伦敦大学与 19 世纪教育辩论间的关系：伦敦大学的诞生是 19 世

---

① RUDY W. The universities of Europe, 1100-1914: a history[M]. Rutherford: Fairleigh Dickinson University Press, 1984.

② ROYLE E. Modern Britain: a social history 1750-1997 [M]. London: E. Arnold, 1997.

③ 张泰金. 英国的高等教育历史·现状 [M]. 上海：上海外语教育出版社，1995.

纪初教育大辩论的结果，它将辩论的重心引向了更深层次的教育变革。[①] 有人以 19 世纪 40 年代末 50 年代初为界，将 19 世纪的英国教育大辩论分为上下两段，认为 19 世纪上半叶主要是苏格兰与英格兰高等教育界围绕着功利教育与自由教育展开激辩，19 世纪下半叶战火转移到英格兰古典大学内部，针对科学教育与自由教育展开辩论。[②] 该研究为 19 世纪英国大学的教育辩论初步划分发展阶段，明晰了 19 世纪前期与中后期教育辩论的重点。具体而言，19 世纪英国出现了功利主义教育和保守主义教育之争、现代学科和古典学科之争及科学教育和古典教育之争三次教育争论，这些争论不同程度地促进了英国现代教育体系的建立。[③]

国外对 19 世纪英国大学的教育辩论的研究较为丰富，有学者阐述了自 19 世纪到 21 世纪前各时期英国大学教育改革的背景、过程、结果等。具体来说，主要论述 19 世纪各类教育人士围绕古典大学的教育改革展开的教育辩论，以时间为线索将《爱丁堡评论》（*Edinburgh Review*）对“牛桥”两所学校的批评看作辩论的开端；而大学内部以约翰·纽曼（John Newman）与威廉·汉密尔顿（William Hamilton）等人之间的辩驳作为辩论进入下一阶段的标志。[④] 该学者对 19 世纪英国大学教育改革进行了详细论述，反映出英国大学教育改革在“冲突中走向融合”的特点，有助于本书研究科学教育派与古典人文教育派的论战。还有研究从高等教育与国家发展的角度，描述英国高等教育

---

① 袁传明. 近代英国高等教育改革与发展研究：以伦敦大学百年史（1825-1936）为个案［M］. 广州：广东高等教育出版社，2017.

② 郑明霞. 19 世纪英国高等教育大辩论及其启示［J］. 学园，2013（9）：19-22.

③ 王艳艳. 传统与变革：19 世纪英国教育论争研究［J］. 教育史研究，2020（1）：148-158.

④ TILLYARD A I. A history of university reform from 1800 A. D. to the present time, with suggestions towards a complete scheme for the University of Cambridge[M]. Cambridge: W. Heffer and Sons Limited, 1913.

如何面对19世纪的现代化过程中产生的工商业需求扩大、政治体制革新、新学科知识出现等挑战，并分析英国大学如何革新体系，创建全新的高等教育结构。其中介绍了19世纪英国大学的两次教育辩论，第一次辩论发生于1810—1830年，第二次辩论发生于1852—1882年。相较于第一次辩论，第二次辩论的范围更广、论据更为充实，这场辩论反映出原有城市学院对“牛桥”古老自由教育传统理念的挑战，为古典大学自身的改革奠定了基础。[①] 该研究使用了大量报刊、原著等一手资料，为本书提供了有力支持。

二是放眼19世纪的思想流派，侧面体现不同教育思想的相关性。19世纪的教育思想流派包括空想社会主义教育思想、科学教育思想、古典教育思想、功利主义教育思想和民众教育思想。通过对比不同教育思想流派，我们发现这五个思想流派虽然在有关教育对象、教育目的以及智育内容的看法上存有分歧，但在有关教育作用和教育教学方法需要改革的问题上却有共识。[②] 通史类作品对19世纪的教育辩论均有所提及，多在教育家的教育思想中呈现，虽未对教育辩论中科学教育与人文教育的论战进行详细分析，但对19世纪的英国乃至欧洲的社会背景与教育发展状况做了详细论述，为本书考察19世纪英国的社会背景提供了帮助。如滕大春主编的《外国教育通史》[③]、吴式颖和任钟印主编的《外国教育思想通史》[④]、单中惠主编的《西方教育思想史》[⑤]、

---

① SANDERSON M. The universities in the nineteenth century[M]. London：Routledge & Kegan Paul，1975.

② 朱镜人. 19世纪英国教育思想博弈研究［J］. 中国教育科学，2015（2）：212-229，261-262.

③ 滕大春. 外国教育通史：第4卷［M］. 济南：山东教育出版社，1992.

④ 吴式颖，任钟印. 外国教育思想通史：第8卷［M］. 长沙：湖南教育出版社，2002.

⑤ 单中惠. 西方教育思想史［M］. 太原：山西人民出版社，1996.

瓦尔特·吕埃格（Walter Rüegg）主编的《欧洲大学史》[①] 等。

2. 19 世纪英国大学教育辩论内容研究

部分研究者从微观视角出发，对某一时间段或几位教育家间的辩论进行分析，探讨其影响。一是以某一教育辩论或以某一时期的教育论战为研究对象。有人从初等教育、中等教育和高等教育三个维度，阐述了以斯宾塞、赫胥黎为代表的科学教育家与托马斯·阿诺德（Thomas Arnold）、纽曼为首的古典教育家展开的激烈论战。[②] 这是国内较早讨论科学教育与古典教育关系的研究，指出了科学教育与古典教育论战的动因、过程与结果，但对论战的许多细节部分未做过多解释。具体而言，这场论争在大学教育目标、教育内容和教学组织形式上产生了争议，论争的结果影响了传统大学的改革与新型高等学校的建立。[③] 有学者分别对 19 世纪上半叶功利主义与保守主义的教育辩论[④]与 19 世纪下半叶科学教育与自由教育的辩论[⑤]进行研究，以考察 19 世纪英国大学的近代化改革。在两场辩论的推动下，功利主义与科学主义的教育思想得以传播，为古典大学的改革提供了支持。

有研究以科学教育与职业教育为主要研究对象，介绍了 19 世纪杰里米·边沁、詹姆斯·密尔（James Mill）等人的功利主义教育思想与工人教育运动之间的联系，交代了 18 世纪末 19 世纪初科学教育兴起的

---

① 吕埃格，里德-西蒙斯．欧洲大学史：第 2 卷　近代早期的欧洲大学 1500-1800［M］．贺国庆，王保星，屈书杰，等译．保定：河北大学出版社，2008.

② 单中惠．试析十九世纪英国科学教育与古典教育的论战［J］．清华大学教育研究，2000（2）：91-96.

③ 周保利．19 世纪英国科学教育与古典教育的论争及其影响［J］．河北师范大学学报（教育科学版），2009（5）：57-61.

④ 宫艳丽．教育大辩论与英国近代大学改革［J］．现代大学教育，2008（4）：37-41，112.

⑤ 宫艳丽．英格兰教育大辩论与高等教育的近代化［J］．教育评论，2011（4）：145-148.

社会因素与 19 世纪初古典大学受到的激烈攻击。此外，也有研究以新的视角看待英格兰与苏格兰大学教育方法与目标，通过考察 19 世纪英格兰大学中的古典人文教育与苏格兰大学中的现代教育，更认可英格兰大学中的古典人文教育，英格兰博雅教育的倡导者认为智力发展的最终目的在于最大限度地发展心智能力。值得注意的是，在 19 世纪倡导引入苏格兰教育体系的教育家们也是古典教育的接受者。① 该研究为研究 19 世纪教育辩论提供了新的研究方向。

二是 19 世纪的教育家以历史或比较的视野看待 19 世纪的教育辩论。有学者聚焦于赫胥黎与马修·阿诺德（Matthew Arnold）之间的辩论，研究并分析了赫胥黎与阿诺德的教育观及其观念存在差异的原因。② 也有学者围绕赫胥黎与阿诺德之间关于教育理念与教育实践的分歧，阐述 19 世纪中后期科学教育与古典教育的论战。③ 这些研究为本书梳理科学教育与古典人文教育的论战提供了思路与启示。有学者则论述了在 19 世纪的教育辩论中，阿诺德父子、纽曼等人从不同的角度，为捍卫英国古典主义教育进行辩护，阐明古典主义教育的重要性，从而为维护古典人文学科在英国教育中的地位做出了贡献。④ 该研究从古典人文教育家的角度阐述了以古典语、古典文学为代表的古典教育的重要性，从侧面反映出古典大学维护教育传统的坚定立场，体现了科学教育派与古典人文教育派论战的焦灼。有学者以传记的形式，围绕 19 世纪英国出现的教育家进行了论述，其中包括边沁、斯宾塞、纽曼、

---

① WRIGH C J. Academics and their aims: English and Scottish approaches to university education in the nineteenth century[J]. History of education, 1979(2): 91-97.

② 米广宁. “科学与文化”之争：赫胥黎与阿诺德的对话 [J]. 世界教育信息，2008 (2)：89-90.

③ 刘文莉. 19 世纪中后期英国古典教育与科学教育之争 [D]. 上海：复旦大学，2011.

④ 易红郡. 为英国古典主义教育而辩护 [J]. 中国人民大学教育学刊，2017 (1)：131-145.

马修·阿诺德等人，论述了他们的生平、先进的教育思想及评价。①

马修·阿诺德与赫胥黎作为教育辩论的代表人物，两人展开的教育辩论也较受关注。有学者整理出阿诺德与赫胥黎分别于 1881 年和 1883 年在皇家艺术学院的年度宴会上发表的致辞，这两次演讲反映了阿诺德和赫胥黎之间关于教育类型的分歧。② 还有学者试图从自由教育概念本身出发，通过重新考察古典教育家们的思想，探讨 19 世纪英国关于自由教育辩论的意义。③ 此外，有学者将教育辩论置于文化背景下，详细介绍了维多利亚时期保守派与改革派展开的教育辩论，保守派的代表是威廉·惠威尔（William Whewell），改革派的代表则是约翰·斯图亚特·密尔（John Stuart Mill）。密尔主张古典大学应向苏格兰或德国的大学学习，变革英国传统的大学教育模式，而惠威尔却坚持维护古典大学的教育传统。④ 1859 年达尔文（Darwin）出版的《物种起源》，迫使古典教育面对日益增长的科学教育需求，古典主义者的抵制在一定程度上是由于对《创世纪》的地质挑战导致宗教紧张局势加剧，而科学界则认为古典教育对社会的技术进步贡献甚微。⑤ 英国经济在 19 世纪中后期面临被超越的危机，尤其是以德、美为首的新型工业国家，已经在制造业方面处于领先地位。⑥ 越来越多的有志之士发现

---

① JUDGES A V. Pioneers of English education[M]. London: Faber and Faber Ltd., 1952.

② ROSS D A. Matthew Arnold and Thomas Henry Huxley: two speeches at the royal academy 1881 and 1883[J]. Modern philology, 1977(3): 316-324.

③ WHITE R. The anatomy of a Victorian debate: an essay in the history of liberal education[J]. British journal of educational studies, 1986: 38-65.

④ SNYDER L J. Reforming philosophy: a Victorian debate on science and society[M]. Chicago: University of Chicago Press, 2006.

⑤ ELIAS Y. Examining Darwin's influence on the education debate in Victorian England [D]. San Angelo: Angelo State University, 2012.

⑥ SANDERSON M. Education, economic change and society in England 1780-1870 [M]. London: Macmillan Press, 1983.

先进的大学教育是德国占据优势的重要因素。①

此外，与 19 世纪教育辩论有关的研究多以通史形式展现，有学者较为全面地描述了 20 世纪前剑桥大学的建校与发展壮大过程，介绍了 18 世纪末英国社会的思想背景，阐述保守的宗教力量与世俗力量间的争议并指出争议对剑桥大学的影响，为 19 世纪剑桥大学中的教育辩论埋下伏笔。关于 19 世纪的教育辩论，该研究提及了教育辩论中的代表人物威廉·汉密尔顿对剑桥大学制度的批评，以及三一学院的研究员亚当·塞奇威克（Adam Sedgwick）指出古典教育内容之局限。② 19 世纪中后期至 20 世纪初牛津大学科学教育缓慢改革体现在“牛桥”科学奖学金的设置与入学考试制度改革等方面。一般情况下，牛津大学科学奖学金候选人的“平均成绩较低”，因为担心给学业较差的候选人颁奖，导致大学不愿意增加科学奖学金的数量；但由于牛津大学科学奖学金太少，最好的候选人都选择了科学奖学金充足的剑桥大学，造成牛津大学科学教育中的恶性循环。科学学科也被牛津大学的入学考试排除在外，展现了科学教育引入古典大学中的细节。③

有学者以自由学术力量与保守教育力量之间的斗争展现剑桥大学改革，并且呈现了颇多历史细节。例如，其中提到克里斯托弗·华兹华斯（Christopher Wordsworth）作为自由学术力量的领袖，为了克服剑桥大学长期狭隘陈旧的知识体系，试图在古典文学与神学领域建立荣誉学位考试制度。虽然这一设想未能完全落实，但推动了古典荣誉

---

① HAINES G. Essays on German influence upon English education and science 1850-1919[M]. Connecticut: Archon Books, 1969.

② MULLINGER J B. A history of the University of Cambridge[M]. London: Longmans, Green, & Company, 1888.

③ SANDERSON M. The universities and British industry 1850-1970[M]. London: Routledge and Kegan Paul, 1972.

学位考试计划的设立，这一举措标志着古典文学研究领域的拓宽。[①] 考试制度改革是体现教育变革的显著措施之一，聚焦“牛桥”与伦敦大学的考试制度能够折射出辩论的成效。[②]

对本书最珍贵的研究材料之一是与论战相关的报刊、人物论文集等一手资料，这是最直观展现教育辩论的文献。R. L. 埃奇沃斯（R. L. Edgeworth）的《职业教育》一书是 19 世纪上半叶引发论战的直接导火索，其中对古典人文教育实用价值的怀疑引发热议。[③] 埃奇沃斯的著作出版后，时任《爱丁堡评论》[④] 编辑的西德尼·史密斯（Sydney Smith）对该著作进行了评价。[⑤] 牛津大学奥里尔学院教务长爱德华·科普斯顿（Edward Copleston）在 1810 年发表的《对〈爱丁堡评论〉诽谤的答复》中回应了《爱丁堡评论》的批评。[⑥] 此后，牛津大学的约翰·戴维森（John Davison）在《评论季刊》（*Review Quarterly*）上对埃奇沃斯的《职业教育》进行回应。[⑦]第二次争论最初围绕古典大学的

---

① ROACH J P C. The University of Cambridge: the age of reforms(1800-1882)[M]. London: Victoria County History, 1959.

② HEYWOOD J. Academic reform and university representation[M]. London: E. T. Whitfield, 1860.

③ EDGEWORTH R L. Essays on professional education[M]. London: J. Johnson, 1812.

④ SMITH S. Essays on professional education[J]. The Edinburgh review, 1809(29): 40-53.

⑤ SMITH S. The works of the rev. Sydney Smith including his contributions to the Edinburgh Review[M]. London: Longman, 1859.

⑥ COPLETSTON E. A reply to the calumnies of the Edinburgh Review against Oxford: containing an account of studies pursued in that university[M]. Oxford: Collingwood and Co. Printers, 1810.

⑦ DAVISON J. Edgeworth's essays on professional education[J]. The quarterly review, 1811(6): 166-191.

课程设置与管理制度展开，由汉密尔顿首先发起。① 此后，《教育季刊》(*The Quarterly Journal of Education*)② 和《威斯敏斯特评论》(*Westminster Review*)③ 也站出来声讨古典大学。1835 年，剑桥大学教授威廉·惠威尔为数学与古典大学辩护。在第二次论战中，纽曼是维护大学古典教育的重要人物，他对大学及古典人文学科的见解有力支持了大学古典教育的地位。

综上所述，19 世纪英国的教育辩论具有一定的复杂性，其辩论的焦点也在不断变化，目前国内学术界对英国 19 世纪的教育辩论已梳理出大致的发展脉络。长达一个世纪的教育辩论中，科学教育与人文教育的主线贯穿始终，但现有研究却较少对这一重要线索进行分析。科学教育与人文教育的论战背后隐含的是新旧思想与社会需求的变化，对这一重要线索进行分析能够更为深入地了解 19 世纪的英国教育变革。

(三) 关于 19 世纪英国科学教育的研究

19 世纪是英国科学教育发展的关键时期，与科学教育有关的教育思想与教育活动不断涌现，为英国科学教育的发展奠定了坚实基础，现将有关文献分为以下两方面。

1. 19 世纪科学教育思想研究

虽然培根在 17 世纪就已提出将科学教育引入学校教育的设想，但直到 19 世纪英国才开始在学校系统中正式设置科学课程。这得益于科学教育家对科学教育思想的论述与传播，推动科学教育观念深入人心。

---

① HAMILTON W. Discussions on philosophy and literature, education, and university reform[M]. London: Longman Brown Green and Longmans, 1852.

② The Society for the Diffusion of Useful Knowledge. State of the mathematical and physical sciences in the University of Oxford [J]. The quarterly journal of education, 1832 (4): 191-208.

③ BENTHAM J. The University of Oxford and Cambridge[J]. Westminster review, 1831(29): 56-69.

相关研究较为丰富，分为以下三方面。

一是以时间为线索，论述教育思想，对科学教育思潮进行研究。具体来说，将科学教育思想贯穿于整个外国教育思想史的整体发展之中，将英国的科学教育分为16世纪末17世纪初的早期科学教育思想与19世纪的科学教育思想。其中早期科学教育思想的主要代表人物是培根，19世纪科学教育思想的代表人物是斯宾塞与赫胥黎。[①] 易红郡的《英国教育思想史》[②] 与朱镜人的《英国教育思想之演进》[③] 中同样使用了两个阶段对科学教育进行划分，且对这几位教育家的科学教育思想进行了较为系统的论述。有学者则从文化的角度解释了英国的科学主义与科学教育，追溯英国科学教育发展的历史源头。[④] 此外，王承绪的《英国教育》[⑤] 与徐辉、郑继伟的《英国教育史》[⑥] 都对19世纪的科学教育思想有所涉及。

二是将科学教育思想与其他教育思想相结合。17世纪的英国教育革新思潮将科学教育思想与功利主义教育思想相结合，自培根后英国出现了一批具有科学思想的教育家。他们批评学校中陈旧的古典知识，倡导科学成果促进生产力的发展。[⑦] 随着工业革命的发展，功利主义教育思潮在19世纪上半叶达到高潮。以边沁、密尔父子为首的功利主义流派为传播科学教育思想做出了巨大贡献。[⑧] 虽然他们并未直接对科学教育进行系统的论述，但在促进科学教育实践、传播科学教育观念上

---

① 单中惠. 西方教育思想史［M］. 太原：山西人民出版社，1996.

② 易红郡. 英国教育思想史［M］. 上海：华东师范大学出版社，2017.

③ 朱镜人. 英国教育思想之演进［M］. 北京：人民教育出版社，2014.

④ 易红郡. 英国教育的文化阐释［M］. 上海：华东师范大学出版社，2009.

⑤ 王承绪. 英国教育［M］. 长春：吉林教育出版社，2000.

⑥ 徐辉，郑继伟. 英国教育史［M］. 长春：吉林人民出版社，1993.

⑦ 吴式颖，任钟印. 外国教育思想通史：第8卷［M］. 长沙：湖南教育出版社，2002.

⑧ 殷企平. 英国高等科技教育［M］. 杭州：杭州大学出版社，1995：34-35.

发挥了巨大作用。此外，还有学者将科学教育思想与人文教育思想相结合。有学者从教育目标与教育内容两方面阐述了大学应以提高人的整体素质为目标，既重视古典文化的人文价值，又重视近代科学的教育意义。作为科学教育的先锋，赫胥黎并未走向唯科学主义的极端，而是主张发展新型的“自由教育”。① 赫胥黎的自由教育思想是一种以科学教育为主，同时与人文科学平衡发展的教育。② 他不仅注重科学知识的实用价值，还注重科学知识在审美、道德与文化方面的精神价值。③

三是对某位教育家的科学教育思想进行研究。我国系统翻译了一批科学教育家的著作。作为 19 世纪科学教育思潮的代表人物，斯宾塞指出科学对培养人们的记忆力、判断力、道德力和宗教文化都有促进作用，因此他认为科学知识是最有价值的。④ 赫胥黎的思想是研究 19 世纪科学教育思想的重要内容。赫胥黎批判了传统古典教育的弊病，主张赋予自由教育新的内涵。他认为自由教育既要包含人文教育又要重视科学知识，主张教育要培养一种具有新含义的全人。⑤ 有人在论述斯宾塞科学教育思想上采用了传记体的方式进行论述，对斯宾塞的智育、体育、德育及科学教育思想进行了系统阐述。⑥ 有学者以传记式的论述介绍了达尔文、赫胥黎、斯宾塞与科学教育有关的活动，为研究

---

① 肖朗．文理并重、和谐发展的大学教育理念：约翰·穆勒高等教育思想述评［J］．天津师范大学学报（社会科学版），2018（2）：53-61．

② 马晓珍．赫胥黎自由教育思想探析［D］．南京：南京师范大学，2017．

③ 檀慧玲．科学教育的精神价值探析：赫胥黎科学教育思想解读［J］．河北师范大学学报（教育科学版），2007（2）：43-46．

④ 斯宾塞．斯宾塞教育论著选［M］．胡毅，王承绪，译．北京：人民教育出版社，2005．

⑤ 赫胥黎．科学与教育［M］．单中惠，平波，译．北京：人民教育出版社，2005．

⑥ COMPATRE G. Herbert Spencer and scientific education[M]. London: George G. Harrap & Company, 1908.

者看待科学教育家提供了全新的视角与史料。① 国内以19世纪英国科学教育家的教育思想为主题的论文成果颇为丰富，研究人物主要集中于斯宾塞、赫胥黎等。从科学课程观、科学教育的原则与特征等角度论述斯宾塞科学教育思想；② 从目的、对象、课程、原则、方法、特征等方面论述赫胥黎科学教育思想；③ 或将19世纪赫胥黎的科学教育思想与20世纪阿什比（Ashbee）的科学教育思想相比较。④

2. 19世纪科学教育活动研究

19世纪是科学教育发展的繁荣时期，这种繁荣不仅表现在科学教育思想的完善，还体现为科学教育实践的活跃。1870年，英国针对科学教育采取了行动，这一行动的背后，是1867年英国在巴黎国际博览会上遭遇的挑战——来自新型工业国家对英国霸权地位的冲击，这一事件为英国政府敲响了加强科学教育的警钟。⑤

19世纪对科学教育活动的研究，可以分为以下两方面。一是对19世纪英国学校教育系统进行全面研究。有学者对英国学校科学教育进行了全面介绍，通过阐述英国科学精神的发展及其与学校教育体系之间的关系，分别描述科学教育引入初等教育、中等教育与高等教育的过程。该学者以英国科学精神与科学研究的起源为起点，遵循历史发展脉络，介绍了17—18世纪大学科学教育的开端，19世纪高等教育、中等教育、初等教育及技术教育中的科学教育、科学实验室的建立

---

① 帕尔默．教育究竟是什么？100位思想家论教育［M］．任钟印，诸惠芳，译．北京：北京大学出版社，2008.

② 闫虹．斯宾塞科学教育思想研究［D］．济南：山东师范大学，2008.

③ 檀慧玲．赫胥黎科学教育思想探析［D］．保定：河北大学，2006

④ 潘娣．赫胥黎与阿什比科学教育思想比较研究［D］．曲阜：曲阜师范大学，2018.

⑤ GOWING M. Science，technology and education：England in 1870［J］. Oxford review of education，1978（1）：3-17.

等。[1] 该研究为本书探寻英国大学中的科学教育发展提供了清晰的历史脉络。有学者从教育、培训、自我帮助三个层面描述 19 世纪英国大学、中学及社会团体与企业中的科学教育与技术教育。关于高等教育，该学者以利物浦大学为例，为读者展现了该校的建校背景、课程设置、招生规模等，从地方大学的视角反映 19 世纪英国社会对科学人才的需求以及学生对科学教育的渴望，拓宽了本书思考大学科学教育的范围。[2]

二是研究高等教育体系中的科学教育活动。19 世纪前，英国科学教育活动主要由民间社团承担，[3] 例如著名的月光社，[4] 因而科学活动被看作较为私人的活动。有学者对 19 世纪早期的私人实验室的情况、私人实验室向正规大学实验室的转变、以卡文迪什实验室为代表的大学实验室的人才培养和科学研究等方面的情况进行深入探讨。[5] 有研究通过展示 1859 年之前剑桥大学的科学教育实践，如教授研究、讲课和实验演示，来证明 19 世纪中叶前的剑桥大学科学教育并非一片空白，而是具有连续性。[6] 该研究梳理了 19 世纪上半叶大学科学教育的发展，为本书理解 19 世纪大学科学教育的背景和起始阶段提供帮助。有学者探寻 19 世纪剑桥大学新设立的自然科学荣誉学位（Natural Science Tripos，NST）和传统数学荣誉学位（Mathematical Tripos，MT）的

---

① TURNER D M. History of science teaching in England[M]. London: Chapman & Hall Ltd. ,1927.

② RODERICK G W, STEPHENS M D. Scientific and technical education in nineteenth-century England: a symposium[M]. New York: Barnes & Noble Books, 1973.

③ HEYCK T W. The transformation of intellectual life in Victorian England[M]. New York: St. Martin's Press, 1982.

④ UGLOW J. The lunar men: the inventors of the modern world 1730-1810[M]. London: Faber & Faber, 2011.

⑤ SVIEDRYS R, ARNOLD T. The rise of physical science at Victorian Cambridge with commentary and with reply[J]. Historical studies in the physical sciences, 1970(2): 127-151.

⑥ BECHER H W. Voluntary science in nineteenth century Cambridge University to the 1850's[J]. British journal for the history of science, 1986(1): 57-87.

发展历程，并评估了19世纪末物理学毕业生学位的价值。[①] 有研究者以比较视野对英国高等教育的科学教育进行研究，通过对比英德两国的科学教育状况，可以发现19世纪英国城市大学中科学技术研究的发展和科学人才的培养问题，而科学研究早已成为德国大学教育的一部分并得到政府的大力资助。[②]此外，《剑桥大学史》丛书[③]，《牛津大学史：十九世纪牛津》[④]，黄福涛的《外国高等教育史》[⑤]，贺国庆、王保星、朱文富等著的《外国高等教育史》[⑥] 等国内外通史作品都对19世纪英国高等教育的科学教育进行了系统论述。

综上所述，国内外关于19世纪科学教育的研究较为丰富与全面。通过阅读资料可以得知英国大学科学教育在19世纪上半叶发展较为迟缓，但随着外部矛盾与内部压力的双重推动后，19世纪中后期科学教育在大学得到重视并发展迅速。因此，如何动态把握大学科学教育发展的动因、梳理19世纪不同阶段科学教育与社会的关系等也成为本书较为关注的问题。

（四）关于19世纪英国古典人文教育的研究

英国大学的古典人文教育传统历史悠久，虽然其在19世纪受到了猛烈攻击，但在19世纪的大学教育改革过程中依然保留了较为精华的

---

① WILSON D B. Experimentalists among the mathematicians: physics in the Cambridge natural sciences tripos, 1851-1900[J]. Historical studies in the physical sciences, 1982(2): 325-371.

② RODERICK G W, STEPHENS M D. Scientific education in England and Germany in the second half of the nineteenth century[J]. The Irish journal of education, 1982(1): 62-83.

③ SEARBY P. A history of the University of Cambridge: volume 3 1750-1870[M]. Cambridge: Cambridge University Press, 1997.

④ SOARES J A. The decline of privilege: the modernization of Oxford University[M]. Redwood: Stanford University Press, 1999.

⑤ 黄福涛. 外国高等教育史［M］. 上海：上海教育出版社，2003.

⑥ 贺国庆，王保星，朱文富，等. 外国高等教育史［M］. 北京：人民教育出版社，2006.

部分。对 19 世纪英国的古典人文教育研究可以分为以下两方面。

1. 古典人文教育思想研究

研究者针对 19 世纪重要的古典教育家的教育思想展开研究。有学者对阿诺德、纽曼、利文斯通（Livingstone）的教育思想进行较为系统的论述，勾勒出 19 世纪英国古典教育思想的框架。①② 易红郡的《英国教育思想史》和朱镜人的《英国教育思想之演进》是目前国内研究英国教育思想较为系统的专著。作为古典人文教育思想的代表人物，纽曼有着极为丰富的大学教育思想。纽曼的大学教育思想源于古希腊的亚里士多德，其又继承了源自约翰·洛克（John Locke）、兴盛于 19 世纪初期的心智训练学说。③ 当然，与其牛津大学的教育背景和宗教运动经历以及宗教思想也有着密切关系。④ 纽曼关于大学目的和大学功能的思想是基于他对大学本质的认识。⑤ 为此，大学要为学生提供理想的学习环境，向学生传授普遍的完整的知识，同时帮助学生发展智力，探求真理，掌握真理。⑥ 除了已得到普遍认识的自由教育的意义之外，纽曼思想还应该包括更为根本性的理性与道德关系、个人自我与外部世界关系这两层被忽视的意义。⑦ 有学者从知识观、自由教育观、大学教育观对纽曼教育思想进行研究。⑧ 还有研究将纽曼与赫钦斯

---

① 易红郡. 英国教育思想史 [M]. 上海：华东师范大学出版社，2017.

② 朱镜人. 英国教育思想之演进 [M]. 北京：人民教育出版社，2014.

③ 沈文钦. 纽曼博雅教育学说的历史渊源 [J]. 高等教育研究，2009 (6)：32-37.

④ 王晨. 牛津、牛津运动与纽曼 [J]. 清华大学教育研究，2005 (3)：33-39.

⑤ 王晓华. 纽曼的大学目的观与功能论 [J]. 清华大学教育研究，2001 (1)：44-49.

⑥ 刘宝存. 纽曼大学理念述评 [J]. 复旦教育论坛，2003 (6)：73-76.

⑦ 王晨. 热闹之后的冷观察：纽曼大学思想核心概念之意义重置 [J]. 教育学报，2007 (2)：72-77.

⑧ 徐继宁. 现代大学的传统理念：纽曼教育思想解析 [J]. 高教探索，2008 (6)：86-91.

(Hutchins)[①]、怀特海（Whitehead）和阿什比[②]、约翰·斯图亚特·密尔[③]等人的教育思想进行比较。

国外对纽曼思想的诠释比较丰富。纽曼身为基督教大学的校长，其思想与教学活动紧密交织。在大学任教期间，他以实际行动展现出一位伟大基督教人文主义者的风范，将大学教育思想付诸实践，诠释了教育应助力个体“成为人”的深刻理念。研究纽曼思想中的神学部分，有助于理解纽曼信仰的神学、哲学、历史、文学和精神维度，这些维度在其思想中的体现，也反映出它们与当代相关学科关注焦点和兴趣点的关联。[④] 纽曼作为哲学家、神学家、牧师和文学家，通过区分科学、宗教和文学中理性功能的不同方式来揭示人们现代生活中的困境，肯定了现代思想向其他同样合法的认知方式开放的必要性，并捍卫了在文科中培养的各种理性。[⑤]

阿诺德父子也是古典人文教育思想的重要代表人物，有学者从文化观的角度分析马修·阿诺德的古典人文教育思想，尤其是马修·阿诺德有关初等教育与中等教育方面的见解，极大地丰富了对马修·阿诺德的古典人文教育思想的研究成果。[⑥] 此外，有人从古典课程、基督

① 王晨．契合与超越：纽曼和赫钦斯大学思想核心概念比较［J］．教育科学，2005（1）：47-51.

② 国兆亮．试析英国大学理念的形成和变迁：以纽曼、怀特海和阿什比为例［J］．北京航空航天大学学报（社会科学版），2013（4）：109-112.

③ 齐雅蕊，王保星．大学博雅教育理念的延续与转变：以纽曼和密尔为讨论中心［J］．高等理科教育，2023（4）：6-15.

④ PELIKAN J. The idea of the university: a reexamination[M]. New Haven: Yale University Press, 1992.

⑤ RUPERT J. John Henry Newman on the nature of the mind: reason in religion, science, and the humanities[M]. Mayland: Lexington Books, 2011.

⑥ 朱镜人．马修·阿诺德文化与教育理论述评［J］．河北师范大学学报（教育科学版），2006（3）：37-41.

教教育、公学管理等方面论述托马斯·阿诺德的教育思想。[①] 托马斯·阿诺德的教育思想还表现在基督教教育、课程与教学管理、寄宿制学校教育、绅士教育等方面。[②] 还有学者对马修·阿诺德的学校教育思想与文化教育思想及其思想成因进行分析。[③] 这些研究都对阿诺德父子的教育思想进行了系统分析。国外对阿诺德父子的研究通常对人物进行更为细致的考察，不仅介绍了马修·阿诺德的古典教育思想，也对其民族教育、国家教育、文化与科学的关系进行探讨。[④] 马修·阿诺德在英国担任小学督学长达三十五年之久，经常出国报告国外教育情况，认为英国在“中产阶级的文明”方面远远落后于法国和德国等国家，而国外取得的进步很大程度上归功于强大的国家教育体系，因而马修·阿诺德也主张英国有必要以外国体系为模板建立一套小学教育体系。[⑤] 总的来看，纽曼、阿诺德父子是 19 世纪古典人文教育思想家的代表，国内外对其的研究也较为多见。

2. 古典人文教育传统研究

古典人文教育是英国大学特有的教育传统，厚植于英国的民族文化之中，因而有部分学者从文化传统的角度审视 19 世纪的古典人文教育。有学者从传统文化的角度阐述了阿诺德父子、纽曼、约翰·斯图亚特·密尔等人的古典教育主张，其以人文主义教育思想的发展历程

---

① 朱镜人，费建国. 阿诺德古典教育思想述评 [J]. 安徽教育学院学报，2000 (5)：62-65.

② 陈秋兰. 传统与变革之间：托马斯·阿诺德教育思想初探 [D]. 上海：华东师范大学，2005.

③ 文进荣. 马修·阿诺德教育思想初探 [D]. 上海：华东师范大学，2007.

④ CONNELL W F. The educational thought and influence of Matthew Arnold[M]. London：Taylor & Francis，2002.

⑤ RAPPLE B A. Matthew Arnold and English education：the poet's pioneering advocacy in middle class instruction[M]. Jefferson：McFarland & Company，2017.

为线索，梳理了自文艺复兴至 20 世纪的人文主义教育思想的变化。① 这是国内以文化学视角研究英国教育的权威著作，它在英国教育历史的发展进程中系统考察了古典教育变迁与其文化传统之间的复杂关系。有研究以 19 世纪古典大学的教育改革为线索，介绍其教育理念、教学方式与内外结构治理等方面的改革，深刻揭示了 19 世纪英国学权、教权与政权各自力量的消长与角色定位。② 这场改革在引入专业教育与科学研究的同时，也保留了大学的既有优势，其自由和自治传统、绅士教育传统通过书院制和导师制大部分得以延续。同样还有学者从历史的视角，围绕英国古典大学自由教育传统的确立、变革的动因以及变革的过程和结果等四个维度，对 19 世纪下半叶英国古典大学自由教育传统的变革这一主题进行探讨。③

古典教育课程是古典人文教育传统在学校系统的具体表现之一。因而，有学者针对古典教育课程进行研究，分析古典人文课程在 19 世纪经历的变革。其通过考察教育辩论的核心、学校教科书及古典语的功能，揭示了 19 世纪"古典文学作为一般文化"被"经典著作为教学方法的一部分"所取代的现象。④ 还有学者采取案例研究的方法，分析了 1848—1914 年历史作为荣誉学位科目在牛津大学、剑桥大学以及曼彻斯特大学的遭遇。⑤ 有学者探讨了 16—20 世纪英国文法学校、大学

---

① 易红郡. 英国教育的文化阐释［M］. 上海：华东师范大学出版社，2009.

② 邓云清. 英格兰古典大学改革与大学传统的扬弃［J］. 世界历史，2017（1）：23-41，157.

③ 姜远谋. 19 世纪下半叶英国古典大学自由教育传统的变革［D］. 长沙：湖南师范大学，2019.

④ STRAY C. Classics transformed: schools universities and society in England 1830-1960[M]. Oxford: Clarendon Press, 1998.

⑤ SLEE P R H. Learning and a liberal education: the study of modern history in the universities of Oxford, Cambridge and Manchester, 1800-1914[M]. Manchester: Manchester University Press, 1986.

中的古典教育情况。学者还利用苏格兰与英格兰的教育历史进行比较，尤其是古典文学教学随时间推移的变化和发展方式。[①] 以古典教育理念下的课程状况为对象的相似研究还有英国大学博雅教育理念及其课程研究。一般来说，在19世纪博雅教育与古典教育的概念基本一致，两者可以相互替换使用。研究者认为牛津大学自建校以来，课程设置中一直具有博雅教育的色彩，其物理学和哲学等专业的课程设置就是博雅教育理念的有力体现。[②] 19世纪以来，属于城市大学的曼彻斯特大学也有一定比例的博雅课程，例如其综合预科、联合专业等的课程都包含博雅教育要素。此外，乔治·查尔斯·布罗德里克（George Charles Brodrick）的《牛津大学史》[③]、J. 劳森（J. Lawson）与H. 西尔弗（H. Silver）的《英国教育社会史》[④]，布莱恩·西蒙（Brian Simon）的《教育史研究：1780—1870》[⑤]、刘海峰与史静寰主编的《高等教育史》[⑥] 等国内外通史作品对19世纪英国高等教育的古典人文教育都有所涉及。

综上所述，关于19世纪古典人文教育的研究成果颇多，为本书梳理英国大学古典人文教育提供了清晰的发展脉络。如何看待大学古典人文教育改革与古典人文教育传统之间的关系是本书需要思考与探索的方向。

---

① CLARKE M L. Classical education in Britain 1500-1900[M]. Cambridge:Cambridge University Press,2014.

② 许园. 英国大学博雅教育理念及其课程研究［D］. 合肥：安徽大学，2016.

③ BRODRICK G C. A history of the University of Oxford[M]. London:Longman, Green,and Co. ,1886.

④ LAWSON J,SILVER H. A social history of education in England[M]. London: Methuen & Co. Ltd. ,1973.

⑤ SIMON B. Studies in the history of education 1780-1870[M]. London:Lawrence and Wishart Ltd. ,1960.

⑥ 刘海峰，史静寰. 高等教育史［M］. 北京：高等教育出版社，2010.

（五）研究评析

19 世纪是英国社会转型的关键时期，也是英国高等教育改革的重要历史阶段。若要研究 19 世纪英国高等教育，就必须重视科学教育派与古典人文教育派之间的这场论战。笔者在梳理国内外关于 19 世纪英国大学科学教育派与古典人文教育派的相关文献过程中，发现我国对此方面的研究成果主要集中在史实的陈述上，并且研究内容集中于教育辩论与大学教育改革；而在国外的研究成果中，学者的研究范围相对于国内较广，研究角度也呈现出多元化的趋势，但也存在一些问题。具体表现为：第一，19 世纪科学教育与古典人文教育的论战是一个长期发展的过程，虽然我国已有对 19 世纪教育大辩论的研究，但较少有研究立足于高等教育对 19 世纪科学教育与古典人文教育的论战进行整体性考察。而国外也较少出现专门梳理科学教育与古典人文教育间关系的研究。第二，对英国大学教育改革、教育辩论的宏观性研究相对较多，但缺乏对具体问题和内容的进一步把握。

综上所述，目前国内外关于 19 世纪英国大学科学教育派与古典人文教育派的研究，无论是研究视角还是研究内容都存在一定的探索空间，同时在研究思路与研究深度方面也有待于进一步加强。以上研究成果，一方面可以为本书提供相关资料，另一方面可以为本书的论述提供一定的理论基础。以上相关文献的综述，可以为本书的论述探明出发点，并启发笔者的进一步思考。

五、研究思路

教育变革反映社会环境的特点，对教育历史的研究首先要明确教育历史发生的社会条件。19 世纪英国大学科学教育派与古典人文教育派的论战是本书研究的主要对象，这一论战并非特殊时期的产物，而是长期存在于英国的教育发展中。

首先，本书从历史的视角着手，对英国大学科学教育派与古典人文教育派论战的缘起进行考察。培根被认为是倡导英国科学教育的第一人，自培根后英国科学教育一直处于萌芽发展的阶段，在大学中艰难生存，而同时期的古典人文教育却长期屹立于学校教育的主导地位。因此本书以培根所生活的 16 世纪为起点进行研究，对 16—18 世纪英国大学科学教育派与古典人文教育派的发展进行历史阶段的划分。本书将 19 世纪前英国大学科学教育派与古典人文教育派的发展分为三个时期，主要描述了 16 世纪科学教育思想的萌芽、17 世纪教育革新思想的出现以及 18 世纪古典人文教育的不可撼动。

其次，分析 19 世纪英国大学科学教育派与古典人文教育派论战的政治、经济、教育与文化等社会背景。通过剖析 19 世纪英国社会的阶级矛盾、经济状况、思想变革与教育状况，分析 19 世纪英国大学科学教育派与古典人文教育派在何种因素影响下走向针锋相对的局面。这样不仅能从源头上掌握英国大学科学教育派与古典人文教育派的历史沿革，还能为下文相关论述奠定一定基础。

19 世纪科学教育要求在大学中寻求一席之位，并很大程度上冲击着古典人文教育，科学教育派与古典人文教育派的论战就此拉开序幕。本书将聚焦于大学科学教育派与古典人文教育派论战在 19 世纪的表现及变化过程，重点考察 19 世纪英国大学科学教育派与古典人文教育派的争论过程；通过关注 19 世纪的教育大辩论的焦点变化，动态把握 19 世纪科学教育派与古典人文教育派间论战的发展阶段。19 世纪初的功利教育与保守教育之争被视为论战的开始，而 19 世纪上半叶古典学科与现代学科之争则推动论战继续发展。19 世纪中期后，科学教育和古典教育之争将科学教育派与古典人文教育派的论战推向高潮。其中，主要以人物思想与大学改革措施为具体表征，体现二者间的论战。

最后，基于前文的梳理探讨 19 世纪大学科学教育和古典人文教育论战的结果与影响。第一，在科学教育人士的努力下，大学引入科学教育的观念深入人心，政府多次成立专门委员会对大学科学教育进行调查，以促进古典大学科学教育的改革与支持新型大学科学教育的兴办；第二，牛津大学和剑桥大学中悠久的古典人文教育传统有所动摇，培养目标与教育内容趋于多样化，开始从古老保守走向现代化；第三，伦敦大学等一批新大学的成立标志着古典大学垄断英国大学教育的局面被打破，也促进了英国高等教育的大众化趋势。可以说，19 世纪的这场论战让英国科学教育派与古典人文教育派在大学中从冲突对立逐渐走向互通融合。经过改革，英国大学教育中不仅保留了古典人文教育传统的优势，也融入了现代化的科学教育，为英国大学走向现代化奠定了基础。需要注意的是，影响并不是立竿见影的，19 世纪后，科学教育与古典人文教育走向融合仍需一段较为漫长的改革期。

总之，本书以“19 世纪英国大学科学教育派与古典人文教育派的论战”为研究对象，试图厘清二者论战的来龙去脉，主要围绕 19 世纪英国大学科学教育派与古典人文教育派论战的缘起、背景、开端、发展、高潮与结果六个部分展开论述。

六、研究方法

根据研究内容，本书试图通过查找有关教育辩论、学校改革等方面的资料，以探寻英国大学科学教育派与古典人文教育派间论战的线索。这一过程涉及阅读大量历史资料，因此本书采取文献研究法与历史分析法作为研究的主要方法。

（一）文献研究法

文献研究法是通过搜集、分析和研究各种现存的有关文献资料，以形成对事实的科学认识的研究方法。[①] 充实的文献是构建本书的基

① 陈向明. 教育研究方法［M］. 北京：教育科学出版社，2013：322.

础，本书首先基于历史事实，收集了《爱丁堡评论》《教育季刊》《威斯敏斯特评论》《阿诺德论教育》《大学之理想》等一手文献，通过报刊、书籍、档案等资料真实地展现19世纪英国大学内部的变化。其次，本书搜集国内外相关期刊、书籍等，通过后人对19世纪英国大学教育的研究，把握英国大学科学教育与古典人文教育的发展脉络，反映科学教育派与古典人文教育派的论战。通过对大量一手资料与相关研究的梳理与总结，丰满研究内容，搭建框架结构。

（二）历史分析法

历史分析法是进行历史研究最根本的分析方法，即在缜密整理史料和考辨真伪的基础上，发现并客观地表述历史事件发生的原因、过程和结果，科学地做出判断、论定。① 本书在充分搜集与阅读教育历史资料的基础上，梳理19世纪英国大学教育改革、19世纪英国大学教育辩论、英国科学教育与古典人文教育发展研究等方面的资料，试图将有关的历史事件、人物与思想置于19世纪英国的社会背景下进行分析，从而发现有关19世纪英国大学科学教育与古典人文教育之间的关系。

---

① 陈向明. 教育研究方法［M］. 北京：教育科学出版社，2013：335.

第一章　19世纪前英国大学科学教育派与古典人文教育派论战的缘起

19世纪前，科学教育的种子就已播下并经历了几个世纪的缓慢成长。培根作为近代英国科学教育的肇始，批判经院哲学并提出“知识就是力量”。17世纪的清教徒教育家们重视教育的实用价值，反对空疏无用的大学教育。随着自然科学不断发展，在倡导科学教育人士的推动下，18世纪科学教育开始在英国大学中崭露头角，但古典人文教育仍是大学教育的主流。直到19世纪中叶，科学教育才开始系统地进入大学教育之中。

第一节　16世纪科学教育萌芽

资产阶级为了发展资本主义经济，完成其革命任务，要求冲破传统思想的各种束缚，迫切需要开拓知识领域和迅速发展科学技术。① 在英国资本主义扩张时期，培根率先提出发展科学技术并强调知识的实用价值。培根还敏锐地察觉出学术界的研究弊端，强调科学复兴并提倡以科学方法进行学术研究，对科学事业的发展提出前瞻性意见，为英国日后的科学教育奠定基础。

---

① 吴式颖，任钟印. 外国教育思想通史：第5卷［M］. 长沙：湖南教育出版社，2002：25.

一、萌生背景：科学革命

西方的科学研究传统可追溯至古希腊时期，但古希腊灿烂的科学文明并未随着时间传承下来。到中世纪，由于基督教神学的封闭与保守，科学为神学所束缚，科学研究一度陷入停滞。直至文艺复兴时期，随着人们对古代文明的重新发现，科学逐渐挣脱神学的枷锁，科学教育的雏形开始显现。

近代科学的兴起得益于文艺复兴，这场对古典文明的再发现使世人重新认识到古代文明的先进与辉煌，并将其作为获取新信息与新知识的基础。学者们在发掘古典著作价值的同时，也重新发现了古人对自然界的探索。他们进而提出关于自然科学的基本问题，发展新的研究方法。人文主义学者重新发现并翻译了用希腊语所著的科学文献，他们以质疑的眼光审视原有的科学资料和研究方法，为科学研究引入了新的范式。虽然相较于预测行星轨道，多数人文主义学者更关心对《圣经》和西塞罗（Cicero）著作原文的理解，但毋庸置疑的是，他们为自然科学的发展注入了新的活力。[①] 在人文主义精神的影响下，自然科学开始从中世纪教会的束缚中解放出来，逐渐摆脱“神学婢女”的身份。

肇始于文艺复兴时期的科学革命包括两个基本要素，即新的科学发现、发明和新的科学研究方法。[②] 16世纪以来，自然科学的新发现与科学技术的新发明层出不穷。这些研究囊括了从微观到宏观的广泛领域，学者们将研究视野从渺小的生物扩展至广阔的宇宙。哥白尼（Copernicus）提出的“日心说”挑战了长期以来基于亚里士多德和托

---

① EDE A, CORMACK L B. A history of science in society: from philosophy to utility [M]. Toronto: University of Toronto Press, 2017: 97.

② 易红郡. 英国教育的文化阐释 [M]. 上海：华东师范大学出版社，2009：147.

勒密（Ptolemaeus）理论的宇宙观，击溃天主教神学长期依赖的“地心说”。哥白尼的天文学研究虽然遭到宗教界的强烈反对，但他的理论为许多天文科学家所推崇，掀起了近代科学史上的一场颠覆性革命。伽利略（Galileo）的自由落体运动实验进一步消解了在天主教神学中备受推崇的亚里士多德科学权威，他发明的天文望远镜为人类探索宇宙提供了工具。他不仅在天文学上做出了重要贡献，并且为动力学奠定了基础，从而为牛顿的伟大发现做好了准备。[①] 开普勒（Kepler）通过揭示行星运动的规律，深化了人类对宇宙的认知。中世纪学者长期推崇亚里士多德的三段论与直觉研究方法，受古代自然科学著作影响的人文主义学者则将自然科学的研究转向了真理与谬误的认识论探讨，即何为真理及以何种方式认识真理。中世纪以观察认识自然的方式逐渐受到质疑，学者们开始发展一种新的研究方法以探索事物的确定性。

对古代文明的崇拜激发了人们探索未知地区的渴望，拓宽了人们的视野，并刺激着人们对现实财富与权力的追求。天文学的进步为科学研究者们揭开了天空的奥秘，这些关于星象变化的知识不仅涉及学术争论，还引起了欧洲统治者与企业家的注意。人们发现解读斗转星移的规律有助于为海上贸易与远洋航行提供便捷，远洋航行依赖于先进航海设备，对自然科学的研究与商业发展紧密联系起来。最初开展航海活动的主要动机是为国家积累财富，欧洲的航行者们在东亚、美洲与非洲建立起殖民地以牟取巨大的利润。在近代科学史的初期，英国和荷兰不仅在经济和政治领域占据重要地位，同时也在科学领域大放异彩，这两个国家凭借丰富的国际贸易经验，培养了宽容与开放的思维方式。在与天主教的斗争中，政府更是展现出对追求自然知识研究者的宽容态度，为他们提供了相当程度的自由空间，从而推动了科

---

① 沃尔夫. 十六、十七世纪科学、技术和哲学史［M］. 周昌忠，苗以顺，等译. 北京：商务印书馆，2017：33.

学的蓬勃发展。

自十字军东征时期起，欧洲的经济水平便开始持续提高，到 16 世纪，欧洲的商业水平已达到较高程度。随着贸易网络的不断发展，英国制造业与对外贸易也发展显著。经济与工业的变革推动了自然科学的发展，越来越多的工匠对与自然科学相关的知识产生兴趣，试图发展新的研究体系。在 16 世纪欧洲的城市中心，像印刷工人、仪器制造者、测量员和造船工人这样的工匠开始思考如何利用自然界来服务于自己的工作。许多学者开始关注世界的构成、运转等诸如此类的新问题，这些问题将在 17 世纪形成科学事业的重新定位。

1596 年，根据伦敦富商托马斯·格雷沙姆（Thomas Gresham）爵士的遗嘱，以其丰厚遗产创办的格雷沙姆学院（Gresham College）以提供咨询和举办讲座的形式开始讲授科学技术知识，主要包括天文学、数学、医学、地理和“技艺”等课程，直接服务于社会。① 格雷沙姆学院自成立之初就展现出强烈的世俗特征，独立于教会控制，由伦敦市政府和商业公司共同管理。该学院的课程向伦敦市的普通民众开放，不收取任何费用。自成立之日起，格雷沙姆学院便成为伦敦科学活动的中心。伦敦的“哲学家圈子”（circle of philosophers）很快便将学院作为他们聚会的场所之一，以牛津大学哲学教授约翰·威尔金斯（John Wilkins）为首形成的“牛津圈子”②（the Oxford circle）为学院输送了许多卓越的科学教授，加强了格雷沙姆学院与牛津大学的联系，更为皇家学会的诞生做出了巨大贡献。③

---

① 刘益东，高璐，李斌. 科技革命与英国现代化［M］. 济南：山东教育出版社，2017：62-63.

② 牛津圈子是以威尔金斯为核心在牛津大学形成的科学组织，主要成员为科学家，同时也是牛津大学的教授，这个圈子在 17 世纪中期成为科学交流的重要场所，对推动科学的发展起到了重要作用。

③ HARTLEY H B，HINSHELWOOD C N. Gresham College and the Royal Society [J]. Notes and records of the Royal Society of London，1961(16)：125-135.

二、批判对象：经院哲学

面对近代自然科学的发展，培根察觉到大学中现行的经院哲学已脱离现实生活，不利于知识进步与学术创新。经院哲学是中世纪基督教哲学的重要组成部分，它流行于11世纪至近代早期，其内容极为琐碎庞杂。虽然经院哲学家们也会进行辩论，“但是这些论证所涉及的只是其他论证，而不是自然界”①。经院哲学以其自身的权威地位压制科学事业，促使人们形成对宗教的崇拜，破坏了科学研究的发展进程。

培根认为，古代知识的权威压制造成了人们对经院哲学的盲从，这是科学进步受阻的原因之一，对古代文明的过分推崇使人们将经院哲学体系奉为圭臬。培根并非全盘否定学习古代知识，而是反对将研究局限于故纸堆中，忽视新兴知识。正是由于亚里士多德哲学的影响，从11世纪开始，一种注重理性论证的基督教哲学即经院哲学就逐渐取代了早期的那种执着于狂热信仰的教父哲学。② 经院哲学的理性推理主要目的是完成对基督教教义的阐述，尤其是有关上帝存在的论证，它试图用理性来证明信仰的合理性，但其推理过程在逻辑上具有一定漏洞。培根认识到，经院哲学学者所推崇的形式化逻辑思辨难以产生实质性的真理，因此他主张从外在经验出发，利用实际的感官去感知事物，从而建立了属于自己的哲学体系与研究方法。

培根以全新的角度阐释对古代的理解，他不是从时间意义上而是从历史发展的角度诠释古代。在他看来，事物只有历经了漫长岁月方能被冠以真正的古代之名，而这种悠久的历史正是我们所处时代的特权，不属于古人所经历的早期世界；对于人们来说，早期虽然看似较

---

① 希尔贝克，伊耶．西方哲学史［M］．童世骏，等译．上海：上海译文出版社，2004：181．

② 罗素．西方哲学史：下卷［M］．马元德，译．北京：商务印书馆，2015：261．

为古老，但从世界的视角来审视，它实则是相对年轻的。[①] 在时间意义上，古代相当于世界发展的幼年阶段，而当前的时代却更接近于世界的成熟期，蕴含了几个世纪积累的智慧结晶。培根强调，人们应追求进步，扩大视野，了解科学知识的发展状况，而非故步自封，将知识的认知停留于陈旧的知识体系中。他指出，物质世界的疆域——包括大地、海洋以及星宿等——已经被广泛开拓和揭示，然而如果人们智力的疆域仍局限于过去的狭窄发现，未能与时俱进，那无疑是一种极大的羞愧。[②]

通过对科学研究问题的考察，培根指出现存的教育体系与科学毫无关联，以经院哲学为主的教学内容极大阻碍了科学发展。在学校、学院、大学以及类似旨在集中学者并培养学术的组织中，所有的惯例和制度都与科学的进步背道而驰。[③] 死气沉沉的学术环境和陈旧迂腐的哲学知识阻碍了思想的创新与发展，排斥具有新生活力的科学知识。因此，培根希望学术研究与进步都能围绕创造性的工作展开。在培根能够着手从事他的创造性工作之前，他要针对牛津大学、剑桥大学和一般大学进行猛烈的批评，也要针对占统治地位的哲学学派加以批评，指责他们食古不化，他号召与亚里士多德哲学绵延不断的影响相决裂。[④]

培根对亚里士多德的哲学理论与研究方法进行了批判，他认为亚里士多德的理论体系缺乏严谨的判断，得出的结论与自然现实相去甚远。在培根看来，亚里士多德的哲学体系是建立在对自然界粗糙和肤

---

① 戴建平．培根［M］．西安：陕西师范大学出版总社，2017：129-130.

② 培根．新工具［M］．许宝骙，译．北京：商务印书馆，1986：62.

③ 培根．新工具［M］．许宝骙，译．北京：商务印书馆，1986：71.

④ 斯通普夫，菲泽．西方哲学史［M］．邓晓芒，匡宏，等译．北京：北京联合出版公司，2019：219.

浅的观察基础上，因而是天真和远离自然的。[①] 培根宣称，人们对亚里士多德哲学思想的认同往往基于先入为主的偏见或对既有权威的盲从，认同的人虽然在数量上占多数，但缺乏深入的探讨与研究。培根对亚里士多德哲学体系的突破不仅在于对亚氏哲学体系内容的质疑，还体现在研究方法上的创新。亚里士多德在《前分析篇》（*Prior Analytics*）中阐述了演绎推理的方法，即所有希腊人是人；所有人终有一死；因此，所有希腊人终有一死。[②] 培根认为，这种方法很容易导致推理过程中存在错误的前提，而想要获得真理需要以真实的观察为起点，用可靠的实验代替感官。他卓有成效地概括总结了近代实验科学始于观察和实验，经过归纳而达到某种普遍性认识的科学方法，并特别探索了思维的归纳过程，提出了一种迥异于亚里士多德的演绎逻辑的归纳逻辑。[③] 培根的归纳法总共分为四个步骤，第一步是了解有关事物的普遍性原理；第二步是列举有关与该事物具有一定相似性，但不具备所观察事物特点的其他事物，以凸显两者差异；第三步是进行比较，分析所观察事物的属性；第四步是进行排除以发现观察事物的本质特征。

在培根看来，对经院哲学的极端推崇导致人们对宗教神学的盲目崇拜，这导致科学事业遭受不公正的对待。教会主要关心平民，蔑视世界和众生，傲慢且自信地认为自身拥有无所不包的天启真理，因此教会始则轻视继而敌视一切企图凭借独立的理性之光来探索自然知识的人。[④] 培根清楚地认识到，由于科学事业的发展动摇了基督教神学的利益根基，科学研究活动与理论探索者都遭到了宗教分子的污名化。

---

① 易红郡．英国教育思想史［M］．上海：华东师范大学出版社，2017：207.

② 肯尼．牛津西方哲学史：第1卷［M］．王柯平，译．长春：吉林出版集团有限责任公司，2016：136.

③ 孙正聿．理论思维的前提批判［M］．沈阳：辽宁人民出版社，1992：137.

④ 沃尔夫．十六、十七世纪科学、技术和哲学史［M］．周昌忠，苗以顺，等译．北京：商务印书馆，1991：12-13.

"有些人是脆弱地害怕，唯恐对于自然更深入一步的搜求将会批准给澄心深思的界限，于是就不正当地扭歪并搬运《圣经》之言来反对那窥测神圣奥秘、探入自然隐微的人们，而不知这些实并不为何种禁令所取缔。还有些较为精细的人则忖度并熟虑到一点，认为如果第二性的原因能不为人所知，则一切事物就能较便当地被归结到神圣的手杖上面去；这一点在他们认为是大有关于宗教的，而其实这无异是以谎言去媚悦上帝。又有些人根据过去的例子，顾虑到哲学中的运动和变化终将不免成为对宗教的侵袭。还有些人更是十分担忧，唯恐在自然研究当中会找到什么东西来推翻或至少来摇撼宗教的权威，尤其在不学之人更甚。"①

培根在回顾科学研究的历史时发现，只有三个时期被视为科学发展的关键阶段，即希腊时期、罗马时期与当下所处西欧。然而，就科学事业的整体进步而言，这三个时期并未实现显著的发展。在前两个时期，学者们主要专注于道德哲学与政治学的研究，而如今，经院哲学几乎占据了学术界的大部分精力。培根指出，经院哲学的主要内容是基督教神学，由于基督教的发展壮大，它已获取大量的社会资源并拥有广泛的民众基础。因此，人们对宗教争论的关注远超过对科学知识的兴趣。此外，经院哲学研究为学者提供丰厚的酬劳，吸引了大批人才。经院哲学不仅无益于推动科学事业前进，还破坏了科学研究的进程。无论是阿拉伯人还是经院学者们，他们在这些学院中对科学的贡献似乎并未增添其价值，相反，更像是用大量的论文把科学磨损得像一条被蹂躏过的道路，失去了原有的清晰与平整。② 研究的冷门导致科学活动缺少智识支持，观念的落后使科学研究缺乏社会重视，神学的权威造成学术进展缓慢。培根对此表示惋惜："这样看来，在那三个

① 培根. 新工具［M］. 许宝骙，译. 北京：商务印书馆，1986：70.

② 培根. 新工具［M］. 许宝骙，译. 北京：商务印书馆，1986：56.

时期当中，自然科学在很大程度上不是被人忽视，就是受到阻碍。”①

培根对经院哲学的批判有助于大学研究活动摆脱以往单纯依靠理性思辨的方式，促进人们意识到经院哲学存在诸多弊端。他倡导的归纳法在促进科学发展方面起到了重要作用，“近代自然科学首先是实验科学，通过搜集经验材料和观察实验的方法来研究自然现象，归纳总结出一般性的自然规律”②。在对经院哲学及其研究方法进行批评后，培根就此提出了有关科学教育的理想。

三、科学构想：所罗门之宫

培根不仅主张研究内容应科学化，而且人员管理和学科建设也需遵循科学原则。考虑到科学事业发展的长期性和连续性，培根提出了建立专门科学研究机构的构想。

培根倡导科学知识的学习，并对知识体系进行了明确的划分。他将知识分为历史学、诗歌、哲学、医学等，每一学科都包含了自然科学的内容。例如培根认为自然哲学包括物理学、形而上学和数学，主要目的是探求事物发生的缘由与产生的效用，由两种工作得以实现。一部分工作是勤于思索，一部分工作是追求效果；一部分人关注自然知识的获取；一部分人关注自然知识的运用。③ 以物理学为例，在培根的眼中，物理学研究涉及世间万物的结构和组成，揭示客观现象的起因，并考虑到事物变化的特殊性与多样性。形而上学与物理学在某些方面相似，它主要研究事物的形式与目的的原因，但形而上学却偏离了原有的路线，造成科学停滞不前。培根指出，主要是人们研究形而

① 培根．新工具［M］．许宝骙，译．北京：商务印书馆，1986：57．

② 赵林．西方哲学史讲演录［M］．上海：上海三联书店，2021：291．

③ 培根．学术的进展［M］．刘运同，译．上海：上海人民出版社，2007：82．

上学时没有清晰的学科边界，在研究目的的原因时，由于跟物理学上的其他原因混杂在一起，阻碍了对所有真正的物理原因的严格而持续的探究，使人们有了借口停步在让人满足但似是而非的原因上，极大地妨碍和损害了人们对科学的进一步探索。① 这种做法不仅贬损了物理学学科的价值，更严峻的是，它导致人们漠视探索事物内在规律的动力，不利于推进科学事业的向前发展。

为推动科学事业的进步，培根认为必须设立专门的科学研究机构，以确保科学研究的顺利进行。在《新大西岛》（*New Atlantis*）中，培根对理想的科学研究机构进行了详细阐述。“我现在也很倾向于这种意见，因为我在古代的典籍中发现，这个教团，这个公会有时叫作‘所罗门之宫’，有时叫作‘六日大学’，从这里我们可以知道，大概我们的贤明国王从希伯来人那里知道了上帝创造世界和世界上的一切东西是在六天之内完成的，所以他在建立这个研究一切事物本质（上帝为了创造这些事物而获得更多的光荣，人们为了能使用它而获得更多的果实）的组织时给它取了另一个名字。”②

所罗门之宫是一个既从事专门科学研究，又具有培养高等科学人才任务的机构。它高度重视科学研究，提供丰富的材料与完备的设施供学者们进行研究，对研究内容进行了细致的划分。所罗门之宫建立了光学馆用来考察光线的折射，修建音乐馆以完成与声音有关的试验，设立香料室生产人工香料与食品，建造机器馆来制造武器与工具，此外还有花园、果园、池塘、动物园等场所。所罗门之宫不仅研究内容广泛深入，人员分工也井然有序、各司其职。有人专门负责资料的收集，有人对材料进行整理从而得出一般性的知识与规律，还有人在前者的基础上进行更为深入的探索研究，最终有人将其提炼为完善的经

---

① 培根. 学术的进展［M］. 刘运同，译. 上海：上海人民出版社，2007：87.

② 培根. 新大西岛［M］. 何新，译. 北京：商务印书馆，1959：20.

验、定理和格言。

另一方面，所罗门之宫注重高等科学人才的培养，为科学研究提供人员保障。所罗门之宫中的元老介绍说："正如你们必然要想到的，我们还有许多学徒和实习生，以保证能够源源接替上述各种人员的职务。"① 所罗门之宫不仅用丰厚的赏赐来肯定科研人员的成果，还为那些做出了重大科学贡献的人员树立雕像，以嘉奖其做出的卓越贡献。不难看出，培根所描绘的种种场景如今大多真实存在，所罗门之宫研究的丰富内容和广泛范围展现了培根对科学技术发展的预见性，这种预见超越了时代。他精心构想的世俗性科学研究组织——所罗门之宫及其工作程序，使知识的探求世俗化，走出了中世纪的修道院而进入近代世界。②

在大学教育的管理上，培根主张借助国家力量进行大学教育改革，国家应当承担解决大学教育问题的责任。培根敏锐地察觉到现有大学的弊端，并从人员管理与学科管理角度对大学教育提出了改进意见，从而表明他促进科学教育的立场。为了科学教育的发展，培根强调选拔一批天赋异禀的精英人士担任教师。他将建立大学者的工作喻为种植，他们为大学教育埋下发展的种子，而大学教师的工作如同灌溉，高水平的教学能够为大学培育出丰硕的果实。"为了科学的发展，教授者也应该是最有能力、最合格的学者，应如那些专门进行科学发明和传播的学者一样，而与那些关注科学短期应用的学者有所区别……教授科学的人们实际上就是看守储备的人，他们向人们提供科学知识，使实际应用科学的人得到需要的装备，因此他们也应当得到同等的报酬。"③ 尽管培根对教师能力提出高要求，但他也深刻地意识到教师在

---

① 培根．新大西岛［M］．何新，译．北京：商务印书馆，1959：40．

② 吴式颖，任钟印．外国教育思想通史：第5卷［M］．长沙：湖南教育出版社，2002：34．

③ 培根．学术的进展［M］．刘运同，译．上海：上海人民出版社，2007：60．

现实境遇中面临经济水平低下的问题，他强调提升教师薪资以保障其生活，否则科学事业将难以延续。培根以亚历山大（Alexander）与亚里士多德为例，他说："在亚里士多德编纂自然史的时候，亚历山大调拨大量的财物给他，支付给猎人、捕野禽者、渔夫等人。那些辛辛苦苦探索自然奥秘的人当然更应该得到这样的对待。"①

在学科设置上，培根倡导关注基础性学科以促进科学发展，以循序渐进的方式设置学校课程。在欧洲，许多研究机构更加重视专业性学科，而对基础学科和科学的学习关注不足。培根反对仅以实用为旨归的学习，反对忽视普遍性的知识。此外，职业教育与普通教育之间经费分配的不平衡不仅会导致科学发展的落后，还会给国家与政府带来麻烦。在培根看来，若高等教育无法获得自由发展的空间，使学者们依照个人兴趣深入研究历史、现代语言、政策与国务著述等有益于国家事务的学问，那么当国君们寻求有能力的人才辅佐自己时，将会发现这样的人才寥寥无几。② 培根还指出，大学课程的设置应按照一定的顺序，以学生的水平为主要依据。他发现，当今大学较早地教授逻辑学与修辞学，这些本适合于高年级学生的课程却早早出现在学生面前，而低年级学生的知识积累还未达到理解文本的层次，其结果是学生们将课程视为荒谬的辩论与可笑的游戏，却得不到实际的训练。这种现象的根本原因在于大学管理者疏于教学督察，"他们不关心自古以来的读物、练习和其他跟学习有关的事项设置得是否合理，是否有不合适的地方需要改善和更新"③。因此大学应编写一些较好理解的课程来适应学生在较低层次的发展水平，教师在教学时应将事先准备的内容与具有创新性的内容相结合并力求准确。

在 16 世纪末至 17 世纪初，英国资本主义迅速发展，资产阶级革命

---

① 培根. 学术的进展［M］. 刘运同，译. 上海：上海人民出版社，2007：61.

② 培根. 学术的进展［M］. 刘运同，译. 上海：上海人民出版社，2007：59-60.

③ 培根. 学术的进展［M］. 刘运同，译. 上海：上海人民出版社，2007：61.

的序幕拉开。培根提出了“知识就是力量”的口号，赞美科学技术知识的力量，提倡发展实际学问，主张对人类知识进行全面的改造，使整个学术文化从经院哲学中解放出来，实现科学知识体系化的萌芽。尽管培根所构想的“所罗门之宫”这一科学研究机构并未如愿建立，但他所倡导的早期科学教育理念在不信奉国教者学园中得到了实质性的体现，培根的唯物主义思想为 19 世纪科学教育的复兴奠定了坚实的理论基础。①

第二节　17 世纪教育革新思潮

17 世纪是自然科学发展的重要时期，这一阶段，科学研究取得了显著的进步。医学、气象学、物理学等学科取得了突破性进展，特别值得一提的是，出现了专门从事科学研究的社团组织。培根的科学教育思想得以广泛传播，影响了一批清教徒教育家，他们强调科学知识的实用性，掀起教育的革新思潮。

一、自然科学进一步发展

17 世纪，随着英国封建政治制度逐渐瓦解，资本主义经济得到迅速发展。社会中产阶级纷纷提出他们的现实需求和思想理论，引发了新的社会思潮。在这一时期，英国的资本主义特征开始显现，“圈地运动”导致土地大规模合并，这不仅为资本主义提供了廉价劳动力，同时也推动了新技术在生产中的应用。政治上，旧贵族势力逐渐衰落，在新的历史条件下崛起的新贵阶层则展现出更多的资产阶级倾向。17

① 袁传明. 近代英国高等教育改革与发展研究：以伦敦大学百年史（1825-1936）为个案［M］. 广州：广东高等教育出版社，2017：157.

世纪中后期，资产阶级革命的胜利一方面促进了民主政体的确立，另一方面为资本主义经济扫清障碍。新的政治、经济条件为思想解放和科学发展提供了土壤，成为促进新教育思潮出现的动因。①

在19世纪中期之前，科学一直处于备受质疑的地位。科学研究的顺利进行不仅需要天赋异禀的科学家，还需要强大的经济支持。这要求科学家们团结起来，相互帮助，因此科学组织应运而生。1660年，英国皇家学会成立，并在两年后获得皇家特许状。该社团最初是由培根的追随者们组建而成，主要参会者有罗伯特·波义耳（Robert Boyle）、克里斯托弗·雷恩（Christopher Wren）和罗伯特·胡克（Robert Hooke）等。皇家学会早期的科学活动仍是继承培根的传统，关注实验及其运用。② 皇家学会的主要职能包括进行科学研究、向广大群众传播科学知识和汇报最新的科学成果。其创办的《自然科学会报》（*Philosophical Transactions of the Royal Society*）开创了学术期刊的先河。科学社团的建立使得科学研究活动开始成为一种有组织的社会活动。尽管自然科学家并不敌视宗教神学，但基督教会（包括天主教和新教）却敌视自然科学，视一切违反《圣经》的科学真理为异端。③此外，科学研究活动在当时缺乏政府支持，主要依赖于权贵的资助。但在权贵眼中，科学不过是一种肤浅的爱好。英王查理二世认为皇家学会只在天文学这一个领域有作用。因为天文学的研究可以促进航海技术的发展，英国的海外贸易又依赖高超的航海技术。④

---

① 吴式颖，任钟印. 外国教育思想通史：第5卷［M］. 长沙：湖南教育出版社，2002：3.

② 刘益东，高璐，李斌. 科技革命与英国现代化［M］. 济南：山东教育出版社，2017：66.

③ 吴式颖，任钟印. 外国教育思想通史：第5卷［M］. 长沙：湖南教育出版社，2002：7.

④ 鲍勒，莫鲁斯. 现代科学史［M］. 朱玉，曹月，译. 北京：中国画报出版社，2020：386.

在 17 世纪，英国古典大学开始允许其学术研究纳入有关科学的内容。自 1610 年起，牛津大学学生的习题中就已出现了关于哥白尼学说、宇宙的无限性、世界的多样性、月球的可居住性以及地球磁场作用等议题的讨论。① 地理学、天文学、医学和化学等学科开始拥有专门授课的教授。亨利·萨维尔爵士（Sir Henry Savile）曾长期讲授天文学和数学课程，托马斯·艾伦（Thomas Allen）则一直是牛津大学几代学生的尊敬导师，直至九十高龄，他仍在教授数学和自然哲学。② 在大学中研究自然科学不再是孤立的存在，而是逐渐形成了具有一定规模的小型组织。不容忽视的是，尽管科学研究在古典大学中开始扎根成长，但在 17 世纪，对大多数受过教育的人来说，以自然科学为代表的新知识并非大学教育的主要内容。特别是对富有的上层阶级而言，他们更多将进行科学研究视为一种消遣与休闲。但正因如此，大学科学研究也能够获得一定的物质支持。

通过上流社会的捐赠，古典大学中科学学科的数量得以增加，其地位也获得了进一步提升。时任牛津大学莫顿学院院长的亨利·萨维尔积极推动大学教育改革，他主张促进大学科学教育的发展，并重视有关科学和数学方面的课程。萨维尔认为数学是所有科学的基础，强调数学教育的重要性。1619 年，萨维尔爵士在牛津大学创立了萨维尔几何学教授（Savilian Professor of Geometry）和萨维尔天文学教授（Savilian Professor of Astronomy）的职位，他自己出资支持这些职位设立以及维系后续发展。虽然天文学和数学长期以来一直是古典大学传统课程中的重要组成部分，但萨维尔的支持加速了它们的发展。此后，几何学教授的教学内容包括了力学和测量的实用几何，而天文学

---

① SHAPIRO B J. The universities and science in seventeenth century England[J]. Journal of British studies,1971(2):47-82.

② JOHNSON F R. Astronomical thought in Renaissance England: a study of the English scientific writings from 1500 to 1645[M]. Maryland:Johns Hopkins Press,1937:233.

教授要将几何学在地理和航海方面的应用纳入其中。萨维尔此举使几何、天文学和自然哲学成为文学硕士学位课程的一部分。首批被任命为教授的学者均对新兴科学有深入研究，其中亨利·布里格斯（Henry Briggs）负责讲授哥白尼的假说，而约翰·班布里奇（John Bainbridge）则教授第谷·布拉赫（Tycho Brahe）的日心说。[①] 萨维尔不仅提供了经济支持，还通过其影响力推动了科学研究和教育的发展。作为一名杰出的学者和翻译家，他还编辑和出版了一些重要的古典数学和天文学著作，帮助传播和保存这些知识，其中包括欧几里得（Euclid）的《几何原本》和其他古希腊数学家的作品。他在牛津大学的贡献不仅限于为学术职位捐资，还包括捐赠图书和其他资源，支持学术环境的建设。

有些科学家不仅在大学中任教，还积极参与社会科学活动。著名化学家、物理学家波义耳于 1648 年受邀前往牛津大学工作，1680 年他当选为皇家学会主席，皇家学会创建人之一的雷恩于 1661—1673 年仍然在牛津大学担任天文学教授。[②] 此外，也曾有人提出要建立科学研究的相关学院。1617 年，历史学家埃德蒙·博尔顿（Edmund Bolton）提出建立皇家学院的计划，十八年后弗朗西斯·基纳斯顿爵士（Sir Francis Kynaston）建议设立教授近代科学学院，但均遭到了牛津大学与剑桥大学的反对。总体而言，17 世纪的英国大学仍以经院哲学与古典人文学科为主，教育目的仍是培养神职人员与贵族绅士。“大学里对自然界的探索充满浓厚的学究气，盲目照搬古人文章；探究自然的主要目标不是揭示自然真相，而是一些徒劳的胜利和咬文嚼字的争论。大学里的科学研究是一片荒野，既没有取得任何结果，也未能向人们

---

① JOHNSON F R. Astronomical thought in Renaissance England: a study of the English scientific writings from 1500 to 1645[M]. Maryland: Johns Hopkins Press, 1937: 249.

② 刘益东，高璐，李斌. 科技革命与英国现代化 [M]. 济南：山东教育出版社，2017：66.

提供任何启示。”①

在这样的背景下，17 世纪出现了一股倡导科学和实用知识的教育改革思潮，塞缪尔·哈特利布（Samuel Hartlib）、约翰·弥尔顿（John Milton）和威廉·配第（William Petty）等清教徒教育家批判传统教育内容的空洞与脱离实际。“相对于西欧中世纪而言，17 世纪的新教育思潮是对传统的突破，是弃旧图新、改弦更张。相对于以后教育理论的发展而言，17 世纪的思想家们做好了奠基工作。”②

二、清教徒教育思想初现

17 世纪英国形成了以哈特利布为中心的清教徒教育家群体，他们重视教育的实用性，鼓励科学教育，形成了教育革新思潮。应哈特利布的邀请，弥尔顿发表了《论教育》（“Essays on Education”），这一论文在大革命的高潮时期深刻地反映了当时社会对教育改革的迫切需求；配第以科学家的敏锐思维构思了关于技术教育的改革计划，为教育的创新发展提供了新的思路；约翰·杜里（John Dury）从传统内部提出改革学校教育的方案，试图在保持教育传统的基础上实现教育变革。这一切都在某种程度上反映了革命时代变革的社会对激进教育改革的呼喊，并成为随后教育革命的出发点。③

清教徒教育家们首先批评了文法学校与古典大学的传统课程，他们对脱离实际生活的教育内容表示不满，认为学校只关注空洞无用的

---

① 吕埃格，里德-西蒙斯. 欧洲大学史：第 2 卷　近代早期的欧洲大学 1500-1800 [M]. 贺国庆，王保星，屈书杰，等译. 保定：河北大学出版社，2008：555.

② 吴式颖，任钟印. 外国教育思想通史：第 5 卷 [M]. 长沙：湖南教育出版社，2002：21.

③ 蒋颖贤，王坚德，叶洵钊. 世界史研究论丛 [M]. 福州：海潮摄影艺术出版社，2008：132.

知识，热衷于在华而不实的文字上反复琢磨。学校教师乔治·斯奈尔（George Snell）致信杜里和哈特利布，指出："我们英格兰的学校不应再教学生成为空洞的唯名论者和咬文嚼字者，而对必要的事物和物体却一无所知；要使学生成为唯实论者和唯物主义者，知道事物和事件本身。"[①] 教师们在课堂上过度依赖陈旧的拉丁文著作，采用死记硬背的教学方法，这让学生成为咬文嚼字的学究，而非了解实用事物的现实主义者。英国政治经济学家、教育家威廉·配第意识到自然科学理论与先进技术能够对社会进步产生巨大推动力，他倡导使用培根的自然科学研究方法，以感觉主义与现实主义改造旧的教育体制。他认为，传统的宗教教育和古典教育重言不重物并脱离生活，不能产生实际效用，培养的人才不能满足科技与手工业生产的需要。在对旧教育进行批评后，他进而主张加强科学技术教育，将教育与科技及手工业生产结合起来。[②]

与哈特利布交好的弥尔顿在17世纪40年代将自己与哈氏的书信整理成册，系统论述了有关教育改革的想法。弥尔顿指出，现行学科中充斥着大量无用的语法和诡辩性的修辞，备受推崇的逻辑学产生了荒谬的错误推理，亚里士多德的形而上学被曲解为令人费解的故纸堆，烦琐复杂的论证给自然科学研究造成了困扰。教师的教学水平也让人担忧，他们对知识的表达含混不清，只是照本宣科，完全依赖古代文本，做陈旧而枯燥的解读。对于这种情况，弥尔顿说："这些就是我早已指出的那些身着长袍礼服的无知先生们身上的伤疤，这种愚蠢的瘟疫已在一定程度上影响到自然科学。"[③] 弥尔顿在公学所做的一次演讲中对经院哲学进行猛烈抨击，他认为经院哲学充斥着冗长烦琐的研究

---

① 徐辉，郑继伟. 英国教育史［M]. 长春：吉林人民出版社，1993：98-99.

② 吴式颖，任钟印. 外国教育思想通史：第5卷［M]. 长沙：湖南教育出版社，2002：116-117.

③ 吴元训. 中世纪教育文选［M]. 北京：人民教育出版社，1989：567.

与陈旧腐朽的辩论，学者们编写长篇累牍的书籍不仅对增进知识毫无裨益，还禁锢了学生的思维。“如同没有乐趣一样，这些学习也毫无任何实用价值，对真正的知识积累毫无裨益。”①

在弥尔顿眼中教育的真正目的是培养现实生活所需要的人，因此他倡导去除学生学习中繁重而无用的内容。弥尔顿主张：“如果从我们的童年起我们就不虚度一日，每日学习，每日用功；如果我们聪明地把文学艺术中那些不相干的、多余的和无用的东西划掉，我们将自信地说，在我们到亚历山大的年龄之前，我们就会成为比世界上的统治者更伟大、更光荣的主人了。”② 为此，弥尔顿表达了建立新型教育制度的愿望：所以，我呼吁建立一个完善的、内容丰富的教育制度，以培养适宜于平时或战时所有公私工作的、公正的、有技能的和宽宏大量的人才。所有这些工作都可以在十二至二十岁完成，条件是在不重要的文法和诡辩法上少用些时间。③ 这种制度下产生的学校被称为“学园”，它既有初等教育的知识又有高等教育的内容，在各城市均有设置，它要求建立足够容纳一百多人的教学楼。学园最鲜明的特点即重视知识的实用价值。

针对古典大学与文法学校的不足之处，清教徒教育家们以实用主义为准则，提出对传统教育进行改造。他们希望教育能够迎合实际需求，减少空洞说教，同时也主张学校扩大教育对象，不只为少数阶级服务。弥尔顿的教育构想中始终有明显的实用主义色彩。在他构想的学园中，学生应广泛涉猎各学科的知识，教学内容应贴近学生的日常生活，能够在实践中发挥实际作用。他尤其重视学园中的科学教育，并设定了广泛的科学与实用课程。主要包括算术、几何、天文、地理、

---

① 吴元训. 中世纪教育文选［M］. 北京：人民教育出版社，1989：573.

② 吴元训. 中世纪教育文选［M］. 北京：人民教育出版社，1989：568.

③ 培根，弥尔顿. 培根论说文集及新特兰蒂斯　弥尔顿论出版自由与教育［M］. 张春，张影莹，译. 北京：北京理工大学出版社，2014：213.

物理、数学、三角、筑城学、建筑学、工程、航海、农业、生理学、医学、解剖学，还有自然哲学中的气象史、矿物学史、植物学史、动物学史以及自然哲学的方法论。① 除了了解理论知识，弥尔顿还重视学生直接经验的获得。在传授自然和数学知识之余，还需确保他们获得一系列实用且必要的经验，涵盖狩猎、捕鸟、垂钓、牧羊、园艺以及采药等活动。② 在掌握一定知识的基础上，学生们应进行实践去各地巡游，从而对学习的内容形成更为立体的认知。要到有特色的地方去学习和观察，了解城镇建筑和乡村土壤的特点，了解港口的贸易状况。在闲暇之余，学生们可以选择乘船远航至海军基地，以便尽可能地学习和掌握航海与海战的相关实用知识。③ 如此一来，学生们也获得了彰显自身能力的机会，通过实践活动凸显自身的天赋。

需要注意的是，尽管弥尔顿反对学生在冗长赘余的文法知识上花费过多时间，但这并不意味着他反对学生学习古典文学。弥尔顿认为，学生应掌握基础性与实用性的文法规则，以培养他们清晰的表达力与准确的发音。在此基础上，学生开始阅读经典的古典文学作品，用卓越的文学经典为学生树立道德典范。学生应阅读一些既易于理解又能提供愉悦的教育性书籍，如希腊作家希比斯（Hibiscus）、普鲁塔克（Plutarchus）以及苏格拉底（Socrates）及其弟子的著作，这些作品将助力于他们形成健全的道德观念。因为在学生受到阿谀奉承、诱惑以及自负等思想影响前，他们就已被教育要热爱美德和保持诚实。④ 在弥

---

① 吴式颖，任钟印．外国教育思想通史：第 5 卷［M］．长沙：湖南教育出版社，2002：103.

② 培根，弥尔顿．培根论说文集及新特兰蒂斯 弥尔顿论出版自由与教育［M］．张春，张影莹，译．北京：北京理工大学出版社，2014：215.

③ 培根，弥尔顿．培根论说文集及新特兰蒂斯 弥尔顿论出版自由与教育［M］．张春，张影莹，译．北京：北京理工大学出版社，2014：219.

④ 培根，弥尔顿．培根论说文集及新特兰蒂斯 弥尔顿论出版自由与教育［M］．张春，张影莹，译．北京：北京理工大学出版社，2014：214.

尔顿看来，学生研读古代经典、学习文法规则的主要目的是培养实际运用的能力，借助古典文学训练思维的严密性并了解社会运作机制。

科学教育是体现教育实用性的载体，这一时期，清教徒教育家们开始主张将大学教育与科学教育相结合。例如威廉·戴尔（William Dell）和约翰·韦伯斯特（John Webster）批评大学教育，敦促大学中多用一些通过实验-归纳方法获得的知识。戴尔、韦伯斯特和其他宗教激进分子对大学的攻击在1653年和1659年达到顶峰，以至于引发了人们对古典大学会被摧毁的担忧。时任牛津大学副校长的约翰·欧文（John Owen）对此提出了批评，他认为攻击者是一群无知的人，对大学知之甚少甚至一无所知，而大学的事业“本应是神圣的”。随后，大学中出现了许多支持宗教与大学教育联系的相关舆论，为古典大学的人文教育传统与宗教神职人员辩护。① 另一位与哈特利布交好的教育家杜里在《改造后的学校》（*The Reformed School*）一书中主张让学生观察世界上的一切自然的和人工创造的事物，并了解它们的性质和用途。他认为十九至二十岁的青年应当学习为英国服务的有用的科学和艺术，他提出了几个贸易和农业方面的职业技术教育的计划。在杜里看来，重要的是现实世界的知识、公民的美德和基本的行业中的实际训练，学校和大学的学术教育只能培养出律师和牧师之类的社会寄生虫，他把宗教排除在他的计划之外。②

与文艺复兴时期的教育家不同，17世纪的清教徒教育家不仅重视科学在教育中发挥的作用，还将教育思想落实于实践中。1640年，阿伦得尔和苏瑞地方的马歇尔伯爵（Earl Marshall）就建议国会“考虑创

---

① SHAPIRO B J. The universities and science in seventeenth century England[J]. Journal of British studies,1971(2):47-82.

② 徐辉，郑继伟. 英国教育史［M］. 长春：吉林人民出版社，1993：99-100.

办一所学园，以培养和训练年轻的贵族和绅士”①。1644年，弥尔顿在《论教育》中对学园的创办进行了系统论述。1662年，一群因信仰原因被免职的教师开始依照弥尔顿的教育理念创办新的学园，该学园于1665年正式开学。这种新型学校将传统的古典教育和实用学科结合起来，成为比德国实科学校早近半个世纪的实科性质中等教育机构。

虽然科学革命推动了科学理论的进步，清教徒的教育革新思想在一定程度上促进了科学教育与学校教育的融合，但古典大学传统的教育模式一时间也难以改变。古典大学依旧以培养神职人员、律师等为教育目标，排斥新兴的科学研究成果，使得科学教育在大学中仍处于起步阶段。医学改革家诺亚·比格斯（Noah Biggs）在其著作《医学技术的虚荣》（*The Vanity of the Craft of Physick*）中借鉴了弥尔顿的观点，对当时的大学进行了猛烈的抨击，并呼吁议会进行大学改革。比格斯尖锐地指出大学教育的不足，质疑大学在改革和知识进步方面的作为。他说：“我们的大学在何处进行了改革或对其内部基本结构进行了完善……哪里有对实验的考察和推理？我们在何处能够开拓一个充满新知识的世界或创造一些新发明？在哪里能够允许我们不断地阅读有关活体或尸体解剖的资料或进行草本植物的演示？”② 比格斯的批评并非没有根据，与传统大学的教育体系相比，届时英国清教学院自然科学如力学、流体静力学、物理学、解剖学、天文学和地理学等都在课程安排中占据了显著且重要的位置。③

17世纪的教育革新强调实用性和科学性，清教徒教育家批判了以

---

① 吴式颖，任钟印．外国教育思想通史：第5卷［M］．长沙：湖南教育出版社，2002：100.

② DEBUS A G. Chemistry and the universities in the seventeenth century[J]. Estudos Avançados,1986(4):15.

③ 李朝晖．宗教与科学教育：英国的清教和中国的儒教［J］．教育研究与实验，2003（2）：35-38.

经院哲学和古典著作为核心的古典人文教育。他们不仅将理念转化为实践，还积极挑战旧有的教育体制，倡导教育改革。这种科学思潮是教育理论中对陈旧的学科内容进行根本改造的催化剂，推动学校教育向着贴近实际、贴近生活的方向发展，有力地冲击着学校中的宗教神学、古典主义及其他烦琐空疏、脱离实际的倾向。[①]

第三节　18 世纪古典人文教育盛行

在 16 世纪和 17 世纪，科学革命促进了自然科学的进步，新研究成果如雨后春笋般不断涌现。培根的科学教育思想和清教徒的教育革新思想在一定程度上影响了古典大学，因而 18 世纪的英国大学开始引入科学教育。然而，在 18 世纪，英国大学的教学重点仍然是古典文学和神学。尽管培根和哈特利布等人的思想促进了学科内容的扩展，但大学教育的根本性变革直到 19 世纪才发生。

一、艰难中求生存的大学科学教育

最初，科学教育以自然科学讲座的形式在大学中兴起，涉及化学、天文学、植物学和地质学等多个学科，讲座数量也在不断增长。然而，由于传统课程体系的僵化，这些新兴学科未能获得足够的生存空间和时间，导致许多讲座在开设不久后便被迫中止。

在科学教学方面，古典大学开始开设科学课程，先后设立了化学、天文学、物理学、地质学等学科的教授席位。1683 年，牛津大学建立了阿什莫林博物馆，该博物馆收藏了 1677 年埃哈斯·阿什莫林（Ehas

① 吴式颖，任钟印．外国教育思想通史：第 5 卷［M］．长沙：湖南教育出版社，2002：8.

Ashmole）捐赠的大量标本，其中包括十二车的藏品。博物馆自 17 世纪 80 年代建立以来，在一百五十余年间一直是牛津大学的科学研究中心。普拉特博士（Dr. Plot）每周在该馆中进行三次化学讲座并予以演示。1700 年，牛津大学教授格雷戈里（Gregory）提议开设实验哲学即物理学的教学。1713 年，巴利奥尔学院（Balliol College）的约翰·基尔（John Keel）和西奥菲勒斯·德塞格列斯（Theophilus Desaguliers）使其成为现实。[①] 在外界的资助与大学自身的努力下，牛津大学初步形成了科学教育体系的雏形。尽管牛津大学在一定程度上陆续增设了不少学科，有意识地限制宗教神学在课程中的影响，但是其基本结构并未发生实质性的转变，课程内容仍然以古典学科和人文主义教育为核心基础。对于自然知识方面的内容，特别是 17 世纪在英国兴起的近代科学及其所衍生的多个学科分支，并未被纳入大学的教学范畴，更无法成为教育的重要内容。[②]

与牛津大学形成鲜明对比的是，剑桥大学从 17 世纪末起便开始教授笛卡尔（Descartes）的学说。在 18 世纪剑桥大学的文学系课程中，笛卡尔的哲学思想占据了核心地位，深受学者们的推崇，成为研究热点。此外，课程还包括世界史、罗马史概观、天文学，以及伊拉斯谟（Erasmus）、霍布斯（Hobbes）等人的学说。与牛津大学相比，剑桥大学在接纳、传授和研究新知识方面表现出了更为积极和开放的态度。尤其是对近代科学知识，剑桥大学展现了强烈的探索精神，为学生提供了更广泛和深入的学习机会。虽然古典学科仍保留在本科生课程中，但仅限于第一学年和第二学年的上学期；从第三学年开始，本科生课程中加入了光学、天文学、微积分等近代自然科学，牛顿（Newton）、

---

① ARMYTAGE W H G. Four hundred years of English education[M]. Cambridge: Cambridge University Press, 1970: 35.

② 黄福涛. 外国高等教育史［M］. 上海：上海教育出版社，2003：78.

波义耳等科学家的理论成为教学的关键内容。[①]

1707 年，剑桥大学的毕业生罗伯特·格林（Robert Green）出版了《修学计划》，提倡在剑桥大学开设广泛的科学课程。他对课程做了如下的设计：第一年下半年开设年代学、地理学和地图研究；第二年上半年开设逻辑学、几何学入门，下半年开设算术、代数、微粒论哲学；第三年上半年开设实验哲学和矿物化学、植物学和动物学、解剖学（动物解剖学、植物和蔬菜解剖学、矿物解剖学），下半年开设光学、屈光学、测光学、颜色学、圆锥曲线和曲线性质；第四年上半年开设力学哲学、静力学、流体静力学、流动率和逆动率、微积分、无限极数、无限算术，下半年开设天文学、对数和三角学。[②] 这项课程设置显然受到了当时科学界领军人物如波义耳、哈雷（Halley）和牛顿等人的研究成果的影响。这一转变显著地揭示了新兴自然科学的进展已经开始渗透到剑桥大学的教育体系中，对其教学内容的革新产生了深远的影响。

剑桥大学三一学院的院长理查德·本特利（Richard Bentley）为剑桥大学的科学课程做出了巨大贡献。在担任院长四十余年期间，他引进科学人才，筹集研究资金，建立了一定规模的科学研究体系。“1704 年剑桥设立普拉闵（Pumian）天文学教授职位，由牛顿的弟子罗杰·科茨（Roger Cotes）主持，本特利还为科茨建立了天文台。……他还为 1703 年成为剑桥大学化学教授的意大利人维格纳尼（Vigani）提供了化学实验室。”[③] 1726 年，理查德·布雷德利（Richard Bradley）成

---

① KEARNEY H F. Scholar and gentleman, universities and society in pre-industrial Britain 1500-1700[M]. New York: Cornell University Press, 1970: 166.

② 贺国庆，王保星，朱文富，等. 外国高等教育史［M］. 北京：人民教育出版社，2006：89.

③ 贺国庆，王保星，朱文富，等. 外国高等教育史［M］. 北京：人民教育出版社，2006：90.

为剑桥大学的首位植物学教授，本特利毫不犹豫地为药学院的成立而筹集资金。1728 年，约翰·伍德沃德（John Woodward）被任命为地理学教授，他在其著作《散论地球自然史》（*Essay towards a Natural History of the Earth*）中提出地壳分层理论。①

自 17—18 世纪始，科学教育开始踏进英国大学的大门，虽然许多科学教育的内容并未占据大学教育的主流，科学讲座也并不是大学课程的一部分，但以自然科学学科为代表的新知识逐渐对古典人文知识产生冲击，预示着 19 世纪英国大学科学教育派与古典人文教育派间的论战即将展开。

二、难以撼动的古典人文教育传统

尽管大学中已开始出现科学教育，但不应夸大大学在科学教育中发挥的作用。实际上，大学教育仍以经典著作与神学为主，古典人文教育的传统在古典大学中难以撼动，这与古典大学落后的管理有关。

古典大学的重心通常是教学而非知识的创新，大学教育最直接的目的是学位的授予。古典大学的文学学士学位是唯一一个提供教学的学位点，因此选择攻读文学学位的学生也更多。从建立之日起，牛津大学和剑桥大学的课程几乎没有什么重大的变化。大学将学科划分为文、法、神、医四大类，而在这四个领域的深入学习之前，学生需掌握七种自由艺术作为预备课程。“文科是四科中的初级学科，因此文科的课程主要是七艺，七艺中首先是‘三艺’（Trivium）——文法、逻辑和修辞。文法是占据支配地位的大学课程，文法教育和研究的中心在牛津大学。文法之后是所有学科的工具——逻辑。亚里士多德的著

---

① LEEDHAM-GREEN E S. A concise history of University of Cambridge[M]. Cambridge:Cambridge University Press,1996:94.

作是主要的逻辑教材，最后是修辞。”① 修辞学则与前两者共同构成了大学教育的基础。到 18 世纪，社会知识文化得到不断更新，英语写作与古典语的翻译工作已十分成熟，拉丁文和希腊文已经在现代社会中丧失了实用价值，但是除了批评大学攻读学位的方式之外，没有多少人对于大学固守古典学科和经院哲学的倾向给予指责。②

大学对教授职位的要求并不严格，1726 年一位牛津大学讽刺作家嘲讽道：“我知道选择道德哲学教授的许多门道，几个一生从未抬头看过星星的人成了天文学教授。”理查德·华生（Richard Watson）是一位当时进步的启蒙者，1771 年用剑桥大学的化学讲座教授职务交换钦定神学讲座，并占据了三十四年。③ 从 17 世纪后到整个 18 世纪，英国大学落后于时代，与世隔绝，处于持续的衰退之中，工业革命过程中起主导作用的各类人才大多不是大学培养出来的。

俄巴底亚·沃克（Obadiah Walker）和约翰·洛克的教育思想对 18 世纪的英国大学产生了较为广泛的影响。沃克的代表作《论教育：尤其是年轻绅士的教育》（*Of Education : Especially of Young Gentlemen*）中倡导培养具有高雅品位与自由精神的人，他主张学习传统的古典学科和经院神学，反对把近代科学知识纳入课程体系之中。除了强调精神的高尚和自由之外，沃克还坚持承袭中世纪大学中逻辑、修辞学等课程，并极力推崇经院式的学习和研究方法，代表了传统的绅士教育学说和思想。④ 洛克也主张教育的目的在于培养绅士，他在《人类理解论》（*An Essay Concerning Human Understanding*）和《教育漫话》

① 贺国庆，王保星，朱文富，等. 外国高等教育史［M］. 北京：人民教育出版社，2006：88.

② 徐辉，郑继伟. 英国教育史［M］. 长春：吉林人民出版社，1993：133.

③ 徐辉，郑继伟. 英国教育史［M］. 长春：吉林人民出版社，1993：134.

④ 王宝玺，王磊. 19 世纪英国大学制度变革研究［M］. 青岛：中国海洋大学出版社，2015：65.

（*Some Thoughts Concerning Education*）等著作中对绅士教育给予高度的评价和详细论述，继承了传统绅士教育的理想，即将教育的培养目标和最终归属视为绅士，并将绅士教育的内涵进行新的阐释。洛克等有影响的思想家坚持认为，拉丁文仍然有继续在大学课程中占据支配地位的理由。他们认为，拉丁文仍然是学术界的国际语言，不仅是大学学者所必需的，而且对有教养的绅士来说也是必须掌握的。[①]

在英格兰大学中，传统的保守势力长期占据主导地位，学术空气十分沉闷，在这种环境下自然科学缺乏重视。然而，在与之毗邻的苏格兰却产生了以科学教学闻名于世的大学，当英格兰现代科学在大学范围之外被培育时，苏格兰几乎所有卓越的科学家都是大学教授。[②] 16 世纪以来，文艺复兴带来的人文主义思潮对大学教育有所冲击，宗教改革后剑桥大学取消了宗教法系，对神学专业课程内容也做了一些修改，纯文学课程和数学课程得到了加强。17 世纪后，古典大学引进了一些新学科。18 世纪，英国大学的科学教育虽然起步艰难，但已经开始展现出其潜力和价值，为后来的科学教育改革和发展奠定了基础，也为英国在科技领域的崛起做出了重要贡献，而古典人文教育体系真正发生革命性变革是 19 世纪以后的事情。

---

① 徐辉，郑继伟. 英国教育史［M］. 长春：吉林人民出版社，1993：133.

② 贺国庆. 外国教育专题研究文集［M］. 保定：河北大学出版社，2001：8.

第二章　19 世纪英国大学科学教育派与古典人文教育派论战的背景

19 世纪是英国近代综合国力的巅峰时期，也是英国社会变革的关键阶段。在这一时期，英国高等教育经历了显著变革，科学教育开始挑战古典人文教育的地位，两者的论战由此展开。19 世纪英国大学科学教育派与古典人文教育派间论战的兴起与发展，与当时英国的政治经济变革、科学进步以及教育体系状况密切相关。

第一节　新兴阶级政治力量壮大

早在 17 世纪，以新兴土地贵族和商人为主体的中产阶级便开始与封建贵族进行斗争，他们利用下议院的力量与贵族争夺经济与政治话语权。18 世纪以来，启蒙运动与产业革命相继展开，中小市民与农民的经济实力开始壮大，资产阶级民主正在向下扩散，最终在 18 世纪末 19 世纪初化为一股追求全面民主、自由、平等的自由主义浪潮，在英国表现为功利主义。[①] 功利主义思想为中产阶级争取政治权利奠定了思想基础，工业革命的发展改变了社会政治经济结构，显著提升了中产阶级的经济实力。随着中产阶级的壮大，他们要求扩大政治参与权，

① 邓云清. 新大学运动与英国高等教育的近代化 [J]. 高等教育研究，2008 (1)：85-91.

以保障自身利益。

一、思想浪潮：功利主义的冲击

英国中产阶级深受功利主义思想影响。他们意识到需要发展适合本阶级的理论和思想，以支持新兴阶级政权的形成，进而推动制定促进商业发展的政策法规。其中以功利主义为指导的思想浪潮向古老保守的贵族政权袭来。功利主义者的目标是推动社会从维护世袭贵族利益的、由寡头贵族控制的封建体制，转变为一个以普遍福祉为中心、由有能力和德才兼备的人领导的自由社会。①

19 世纪初，以詹姆斯·密尔、杰里米·边沁为代表的功利主义思想家开始抨击贵族专制的政治体制，主张建立多数人政权。密尔是英国著名的经济学家、哲学家和政治家，毕业于充满自由与先进学术氛围的爱丁堡大学。密尔与边沁关系密切，两人一同为 19 世纪英国功利主义思想奠定了基础。密尔的思想在 19 世纪 20 年代开始对政治产生影响，他主张团结中产阶级以瓦解贵族的寡头政治。密尔认为，中产阶级是构建自由社会的理想群体，他们重视实用知识的价值，秉承自律、诚实、节制等美德，是引领社会各阶层并实现“最大多数人的幸福”的最佳领导力量。

功利主义思想家以《威斯敏斯特评论》《爱丁堡评论》为阵地，指出贵族政治的种种弊病。密尔首先对封建贵族发起猛烈抨击，公然表达了对统治议会的封建贵族的蔑视，意图为创造新的政治力量建立舆论支撑。密尔认为，现行的立法机构仅服务于少数贵族，却忽视了广大民众的需求，议会中多数人并不能参与法律政策的制定过程，政治

---

① SIMON B. Studies in the history of education 1780-1870[M]. London：Lawrence and Wishart Ltd.，1960：75.

权力的核心掌握在贵族手里。他指出，立法机构作为政府的重要支撑，其成员构成几乎与过去无异，主要由地主贵族组成。大多数成员是根据地主贵族的意愿被提名和派遣的，他们在立法机构中通常扮演倡议者的角色，但常遭否决。这些成员并未掌握实际的立法权，只能通过说服的方式对贵族阶级的思想产生影响。① 除了表达对贵族垄断政治权的不满，他还深刻地揭示了这种垄断带来的严重后果。以 19 世纪初的英法战争为例，密尔认为这场战争纯粹是贵族利益冲突的产物，他谴责战争加剧了国家债务，指责贵族通过增加国家债务和税收来筹措战争资金。② 密尔的演讲旨在推动议会改革，呼吁中产阶级从贵族手中争夺政治权力。当谈到政府的债务问题时，他指出，贵族进行的是一场彻头彻尾的伪装，是为了继续榨取百姓的最后一滴血汗，因此人们必须警觉起来，不要再受贵族的蛊惑，避免再次遭受欺骗。③

功利主义思想家认为“最大多数人的幸福”是评价是非善恶的标准，贵族统治下的社会只为少数人的利益而服务。功利主义宣称社会是由个人组成的，社会利益或幸福不过是个人利益或幸福的总和，因此实现个人幸福是实现他人幸福的前提。④ 鉴于此，密尔指出，中产阶级是比贵族阶级更适合掌握国家政权的群体，中产阶级秉承的价值观与功利主义思想不谋而合。与贵族不同，中产阶级不仅在数量上占据优势，而且在工商业发展上做出了巨大贡献，展现出显著的智慧和才能。中产阶级有发明的头脑、执行的双手、承建项目的企业和资金。这一群体包括商人、制造商、机械师、化学家、艺术家，他们能够发

---

① JAMES M. State of the nation[J]. Westminster review, 1826(7): 249-278.

② SIMON B. Studies in the history of education 1780-1870[M]. London: Lawrence and Wishart Ltd., 1960: 76.

③ JAMES M, State of the nation[J]. Westminster review, 1826(7): 249-278.

④ 易红郡. 英国教育思想史［M］. 上海：华东师范大学出版社，2017：170.

现新艺术，改进旧艺术，推动科学发展，考虑公众利益并切实行动。[①]密尔认为中产阶级应成为国家运作的核心。中产阶级在这个国家中的价值和重要性被广泛认可，被视为英国的荣耀。贵族也自发地认同中产阶级，是中产阶级的贡献使中产阶级在世界各国中享有显赫地位，一切善行都归功于他们，他们是人民中不可或缺的一部分。[②] 功利主义思想的传播在中产阶级争取其政治权利的同时，也逐渐展现出他们对服务自身阶级人才的渴望。在政治地位确立后，中产阶级开始提出大学教育改革的诉求。

二、新生力量：中产阶级的崛起

伴随着工业革命带来的工厂制度和近代资本主义剥削关系的确立，社会结构发生了急剧变动，新兴的中产阶级应运而生。每一历史时代的经济生产以及必然由此产生的社会结构，是该时代政治的和精神的历史的基础。[③] 中产阶级鼓励人们以职业劳动为上帝增加荣耀，追求自由和勤奋，反对繁文缛节，关注现实，表现出明显的实用主义倾向。随着财富的积累和社会地位的提升，中产阶级开始对社会上层进行批判，并最终向他们发起挑战。从 18 世纪 60 年代开始，中产阶级发起了一场激进运动，成立各种政治团体，举行集会并出版刊物，抨击腐败的议会选举制度，要求进行议会改革，形成一支不可小觑的政治力量。[④]

① JAMES M. Literary education[J]. Westminster review, 1824(1): 43-79.

② JAMES M. State of the nation[J]. Westminster review, 1826(7): 249-278.

③ 中共中央马克思恩格斯列宁斯大林著作编译局. 马克思　恩格斯共产党宣言[M]. 北京：人民出版社，1949：7.

④ 刘兆宇. 19 世纪英格兰高等教育变革研究 [M]. 合肥：中国科学技术大学出版社，2008：17.

19 世纪初，资本主义工商业的发展和机器的广泛应用，让新兴中产阶级凭借强大的经济实力，成为社会结构的重要部分。新兴阶级经济实力的增长，必然产生参政的要求，议会改革是中产阶级参与国家政权的重要步骤。[①] 自 17—18 世纪以来，陈旧且混乱的国家机器已无法满足新兴阶级保护自身利益的需求。由于议会制度的腐朽，议席分配与选民资格存在诸多弊病，中产阶级无法利用自身在当地的经济优势地位获取议席。因此，议会改革成为 19 世纪英国政治改革的重点，旨在扩大并巩固中产阶级的政治权。1832 年的议会改革法重新分配了下院的议席，降低了选民的财产资格标准。这次改革使中产阶级，特别是其上层获得了参政的机会，从而为加强资产阶级在议会的势力创造了条件。[②] 1867 年与 1884 年的议会改革则进一步解决了议席分配问题，扩大了选民队伍。19 世纪以来议会进行的三次改革，标志着议会民主制的形成，这使得国家政治权力不再由少数贵族阶级垄断。中产阶级通过议会改革，不断扩大自身的政治影响力，在议会席位的重新分配、选民人数的增加和国家行政机构的完善等方面产生了巨大影响，在管理国家事务上发挥更显著的作用。

中产阶级不仅争取到了参与国家政治生活的机会，还要求更为公平的高等教育机会。19 世纪初，牛津大学和剑桥大学设立了考试制度，为英国政界输送大量人才。人们发现，经过严格考试制度的选拔，这些精英展现了较高的水平和素养，这使得人们认识到考试制度能够更客观地选拔人才。19 世纪初，英国的东印度公司首先开始采用考试制度选拔文官，此后文官制度开始进行改革。文官制度的改革使中产阶级意识到牛津大学和剑桥大学在人才培养中的重要性，他们开始关注高等教育。他们希望根据自己的理解发展高等教育，为壮大政治力量，

---

① 沈汉，刘新成. 英国议会政治史［M］. 南京：南京大学出版社，1991：270.

② 沈汉，刘新成. 英国议会政治史［M］. 南京：南京大学出版社，1991：282.

培养符合自身阶级利益的人才。

中产阶级批评大学落后的教育理念与教育内容，并构想符合中产阶级理想的教育模式，这一点在边沁对新型学校的设计上得以体现。边沁将这所新学校命名为克里斯托马西亚（Chrestomathia），意为促进实用知识的学校。他宣称这所学校旨在将新的教学制度推广到更高层次的学习中，为中产阶级和上层阶级所用。① 在边沁看来，科学与技术是学校教育的核心，他主张教育的职业性与实用性，这并非等同于狭隘的专业训练，而是对科学技术的全方位调查。边沁认为，知识学习应当充分发挥其社会功能，为学生未来的职业生涯做好准备，培养其实际应用能力，其他知识则被视为无用的。②

在克里斯托马西亚的教学中，边沁几乎取消了古典语言课程，他认为这些语言正在逐渐消亡，应该被科学技术知识所取代。课程被分为五个阶段，第一阶段主要聚焦于自然史，涵盖了矿物学、植物学、动物学、地理学、几何学和绘图学等科目；第二阶段主要学习机械学、化学和力学，并对这些领域进行了更细致的分支划分；第三阶段在前期几何学、地理学和化学等学科的基础上，增加了地质学、土地调查和畜牧学等课程；第四阶段加入了与医学相关的学科，包括生理学、解剖学和病理学等；在最后一个阶段，主要是在前期学习的基础上进行深化和提高，特别强调了数学的重要性。③

边沁设计的教育蓝图对中产阶级的教育理念和实践产生了前所未有的影响，它体现了功利主义哲学追求实用教育本质的特点，并反映

---

① BENTHAM J. The works of Jeremy Bentham: volume 8 chrestomathia[M]. Edinburgh: William Tait, 1843: 3.

② SIMON B. Studies in the history of education 1780-1870[M]. London: Lawrence and Wishart Ltd., 1960: 80.

③ BENTHAM J. The works of Jeremy Bentham: volume 8 chrestomathia[M]. Edinburgh: William Tait, 1843: 15-17.

了功利主义教育家所倡导的“教育的共同目标是追求幸福”的哲学思想。当中产阶级能够在自己的控制下创办教育机构时，他们手边就有边沁的“清晰的教育理论”。

第二节　工业生产促进经济发展

19 世纪，英国工业革命的机械化生产方式极大改变了其经济结构，科学知识和技术在这一过程中起到关键作用，促使人们意识到科学理论和实用技术在经济生产中的重要性。到 19 世纪下半叶，美国和德国在国际经济舞台上的地位逐渐超越了英国，这促使人们更加重视科学教育。

一、工业革命：科学研究促进工业化

英国是世界上第一个进行工业革命的国家，率先完成生产变革后，国家经济实力与综合国力迅速提升。英国一度成为近代欧洲最强盛的帝国，而科学技术成为 19 世纪促进英国发展的关键动力。繁荣的商业贸易为英国积累了雄厚的物质基础，工业化进程则加速了制造业的发展。18 世纪末，科学技术就开始影响生产领域，首先展现这一变化的是棉纺织业。早在 1785 年英国就出现了用蒸汽机带动的走锭精纺机，使工厂的生产不久便在纺纱方面挤掉了家庭生产，到 1825 年随着伯特自动走精纺机的出现，更使棉纱产量大增。[①] 在 19 世纪下半叶，工业革命进入成熟阶段。以煤炭、钢铁为原料的重工业迅速扩张，对外贸易蒸蒸日上，交通运输业也因此日益兴旺。在整个 19 世纪，英国的煤

① 高岱．英国通史纲要［M］．合肥：安徽人民出版社，2002：307.

炭产量持续增长，到1913年达到了历史最高产量。[①] 煤、铁和棉花工业的产量增长到了前所未有的水平，全面改变了经济生产的面貌。在19世纪初期，使用机器进行生产的工厂尚属少数，但到了19世纪末，机器化的工业生产已经成为普遍趋势。

科学的进步引发了产业结构的变化。在19世纪中叶，煤炭、钢铁和造船等重工业逐渐取代了纺织业在经济中的主导地位，从而影响了劳动力市场的需求结构。工业发展不再局限于单一领域的扩展，而是开始融合不同领域的技术和材料，构建起了庞大的工业体系。科学技术的飞速发展不仅开发了新的资源，而且促进了传统资源的再利用和回收。例如，利用橡胶、石油、锰等新型原料开发出了新产品，而传统的废弃物，如煤焦油和废钢，也被开发出新的用途，并因此重新进入生产流程。随着工商业的发展，产业的扩张和分化要求劳动力接受更系统、更高端的科学培训，这要求大学培养出能够适应工业化生产的科学应用型人才。与传统行业相比，新兴行业的产业结构持续处于变化之中，这要求人才必须掌握系统的科学知识，以解决复杂的专业问题。新行业的进步与科学技术的飞速发展密切相关，因此，科学理论和技术的进步成为推动产业升级的关键。缺乏科学知识与技术的支持，这些新兴行业将难以在激烈变化的市场竞争中立足。为了适应大规模现代化生产的需求，并在国际扩张竞争中保持领先地位，更有效地开发和控制殖民地，便需要大量掌握现代生产、科技、经济、管理和军事技术的人才。[②]

在19世纪前，长达数个世纪的时间里，很少有人意识到大学教育与工业发展及经济增长之间的联系。英国的古典大学在不同的历史时

---

① RICHARD T. Economy and society in nineteenth-century Britain[M]. London: George Allen & Unwin Ltd., 1972: 50.

② 张泰金. 英国的高等教育历史·现状［M］. 上海：上海外语教育出版社，1995：19.

期承载着各自的时代使命，然而这些使命与经济生产活动几乎无关。在整个中世纪，大学主要培养的是一批熟悉古典文献和教会法律的精英，以供教会和皇室官僚机构使用。在16世纪，接受大学教育被视为士绅阶层社会地位提升的标志。1530—1570年，大量出身士绅阶层但非教会背景的人开始涌入牛津大学和剑桥大学，大学逐渐摆脱了仅为教会服务的教育机构角色，开始在一定程度上迎合世俗精英的教育需求。① 大学教育强调学生对经典文献和古典语言的掌握，并重视心智训练，其教育目标主要是培养具有优雅风度的绅士。大学教育与经济生产相分离很大程度上是因为19世纪前英国工业本身的发展相对较弱。16—17世纪，英国重工业领域的专门技术主要依靠工匠间的传授或从国外引进，其领域包括煤矿、钢铁、制糖、火药制造等。② 人们对工商业发展与大学的互不联系司空见惯的情况一直延续到18世纪末19世纪初的快速工业化时期，大学对经济发展的作用微乎其微。

19世纪早期，科学教育并不受大学重视。直到19世纪20年代，伦敦大学和国王学院建立后，大学才开始重视科学教育。特别是由功利主义学派的创始人亨利·布鲁厄姆（Henry Brougham）创办的伦敦大学。从19世纪中叶开始，许多对工业发展产生重大影响的发现都源于科学理论。大多数企业家倾向于雇佣接受过科学训练的毕业生，其中部分企业家自己也接受过科学知识方面的训练。科学教育在引入大学的过程中并非一帆风顺，即使是科学家本人在发展大学科学教育上也持保守态度。19世纪初，由于保守力量的抵制，伦敦大学建立工程系的设想被扼杀在摇篮里。当时知名的化学家托马斯·格雷姆（Thomas Graham）就职于该学院，在1854年退休之前，他一直刻意

---

① KEARNEY H F. Scholar and gentleman, universities and society in pre-industrial Britain 1500-1700[M]. New York: Cornell University Press, 1970: 23.

② SANDERSON M. The universities and British industry 1850-1970[M]. London: Routledge and Kegan Paul, 1972: 1.

避免涉足“技术化学”。[①] 可以说，在工商业的发展中，古老的牛津大学和剑桥大学几乎很少发挥作用。

技术变革和贸易竞争推动了工业发展，进而产生了对掌握和应用科学知识人才的需求，这一需求也促进了大学与工业生产的结合。面对经济增长和科技创新的困境，高等教育似乎并未积极应对，牛津大学和剑桥大学并未将培养促进生产的科学家和管理人员视作教育目标。工业生产显然需要大学的支持，但人们对大学现状的不满促使他们迫切希望建立新的大学，以促进大学与工业之间的联系。[②]

二、帝国危机：新兴工业国家的挑战

随着第二次工业革命的到来，英国在第一次工业革命中依靠经验改良机器的创新模式失去其原有的优势。19 世纪 60 年代的巴黎博览会使英国人意识到科学落后已严重影响了英国的综合国力，而美国和德国对科学的重视都让英国自愧弗如。

在科学教育与科学成果转化方面，德国在 19 世纪中叶就已走在英国前列。“尽管 1856 年英国化学家威廉·亨利·珀金（William Henry Perkin）发现了世界上第一个苯胺染料，但他在皇家化学院接受的科学教育却来自德国教授奥古斯特·威廉·冯·霍夫曼（August Wilhelm von Hofmann），而与染料相关的煤蒸馏产品工业主要是由德国企业生产的。”[③] 颇具讽刺意味的是，英国由于缺乏新型石油技术，不得不将

---

① SANDERSON M. The universities and British industry 1850-1970[M]. London: Routledge and Kegan Paul,1972:2-3.

② SANDERSON M. The universities and British industry 1850-1970[M]. London: Routledge and Kegan Paul,1972:20.

③ MATHIAS P. The first industrial nation: the economic history of Britain 1700-1914[M]. London: Routledge,2001:384.

煤气和炼焦工业产生的废弃煤焦油出口给德国。德国却依靠先进的技术，利用从英国进口的低价原料生产染料等产品，这使得德国当时几乎包揽了欧洲所有加工化学品的出口贸易。在钢铁加工上，英国在19世纪上半叶一直保持领先地位，但后期由于技术更迭迟缓被德国超越。此外，德国制造商发现相比于依靠英国公司，国内能以更低的价格提供更优质的产品。19世纪50年代，德国工程师卡尔·威廉·西门子（Carl Wilhelm Siemens）研发了西门子蓄热炉，该炉能够通过回收热量节省百分之七十至百分之八十的燃料。1865年，皮埃尔·埃密尔·马丁（Pierre Emile Martin）在西门子原有的技术上进行改进，首次将再生炉应用于炼钢，形成了“西门子-马丁工艺”的平炉炼钢技术。与英国生产的贝塞默转炉相比，西门子-马丁平炉能够生产出质量更优、成本更低的钢，因此德国放弃了贝塞默转炉，转而采用西门子-马丁平炉工艺技术。①

工业生产不仅依赖技术创新，还需要科学的管理。英国不仅在科技领域开始落后，其管理理念也未能及时更新。在此背景下，美国管理学家F. W. 泰勒（F. W. Taylor）提出了科学管理的原则，旨在提高工人效率。他认为，工人培训不应仅限于向经验丰富的工人学习，而应从精通工作的管理专家那里获取技能，强调通过个性化的工作分配来替代频繁的集体工作，以防止集体效率低下。② 泰勒有关人员培训、任务分配的科学管理原则提出后，在实践中得到了广泛应用，大大提高了美国工业化生产的效率。正是美国人首次实现了大规模生产，即“使用机械来制造机器”（machine-made machines）——1835年生产的柯尔特左轮手枪、1843年出现的打字机、1855年生产的耶鲁锁和1850

① MATHIAS P. The first industrial nation: the economic history of Britain 1700-1914 [M]. London: Routledge, 2001: 380.

② LOCKE E A. The ideas of Frederick W Taylor: an evaluation[J]. The academy of management review, 1982(1): 14-24.

年生产的辛格缝纫机，这些都体现了美国人的聪明才智。到 1914 年，美国工人的可支配工资大约是英国工人的五倍。[①]

新兴的工业部门需要创新的科学知识与技术指导，而英国却很难察觉其经济实力下滑的预兆。正如英国史学家彼得·马赛厄斯（Peter Mathias）所指出的，新兴行业未能及时取代面临国外竞争的传统产业，这是英国当时最薄弱的战略点之一，也可能在未来造成严重损害。[②] 原本领先的传统行业从 19 世纪中后期开始呈现下滑趋势。在第一次工业革命初期，英国的煤、铁、钢、棉花产量稳居世界第一，但 19 世纪中叶后，英国在这些领域的出口量开始下降，直至 19 世纪末 20 世纪初逐渐被美国和德国超越。[③] 对英国造成直接冲击的是 19 世纪 60 年代的巴黎博览会。在 1851 年伦敦万国博览会上，英国在会上的约一百个展区中几乎都获得了优秀奖；而在 1867 年的巴黎博览会上，英国在展会设置的九十个展区中仅获得了十个奖项。[④] 显然，当英国开始面临来自美国、德国等工业竞争对手的挑战时，其反应迟缓，加之技术更新的动力不足，这些因素加速了英国经济霸主地位的衰落。“这次失败使英国意识到一个惊人的事实，即工业的领导地位正在从其手中溜走。其面临的后果是——船只在海港闲置，锤子从饥饿的工人手中掉落。”[⑤]

英国在发展新兴工业的道路上表现出疲软的态势，缺乏高级的科

---

① RICHARD T. Economy and society in nineteenth-century Britain[M]. London: George Allen & Unwin Ltd., 1972: 49.

② MATHIAS P. The first industrial nation: the economic history of Britain 1700-1914 [M]. London: Routledge, 2001: 384.

③ RICHARD T. Economy and society in nineteenth-century Britain[M]. London: George Allen & Unwin Ltd., 1972: 47.

④ SANDERSON M. The universities and British industry 1850-1970 [M]. London: Routledge and Kegan Paul, 1972: 9.

⑤ ARMSTRONG G F. A lecture on the progress of higher technical instruction at home and abroad[M]. Edinburgh: David Douglas, 1885: 6.

学指导与新颖的实践技术，这一状况在大学教育领域表现得更为显著。1872 年，剑桥大学的自然科学学科仅有十二名学生就读，其中大多数人的目标是成为医学博士，而同期德国已经成立了十一所专注于实用技术的大学，美国的麻省理工学院也已建校十年。英国直到 1890 年，政府才第一次正式为科学教育拨款。① 在英国传统的公立学校和大学中，人们固守古典文学、神学建立的学科堡垒，同时轻视那些服务于经济生产的科学知识。相比之下，德国和美国的大学致力于培养研究高端科技的科学家以及充满活力、具有创新精神的企业家。而在牛津大学和剑桥大学那些立志投身实用工业的学生往往被看作是缺乏学术追求的人。这导致了工业领域科学家和技术人员的短缺，英国“日不落帝国”的霸主地位已产生倾颓之势。自 19 世纪 60 年代起，人们认识到科学技术的发明不再是单纯的经验性产物，而是越来越多地依赖于高等教育的成果。英国过于依赖外国人才，例如聘请德国化学家、派遣英国学生前往德国大学深造，以及提升那些缺乏科学背景的文职人员。② 高等教育的滞后性影响了工业生产的效率，并进一步影响了国家的综合国力。这些都成为英国大学重视科学教育的有效动因。

三、自发联姻：大学教育与工业生产

由于经济实力的扩张与政权的扩大，中产阶级成为 18 世纪末至 19 世纪英国社会中最有活力的群体，他们需要掌握物理、化学和生物等新兴知识的人才。但文法学校与大学的教育目标仍停留在培养神职人员和公务员上，传统的教育体系无法满足中产阶级的需要。既有的学

① RICHARD T. Economy and society in nineteenth-century Britain[M]. London: George Allen & Unwin Ltd. ,1972:57.

② SANDERSON M. The universities and British industry 1850-1970[M]. London: Routledge and Kegan Paul,1972:30.

校教育体系深受教会影响，强烈排斥非国教徒学生，这与工商业中产阶级多元的信仰形成了尖锐的矛盾。在此情况下，多数中产阶级企业家选择把子女送到新成立的学校。这些学校不仅能够提供与文法中学水平相当的教育，还囊括了一系列现代学科。“到18世纪末，这种结合现代学科的学院大约有二百所，沃灵顿学院是其中最著名的学院之一。该学院在杰出的普里斯特利博士（Dr. Priestley）指导下，其三百九十三名毕业生中有二百多人进入了工商业领域，而只有五十九人成为牧师。在沃灵顿学院的影响下，甚至古老的文法学校也开始发生变化。到1818年，大约有一百二十所学校开始提供新型的教学大纲，作为古典学习的替代方案。”①

科学开始介入大学首先发生在北部的苏格兰大学，该大学培养了一批杰出的科学家。他们不仅专门从事科学研究工作，还致力于将科学知识应用于工业问题。在工业化的初期，文法学校与古典大学在促进经济增长方面几乎没有发挥作用，对经济迅速增长的反应迟缓。然而，新成立的学院和一系列辅助机构，如学术协会、公共讲座、图书馆等，初步满足了工业生产对科学知识与实用技术的需求。

19世纪中期后，生产技术创新的成果逐渐从非大学教育的工匠转移到大学教师或接受科学培训的毕业生。如获得剑桥大学数学学位的查尔斯·阿尔杰农·帕森斯（Charles Algernon Parsons）设计出的涡轮发动机使电力能源的使用成为可能，在提高海上运输效率的同时极大降低了成本。毕业于爱丁堡大学的威廉·约翰·麦夸恩·兰金（William John Macquorn Rankine）开发出兰金温度标度，并进一步发展了蒸汽机相关的完整理论，奠定近代热力学科学的基础。在纺织方面，毕业于欧文斯学院的查尔斯·J. 克罗斯（Charles J. Cross）和爱德

① RICHARD T. Economy and society in nineteenth-century Britain[M]. London: George Allen & Unwin Ltd., 1972: 114.

华·约翰·贝文（Edward John Bevan）对合成纤维的研究取得了突破，他们改变了纺织创新的方向，奠定了粘胶、人造丝和玻璃纸工业的基础。在电学领域，现代电气工程领域的奠基人詹姆斯·克拉克·麦克斯韦（James Clerk Maxwell）取得了电磁现象研究的突破性成就，并在剑桥大学创立了卡文迪什实验室，这是近代英国历史上的第一个科学实验室。这一时期不同学科领域开始有了交叉的联系。曾在哥廷根大学和马格德堡商贸学院就读的卡尔·威廉·西门子发明了蓄热炉，将电气与冶金研究相结合，开辟了电气研究的新方向。

科学与大学教育的关系变得更为紧密。例如亨利·恩菲尔德·罗斯科（Henry Enfield Roscoe）的《化学》（*Chemistry*）①、威廉·汤姆逊（William Thomson）和彼得·格思里·泰特（Peter Guthrie Tait）的《自然哲学论》（*Treatise on Natural Philosophy*）② 与麦克斯韦的《电磁通论》（*A Treatise on Electricity and Magnetism*）③ 等大学科学教科书的出版，以及一系列教学材料的编纂和科学考试的广泛运用，对古典人文学科在大学教育内容中形成的垄断有所突破。人们逐渐意识到在传统教育领域占主导地位的古典人文学科在促进生产进步与职业发展上的作用甚微，而与自然科学相关的学科既能发展人的智力又能应用于实际生活。人们对科学本身的态度发生了变化，开始接纳科学知识，肯定科学的意义。

---

① ROSCOE H E. Chemistry[M]. London: MacMillan, 1872.

② THOMSON W, TAIT P G. Treatise on natural philosophy[M]. Oxford: Clarendon Press, 1867.

③ MAXWELL J C. A treatise on electricity and magnetism[M]. Oxford: Clarendon Press, 1873.

第三节　自然科学迎来飞速发展

经过 17—18 世纪的沉淀，近代科学在 19 世纪迎来发展的高峰，化学、生物学、物理学等学科都取得了显著成果。19 世纪的科学技术，如同一场戏在开台锣鼓敲响之后，各学科依次登场，自然科学的每个领域，如电学、光学、化学、生物学等都像演员一样陆续在观众面前亮相，所以人们把 19 世纪叫作“科学的世纪”。①

一、科学世纪：自然领域的巨大进步

19 世纪，科学理论不再是经验技术下的偶然性产物，而是专人研究的理论成果，并更多地与生产生活发生联系。“总之，科学过去是躲在经验技术的隐蔽角落辛勤工作，当它走到前面传递而且高举火炬的时候，科学时代就可以说已经开始了。”②

19 世纪是化学发展的黄金年代，这一时期化学完成了基本的学科分类，分化为无机化学、有机化学等。19 世纪化学领域的最大进步之一当属原子-分子理论。英国化学家约翰·道尔顿（John Dalton）提出了原子理论，对物质的最小单位进行划分，对物质的元素构成做出新诠释。道尔顿的理论最初由格拉斯哥大学教授托马斯·汤姆森（Thomas Thomson）在 1803 年出版的《化学体系》（*System of Chemistry*）中进行阐述，随后道尔顿才分别于 1808 年、1810 年和 1827

---

① 杨沛霆. 科学技术史［M］. 杭州：浙江教育出版社，1986：240.

② 丹皮尔. 科学史［M］. 李珩，译. 桂林：广西师范大学出版社，2009：207.

年出版了三卷本的《化学哲学新体系》（*A New System of Chemical Philosophy*）。[①] 相较于以往的理论，新原子论更深入地揭示了化学变化的本质，将人类的认识推进到了原子层面，开启了化学研究的新篇章。无机化学的发展推动了化学学科的进步，而有机化学的兴起使化学更为紧密地与生活生产联系在一起。19 世纪，随着有机化学实验研究和理论研究的发展，有机合成也迅速发展起来，有机合成的新成果迅速地改变了人类生活的物质条件。[②] 英国化学家珀金合成了人类历史上的第一个染料，此后各类染料不断得到人工合成。

虽然英国高等教育对科学研究并不重视，但这并不意味着其对科学进步毫无贡献，19 世纪中叶，许多化学研究的突破都在大学中完成。1849 年，时任伦敦化学学院教授的霍夫曼和巴黎大学教授查尔斯·阿道夫·武尔茨（Charles Adolphe Wurtz）共同发现了一系列与氨有关的化合物。伦敦大学的教授亚历山大·威廉·威廉姆逊（Alexander William Williamson）在 1850—1852 年，对醚化物的合成进行了系统研究，其被誉为有机合成领域的开拓者。伦敦皇家矿业学院的教授爱德华·弗兰克兰（Edward Frankland）不仅是有机金属化学的创始人之一，还引入了化合价的概念，并对发光火焰、大气压对浓密点燃气体的影响进行了研究。同时，他也是氦元素的发现者之一。

细胞学说与进化论是 19 世纪生物学的两大里程碑，极大地改变了人们对生命起源的理解。其中，马蒂亚斯·雅各布·施莱登（Matthias Jakob Schleiden）和西奥多·施旺（Theodor Schwann）提出的细胞学说，将生命推向了更微观的层面，通过“细胞”这一概念将动植物统一到一个生命体系中。这一理论不仅推动了生物学的发展，也为医学

---

① Smithsonian Institution. Annual report of the board of regents of the Smithsonian Institution, showing the operations expenditures, and condition of the institution for the year ending June 30, 1900[M]. Washington D C: Government Printing Office, 1901: 238.

② 王德胜. 科学史［M］. 沈阳：沈阳出版社，1992：346.

研究奠定了基础。细胞学说的影响甚至延伸到了社会学领域。密尔恩·爱德华兹（Milne Edwards）、斯宾塞等学者借鉴了细胞理论，通过器官和组织的概念以及劳动和分化的理论，揭示了人类社会中的分工差异导致了社会阶层和职业差异的现象。① 他们将动植物的机体结构与社会的整体状态进行类比，认为个体活动或社会分工如同细胞在生物体内各司其职的作用，从而构建了国家社会与人类个体间关系的理论模型。进化论的提出则对西方社会的世界观产生巨大震动。达尔文《物种起源》的问世挑战了传统的宗教价值观。达尔文的理论甚至被引入社会学领域，形成了社会达尔文主义。此外，对微生物的研究极大地提高了医疗水平和人们的健康水平。科学家们对霍乱、肺结核、炭疽热等传染病的研究，使得19世纪欧洲医学取得飞速的进步。这些科学知识不仅丰富了人们的知识储备，也驳斥了长久以来困扰或阻碍科学发展的错误认知。更重要的是，它们对社会各领域的理论发展产生了深远的影响，推动了社会的整体进步。

在物理学领域，科学家们在声学、热学、电学和光学的研究等方面取得了显著的进展。在声学方面，基于笛卡尔、牛顿等前辈的研究，科学家们开始对声音进行定量化研究。特别是德国物理学家赫尔曼·冯·亥姆霍兹（Hermann von Helmholtz），他把声音与心理联系起来，开创了心理声学的新领域。在热学领域，被誉为热力学之父的开尔文勋爵（Lord Kelvin）制定了热力学温标，并将热力学的第一定律和第二定律公式化，为物理学的多个分支提供了现代形式的统一框架。德国物理学家鲁道夫·克劳修斯（Rudolf Clausius）在1850年重新表述了热力学第二定律，化解了热力学理论中的矛盾，进一步推动了热力学的发展。热力学的第一定律和第二定律的发现，促进了能量转化与

---

① Smithsonian Institution. Annual report of the board of regents of the Smithsonian Institution, showing the operations expenditures, and condition of the institution for the year ending June 30, 1900[M]. Washington D C: Government Printing Office, 1901: 463.

守恒的研究，提高了实际生产中热能的转化效率，热力学因此在 19 世纪初兴起，并在工业革命中发挥了重要作用。在电学和光学领域，迈克尔·法拉第（Michael Faraday）、格奥尔格·西蒙·欧姆（Georg Simon Ohm）、汉斯·克里斯蒂安·奥斯特（Hans Christian Oersted）、安德烈-玛丽·安培（André-Marie Ampère）、詹姆斯·克拉克·麦克斯韦等科学家为电磁学建立了现代体系，为电力转化为生产力做出了巨大贡献。电磁学理论的发展带来了发电机、电动机、电话等技术发明，这些发明推动了第二次技术革命的发生。第二次技术革命带来了工业、农业、交通、军事工业的大发展，同时给教育和科学也带来了活力，使开明的中产阶级进一步看到了科学与教育的力量。①

二、民间活动：科学社团的传播作用

在 18 世纪末 19 世纪初，科学教育并不局限于正式的学校教育，对于那些想要通过知识改善生活或跟上时代潮流的人来说，教育资源和工具日益增多。无论是在利物浦这样的省级城市还是彭布罗克郡等偏远农村地区，人们都建立了图书馆，年鉴、教科书和其他自学书籍的数量也在不断增加。② 更重要的是，一些科学家开始举办公开讲座和演讲，吸引了广泛的听众，不仅包括普通民众，也吸引了“上流社会”成员和工商业企业家。

在 19 世纪，人们对科学研究的兴趣大大增加，科学活动的组织更加系统化、常规化。其中，汉弗莱·戴维（Humphrey Davy）和法拉第的科学活动被视为科学讲座的典型。英国皇家科学研究所（Royal Institution）作为他们演讲活动的场所，一度成为欧洲领先的科学中

---

① 王德胜. 科学史［M］. 沈阳：沈阳出版社，1992：320.

② RICHARD T. Economy and society in nineteenth-century Britain[M]. London: George Allen & Unwin Ltd. ,1972:114.

心。由于缺乏资金，科学家们不得不向富有阶层寻求资助。事实上，对贵族赞助的渴望已经把皇家学会变成了一个盛大的绅士俱乐部。① 戴维和法拉第作为讲师取得的巨大成功，使皇家学会开始逐渐增加对讲师收费的依赖，而不仅仅依赖贵族的资助。戴维和法拉第在这方面是维多利亚时代早期最接近文学家的科学家：他们向公众传播知识，并为企业和政府提供了大量的技术分析和咨询服务。② 在技术活动方面，皇家科学研究所还期望建立一个基于合约工作的现代科学实验室模式。

由于古典大学排斥科学研究，许多科学活动都是在科学社团中进行的。在19世纪60年代之前，英国鲜有工业实验室或大学研究机构，科学社团为一些全职科学家提供了就业机会和研究场所，他们通过讲座、私人辅导和科学咨询来维持生计。③ 虽然科学社团是民间组织，但其影响力却不亚于高等教育机构，这也间接促进了19世纪英国大学改革。这些科学社团最初是由文人、商人和制造商的非正式餐饮俱乐部发展而来的。④ 例如大名鼎鼎的月光社（The Lunar Society），每月在伯明翰集会，其成员包括多位知名科学家，如詹姆斯·瓦特（James Watt）、马修·博尔顿（Matthew Boulton）等。类似的社团很快在曼彻斯特、纽卡斯尔、德比、利物浦和普利茅斯兴起，其科学活动主要是阅读和讨论科学论文。

随着科学社团规模的扩大和数量的增长，它们的功能不再仅限于纯粹的科学理论研究。人们希望应用科学研究来促进工业发展，一些

---

① HEYCK T W. The transformation of intellectual life in Victorian England[M]. New York:St. Martin's Press,1982:58.

② HEYCK T W. The transformation of intellectual life in Victorian England[M]. New York:St. Martin's Press,1982:59.

③ HEYCK T W. The transformation of intellectual life in Victorian England[M]. New York:St. Martin's Press,1982:57.

④ RICHARD T. Economy and society in nineteenth-century Britain[M]. London:George Allen & Unwin Ltd.,1972:115.

工商业企业家通过从事科学研究以提升自己的地位，争取跻身上流社会。曼彻斯特文学和哲学学会（Manchester Literary and Philosophical Society）就是这类社团的典型。工业革命时期，曼彻斯特凭借充足的劳动力资源与迅速的工业扩张飞速发展，加快了城市化进程。它成为整个工业化进程的中心和象征，前来求教者络绎不绝，其棉花制造业在英格兰工业化中发挥了先驱作用。[①] 19 世纪 40 年代，曼彻斯特吸引了大量致力于科学研究与工业发展的人才。这些人在曼彻斯特文学和哲学学会中担任重要角色，促进学会与当地工业建立了密切联系。因曼彻斯特的棉纺织业发达，当地学会对化学的研究最为热衷，为曼彻斯特纺织业提供了有力的技术支撑。学会中不乏富有才学的知名科学家，如化学家道尔顿，他于 1817—1844 年担任学会会长。

这些科学社团的成员之间存在重叠，这为跨学科研究提供了智力支持，也有利于不同社团群体间的资源交流与共享，包括学术成果、研究标本、仪器以及听众资源等。19 世纪初在伦敦成立的科学社团数量众多，且研究的范围广泛，例如地质学会（The Geological Society）、天文学会（The Astronomical Society）、动物学会（The Zoological Society）、气象学会（The Meteorological Society）和化学学会（The Chemical Society）。这些社团通过自行创刊、内部审稿的形式保护科学研究成果。"这些期刊没有商业运作，而是由协会成员资助。发表在期刊上的文章由专家审稿，不考虑信息的商业价值，这种方式保护了科学作者免受市场的严酷考验。这些期刊还强有力地支持了科学界的一种趋势，即由特定科学领域的实践者提出核心问题，而非一般公众。"[②] 众多的科研机构为科学研究与学术探讨提供场所，先进的报刊为科学领域的新发现提供传播媒介。自科学革命以来，科学的传播体系愈加

---

① HALL P. Cities in civilization[M]. New York: Pantheon Books, 1998: 310.

② HEYCK T W. The transformation of intellectual life in Victorian England[M]. New York: St. Martin's Press, 1982: 59.

正规，人们创建了许多科学学会，这些学会定期集会，并且通过公开发行的期刊推广科学新发现。① 许多科学家通过开设讲座、发表演讲来普及科学知识，使人们逐渐认识到科学教育的重要性。

第四节　大学教育的保守滞后遭到抨击

长期垄断英国高等教育的牛津大学和剑桥大学，在19世纪教育改革中变化缓慢而艰难，形成了保守、封闭的风气。形成已久的教育传统使“牛桥”排斥科学教育，其一成不变的教学活动与工业时代的社会需求相脱节。大学只培养擅长文字的公务员和虔诚信教的牧师，所培养的人才无法满足社会发展的要求。

一、大学守旧：宗教因素的制约

在19世纪中叶之前，英国古典大学深受宗教影响，这影响了大学教育的对象、内容和质量，使宗教因素成为大学改革的关键点之一。16世纪，亨利八世（Henry Ⅷ）通过颁布法令，将英格兰教会的控制权从教皇手中转移到国王，从而实现了对世俗和宗教领域的双重领导。但这场自上而下的宗教改革主要在组织机构上使英国国教脱离了罗马教廷，而在教会内部的制度、礼仪，甚至教义等方面却未发生实质性的变革，并导致国教徒与非国教徒之间长期的矛盾和对立。②

在教育对象上，英国大学排斥非国教徒学生。宗教改革后，古典大学受英国国教影响，严格限制教育对象的宗教信仰，致使许多信仰

---

① 鲍勒，莫鲁斯. 现代科学史［M］. 朱玉，曹月，译. 北京：中国画报出版社，2020：378.

② 肖朗，袁传明. 伦敦大学建立与近代英国高等教育改革：以第一特许状为考察中心［J］. 现代大学教育，2013（6）：32-39.

其他教派的中产阶级学生难以进入大学。1636年牛津大学制定的《劳狄安章程》（*Laudian Statutes*）规定："通过宣誓约束每位谒见者，以及要求所有人宣誓承认皇室至高无上的权威并对其效忠"，还"依据国教的礼拜仪式参加礼拜或日常祷告"。18世纪，牛津大学要求所有学生在住校前签署《三十九条教规》（*The Thirty-nine Articles of Religion*）。在获得学士和硕士学位前，学生需再次签署，以示对国教的虔诚。剑桥大学学生入学时不需签署条款，但在获得学位前必须声明自己是国教成员。[①] 非国教徒学生虽不授予学位，但理论上可以进入英国大学学习。实际上，这些学生几乎被排除在大学之外。校长和导师常以信仰不同为由拒绝他们的入学申请，一旦被录取，他们还可能被迫参加国教礼拜仪式。

在19世纪上半叶，大学仍对教育对象的宗教信仰施加严格限制。19世纪见证了宗教多样性的增长，不同教派的信徒在社会人口中所占比例上升，这使得人们对宗教自由的需求增强。英国大学拒绝非国教徒学生入学，引发了中产阶级非国教徒群体的广泛不满。数据显示，牛津大学有大约百分之九十的学生来自绅士、神职人员或军人家庭，这一比例在几十年的时间里几乎没有变化。[②] 在剑桥大学，百分之六十九的学生出身于英国的地主和神职人员家庭。[③] 这种情况深刻影响了牛津大学和剑桥大学毕业生的职业选择。在1752—1886年，牛津大学和剑桥大学的学生中分别有百分之六十四和百分之五十四的学生选择进

---

① SIMON B. Studies in the history of education 1780-1870[M]. London: Lawrence and Wishart Ltd., 1960: 85.

② ANDERSON C A, SCHNAPER M. School and society in England: social backgrounds of Oxford and Cambridge students[M]. Washington: Public Affairs Press, 1952: 90.

③ JENKINS H, JONES D C. Social class of Cambridge University alumni of the 18th and 19th centuries[J]. The British journal of sociology, 1950(2): 93-116.

入教会工作。①

宗教问题不仅导致了教育对象的排他性，还引起了大学教学质量的下降。大学的研究人员大多为神职人员，他们控制着大学的选举权和管理权，但在教育和学术活动上缺乏进取心。“研究员主要担任导师，但他们的选拔往往不基于智力或学术成就。同时，许多奖学金由赞助者颁发，限定于特定学校、县或家庭。研究员们追求晋升，并非为了成为杰出的大学教师，而是为了获得学院提供的教会专属奖金。”②考试制度依然基于中世纪的辩论形式，其内容常常显得过时且荒谬，与学术研究脱节。大学浓厚的宗教色彩不可避免地影响了人才培养和教育教学方法，导致学校教学水平不高。因此，渴望学业成就的学生不得不求助于校外的私人教师。英国教育史学家布莱恩·西蒙说：“这个国家传统而强大的教育机构，即捐赠的文法学校、公立学校和大学，它们与教会和国家密切相关，充当维持现状的堡垒。”③

二、艰难改革：大学内部的管理

在18世纪，古典大学的教学依然保持着中世纪的保守和落后风格，这引发了外界的广泛批评。“自18世纪80年代起，德国学者开创了一种新的、更为科学的古典学研究方法。然而，作为神学和古典学研究的发源地，牛津大学对德国在历史批判和文献学领域的显著成就却知之甚少。同样，剑桥大学的数学研究自牛顿时代起便享有重要地位，

---

① ANDERSON C A, SCHNAPER M. School and society in England: social backgrounds of Oxford and Cambridge students[M]. Washington: Public Affairs Press, 1952: 90.

② SIMON B. Studies in the history of education 1780-1870[M]. London: Lawrence and Wishart Ltd., 1960: 86.

③ SIMON B. Studies in the history of education 1780-1870[M]. London: Lawrence and Wishart Ltd., 1960: 78.

但法国数学家和物理学家的最新研究成果在剑桥大学却鲜为人知。”①

为改变这种局面，古典大学内部着手改革。从 1780 年起，古典大学开始引入考试制度，以改善古典大学教学质量低下的状况。1780 年，剑桥大学开始实行数学考试，到了 1800 年，牛津大学已有半数学生参加了古典文学和数学科目的考试。② 剑桥大学则在 1824 年设立了古典文学奖与数学奖。引入考试制度的确激发了学生的学习积极性并在一定程度上提高了教学质量，但它也使得牛津大学和剑桥大学的课程过于集中在古典文学和数学上，从而加剧了课程内容的狭隘程度。通过考试成为学生学习的首要目标，考试科目成为学习的核心内容，这导致大学教授开设的讲座难以吸引学生，尤其是与科学学科相关的。在科学教育方面，只有那些以前在古典文学或数学方面获得过荣誉的人才被允许申请自然科学方面的荣誉。而且大学在选择奖学金时仍然不愿意考虑科学方面的差异，那些立志于学术的本科生没有动力去追求科学学科。③

古典课程的延续还与“牛桥”长期以来的奖学金体系有关。古典大学高昂的学费给那些非贵族和非神职人员家庭的学生带来了极大经济负担，这些学生往往需要申请奖学金以减轻学费带来的压力。古典学科在古典大学中占据主导地位长达几个世纪，因此设置的奖学金主要针对古典文学和数学，而非 19 世纪新兴的科学学科。这种奖学金分配方式实际上将大学教育的内容限制在了古典课程之中。在牛津大学，最有才华的学生通过学习古典文学获得古典学者的称号，成为校园中

① SIMON B. Studies in the history of education 1780-1870[M]. London: Lawrence and Wishart Ltd., 1960: 87.

② STONE L. The university in society: volume Ⅰ[M]. Princeton: Princeton University Press, 1974: 110.

③ SANDERSON M. The universities and British industry 1850-1970[M]. London: Routledge and Kegan Paul, 1972: 36.

的佼佼者，并在学生生涯的最后阶段因此获得奖学金。[①] 这些高年级学生的卓越表现得到学校的认可，因此他们的成就更受重视。此外，一些并非专门为古典教育设立的研究资金有时也会被古典学者获得，因为他们通常被视为“最有能力”的学者。可以看出，大学的奖学金制度与古典教育体系紧密相连。古典大学在经济上自给自足，其古典人文教育传统深厚，直到19世纪初也未受到外界压力的显著影响。尽管古典大学开设了自然科学相关学科，但这些学科并未成为主流。对于古典大学的学生来说，学习科学知识更多是一种小众兴趣，而不是上流社会教养的象征。

古典大学长期的管理体制也是阻碍改革的一大因素，这些改革触及了牛津大学和剑桥大学的根本利益，主要体现在大学与学院之间的权力博弈。在古典大学中，学院通常作为独立性机构，拥有强大的实力和雄厚的资金，相比之下，大学的行政地位和财政实力都不及学院。学院认为，古典文学和数学学科的资金投入较低，这些科目不需要深入的研究，既无须购置昂贵的设备，也无须迅速扩展图书馆资源。对教师而言，一方面，教授低成本课程有助于学院维持较低的支出，从而保障他们有稳定的收入；另一方面，教授古典学科对教师来说负担较轻，因为传授相对固定的知识内容大幅减少了教学任务。“对学院而言，维持古典课程体系不仅能够保持较低的经济成本，还能避免因院系扩张导致的权力重新分配。学院清楚地认识到，引入科学课程或工程学系需要建设更大规模的实验室，而学院无法独立管理这样的实验室。一旦引入，可能导致每所大学都需要自行建造建筑，从而使大学相对于学院变得更加独立和强大。”[②] 然而，大学自身的资金并不充裕，

---

① SANDERSON M. Education, economic change and society in England 1780-1870 [M]. London: Macmillan Press, 1983: 42.

② SANDERSON M. Education, economic change and society in England 1780-1870 [M]. London: Macmillan Press, 1983: 42.

需要依赖大学税收来支持项目的运作，这就要求大学集权。学院避免增加经济支出和反对向大学移交权力的倾向，使得改革古典人文教育体系变得更加困难。牛津大学委员会认为，教授们作为大学的正式教职员工，他们的薪资较低，导致很难吸引到最优秀的人才。[①] 因为教授的职位是由大学任命的，如果要提高教授的薪资，就必须由大学来负责。然而，大学本身没有足够的资金，所以需要动用学院筹集到的资金来为教授加薪。

三、教育先锋：德国大学的影响

古典大学教育的保守性阻碍了其在创造知识和更新学术领域的作用。牛津大学和剑桥大学主要强调教学功能，这与德国大学不断发展成为学术和研究中心的传统形成了鲜明对比。[②] 19 世纪初期，德国大学的发展并未受到英国的重视，直到德国在 19 世纪六七十年代的战争中取得胜利，并在巴黎国际博览会上展示出色成就，英国才开始关注德国的发展。先进的德国大学成为德国在 19 世纪下半叶迅速崛起的重要推动力之一。德国大学致力于探索新知，视科学研究为己任，这与彼时保守封闭的英国大学形成截然不同的风格。有观点认为，牛津大学和剑桥大学不应仅仅作为高级公立学校存在，学者们反对古典大学教授们固守传统的课程内容，主张大学应拓展学科范围或开发新学科，并仿效德国建立强大的教授团队，建设实验室和图书馆，在科学等领

---

① SANDERSON M. The universities and British industry 1850-1970［M］. London：Routledge and Kegan Paul，1972：36.

② SANDERSON M. Education，economic change and society in England 1780-1870［M］. London：Macmillan Press，1983：42.

域的研发上投入更多资金。[①]

德国大学先进的科学成果与技术教育，使英国科学知识分子对德国卓越的教育体系给予了极高的评价。1868年，英国成立陶顿委员会（Taunton Commission）调查国外的科学技术教育情况，并撰写了有关科技教育的报告。马修·阿诺德借此发表了《有关欧洲大陆学校和大学》（"Schools and Universities on the Continent"）的报告，他对当今德国取得的工业和商业成功向英国发出尖锐的警告，他清楚地预见了时代的新特征。[②] 1869年，诺尔曼·洛克耶（Norman Lockyer）创办了《自然》（*Nature*）杂志，这为英国科学家提供了交流的平台。尽管同期也有其他科学期刊创刊，但很少有像《自然》杂志那样有效地为科学家之间建立起良好的关系网络。《自然》杂志自创刊号起，其专栏就发表了多位见闻广博的英国科学家撰写的文章，他们对德国卓越的教育体系表示钦佩，从德国的初等教育到高等教育以及科学实验室的建设和科学成就，都给予了高度评价。在比较英国和德国的科学机构和成就时，科学家们普遍认为德国拥有明显的优势。[③] 最具破坏性的批评来自伦敦大学的动物学教授埃德温·雷·兰克斯特（Edwin Ray Lankester），他在《英国医学杂志》（*The British Medical Journal*）上发表了对英国和德国大学的看法。他指出，柏林拥有规模庞大的实验室和博物馆，以及一支由国家资助的优秀研究人员和学生团队。他通过论述英国在科学研究方面的不足，对牛津大学和剑桥大学提出了

① SANDERSON M. Education, economic change and society in England 1780-1870[M]. London: Macmillan Press, 1983: 43.

② HAINES G. Essays on German influence upon English education and science 1850-1919[M]. Connecticut: Archon Books, 1969: 49.

③ HAINES G. Essays on German influence upon English education and science 1850-1919[M]. Connecticut: Archon Books, 1969: 50.

批评。①

1868 年，欧文斯学院的化学教授罗斯科访问了德国和瑞士，考察了当地的大学和理工学院。回国后，罗斯科将他的观察和体验记录下来，并在《自然》杂志上发表文章，对比了英国和德国的大学教育体系。他写道："德国的大学普遍对外开放，没有人数限制，不设宗教考试门槛，且学费低廉。"② 批评家们认为，与多数德国大学相比，英国古典大学的科学教育显得黯然失色。"他们指责大学每年将近十万英镑的资金以奖学金形式发放给那些在导师规定的考试中取得优异成绩的学生……同时大学管理层却缺乏资金来建立实验室或聘请科学讲师。"③ 大学在科学教育上的吝啬与其掌握的庞大资金形成了鲜明对比，引发了社会对大学的广泛不满。在德国大学的刺激下，社会对古典大学改革的呼声日益增强。

虽然英国最先乘上工业化的列车，但由于缺乏培养专业的高等科学人才意识与教育体系，在 19 世纪中后期开始面临被他国超越的危机。19 世纪欧洲各国的教育制度化水平提升，同时随着工业革命的发展，美、德等国开始重视大学教育与科学研究相结合。一些颇有远见的知识分子批评古典大学保守的风气，倡导引入现代科学知识，要求革新古典大学并成立新大学。鉴于此，一场以科学教育与古典人文教育为主要内容、英国新型大学与传统大学为阵地的论战就此拉开帷幕。

---

① HAINES G. Essays on German influence upon English education and science 1850-1919[M]. Connecticut: Archon Books, 1969: 57.

② HAINES G. Essays on German influence upon English education and science 1850-1919[M]. Connecticut: Archon Books, 1969: 58.

③ HAINES G. Essays on German influence upon English education and science 1850-1919[M]. Connecticut: Archon Books, 1969: 55.

第三章　19 世纪英国大学科学教育派与古典人文教育派论战的开端

19 世纪初，英国大学科学教育与古典人文教育的论战主要围绕大学关于自由教育与职业教育之间的争论，其潜在命题是科学知识引入大学教育是否具有合理性。剑桥大学卢卡斯数学教授（Lucasian Chair of Mathematics）查尔斯·巴贝奇（Charles Babbage）宣称英国科学实际上已经衰落，因为英国在科学研究上落后于其他欧洲国家，在培养科学人才上也处于劣势。巴贝奇指出："一个年轻人从我们的公立学校进入大学却对实用知识的构成部分几乎一无所知，因为大学是为那些打算从事文书职业的人而建立的机构，对古典文学和数学的追求几乎是学生在那里的唯一志向与目标。"① 大学对科学教育的排斥很大程度上是因为科学知识具有较强的实用性，能够投入实际生产，这与英国长期形成的古典教育精神相悖。巴贝奇认为造成英国科学衰落的主要原因是英国的学校和大学很少教授科学，而是专注于古典文学和数学，更重要的是对科学的追求方面在英国还没有形成一种"职业"(profession)。②

① BABBAGE C. Reflections on the decline of science in England and on some of its causes[M]. London: B. Fellowes, & J. Booth, 1830: 3.

② HEYCK T W. The transformation of intellectual life in Victorian England[M]. New York: St. Martin's Press, 1982: 51.

第一节　《爱丁堡评论》的批评

19 世纪初，一批功利主义学者针对大学改革展开调查，调查的相关结果陆续刊登在《爱丁堡评论》上。《爱丁堡评论》是 19 世纪最具影响力的文学和政治评论期刊之一，于 1802 年在爱丁堡由一群苏格兰知识分子创办，包括弗朗西斯·杰弗里（Francis Jeffrey）、西德尼·史密斯和亨利·布鲁厄姆等。该刊物鼓励理性思考，反对保守主义，并支持自由主义改革，支持英国教育体系的改革，尤其是高等教育的现代化。它强调教育应该面向更广泛的社会阶层，反对过于精英化和封闭的教育体系。《爱丁堡评论》作为批判大学古典人文教育的阵地，一针见血地指出了古典人文教育的种种弊端。19 世纪英国大学科学教育派与古典人文教育派的论战就此拉开帷幕。

一、批评古典大学教育的落后

1808 年，《爱丁堡评论》对英国大学的教育内容和目的公开提出了质疑，它并不否认古典学科、神学和数学作为教育工具的价值，但令人反感的是它们成了仅有的学习科目。① 1808—1809 年，《爱丁堡评论》刊登了一系列文章。这些文章主要针对大学古典人文教育的现状进行反思，指责其教育内容陈旧单一，教育目的脱离社会实际需求。这些文章指出，大学应该摒弃过于保守的古典教育传统，逐步引入科学教育和实用性更强的课程。

第一篇文章是爱丁堡大学自然哲学教授约翰·普莱费尔（John Playfair）对法国学者皮埃尔·西蒙·拉普拉斯（Pierre Simon Laplace）

---

① 易红郡. 英国教育的文化阐释［M］. 上海：华东师范大学出版社，2009：164.

《天体力学论》(*A Treatise of Celestial Mechanics*)的评论。普莱费尔认为科学教育应该在大学中占据重要地位。他倡导将数学、物理等自然科学纳入大学课程中，认为科学教育不仅是学术研究的基础，还对社会进步有重要贡献。普莱费尔主张大学教育应当更加关注实证科学，培养学生的理性思维和实验能力，以适应工业革命带来的技术变革需求。

普莱费尔在文中回溯了天文学研究的发展历程，对拉普拉斯在天文学领域所做的贡献给予极高评价。由此普莱费尔也对英国的高等教育提出疑问，他认为英国在当今时代并不重视数学研究，欧洲大陆所流行的新理论与新方法在英国鲜为人知。普莱费尔指出，如果需要进一步证明我们是如何对高等数学不闻不问、漠视邻国研究新进展的，这可以从最近出现的牛顿著作的评注中找到证据。尽管这部评注是一个有才华的几何学家撰写的，但该作品中并没有包含有关牛顿理论研究近期所取得的任何进展，包括三体问题、行星运动的干扰、干扰所产生的周期性变化等一系列重大发现都只字未提。①

普莱费尔在文中委婉地指出，造成英国数学水平低下的主要原因是“牛桥”两所古典大学对科学事业漠不关心，它们对新知识与新学科的忽视导致了古典大学的落后。普莱费尔称，人们应当在英国的公共机构中寻找导致这种弊病的主要原因，特别是从整个国家传播知识的两个重要中心寻找原因。在其中一个中心，亚里士多德的教条仍被奉为不容置疑的法则，不成熟的科学探索被看作是研究的最终结果，学者们在那也未能创新出新方法以超越基础几何学的研究，数学与科学一直无法繁荣发展；另一个中心对数学与科学的歧视并不那么强烈，教材参考了洛克和牛顿的著作，虽然数学是主要的研究对象，但学校

---

① PLAYFAIR J. Traité de méchanique céleste[J]. The Edinburgh review, 1808(22): 249-285.

反对学生们学习的方式。学校规定学生必须学习牛顿的著作或是其他以综合方法处理纯数学或混合数学的一些著作，如此一来学生必须日夜研读作品以追求学术荣誉。① 由于古典大学反感新知，古典大学的教学活动也很难成为创新学术的源泉，墨守成规的教学造成了数学教育与科学教育的滞后，闭塞的信息使古典大学研究的内容已然脱离时代。普莱费尔宣称，欧洲有多少大学曾经是偏见和谬误最后坚守的堡垒，大学是偏见和谬误最后离开的场所，一想到这一点就令人感到悲哀。然而，不得不说，英国大学教授牛顿的方法最不利于促进数学教育的稳定发展。②

第二篇文章出自弗朗西斯·杰弗里之手。作为《爱丁堡评论》的主编，杰弗里利用这一平台对社会问题进行尖锐批评，包括对教育体制保守性和封闭性的批判。他提倡以理性和改革精神来看待社会问题，推动了对教育体制现代化和科学化的讨论。

杰弗里根据英国诗人罗伯特·骚塞（Robert Southey）在 1807 年发表的小说《唐·曼努埃尔·埃斯普里埃拉的英国来信》（*Don Manuel Espriella's Letters from England*）发表论述。小说讲述了西班牙游客埃斯普里埃拉在英国旅行时的见闻，骚塞借埃斯普里埃拉之口对英国的社会面貌包括礼仪、政治和宗教等方面进行评价。杰弗里以此为契机隐晦地指出有关牛津大学的负面评价，因为牛津大学将陈旧的世界观与价值观灌输给学生且不允许学生提出疑问，延续了僵化与古板的大学教育方式。杰弗里还不满牛津大学只培养精英的教育模式，造成高等教育的垄断。他将牛津大学与爱丁堡大学相比，暗指教授们的懒散与堕落，并批评牛津大学制度的僵化，指出其改革不过是对剑桥大

① PLAYFAIR J. Traité de méchanique céleste[J]. The Edinburgh review，1808(22)：249-285.

② PLAYFAIR J. Traité de méchanique céleste[J]. The Edinburgh review，1808(22)：249-285.

学的模仿。[①] 杰弗里认为如果古典大学仍故步自封，那么新型大学的出现必然对古典大学造成巨大冲击。当大学是唯一的学习场所时，它们具有重要的实际价值，但如果有了其他类型的大学，它们就不再是最重要的场所了，因为它们教学模式一成不变，往往等到某种创新被广泛认同很久之后，才会采用新的方法。[②] 前两篇文章文风较为委婉，作者多借他人之口含蓄地表达对英国高等教育现状的不满。正如埃斯普里埃拉感叹的那样："西班牙的学校已经够糟糕的了，但还没有牛津大学那么差，英国人现在正试图在某些方面模仿我们。在这些方面我们的优势显然不容置疑，……模仿本身就是一种自卑的表现。"[③]

第三篇文章则是《爱丁堡评论》的主编西德尼·史密斯对埃奇沃斯文集的评论。1802 年，西德尼·史密斯被任命为《爱丁堡评论》的主编，他为该刊物的撰稿获得了一致好评，使《爱丁堡评论》成为当时功利主义者的重要刊物。1804—1806 年，他在皇家科学研究所讲课，他观点激进又极具演讲才能，使很多伦敦人都挤到阿尔伯马尔街去听他授课。在《爱丁堡评论》的早期文章中，史密斯常常针对英国社会的诸多弊端提出批评，包括对教育资源分配不公和教育机会不平等的批评。他强调，社会改革必须包括教育改革，因为教育是培养具有批判意识和责任感公民的基础。这一主张使他成为 19 世纪初期英国自由主义改革运动的重要声音之一。

1809 年，埃奇沃斯出版著作《职业教育论文集》(*Essays on*

---

① WANG C. Criticisms of the University of Oxford in the early 19th century and the formation of Newman's idea of a university: focusing on attacks in the Edinburgh Review[J]. Hiroshima: higher education forum, 2017(14): 11-33.

② JEFFREY F. Don Manuel Espriella's letters from England[J]. The Edinburgh review, 1808(22): 370-390.

③ JEFFREY F. Don Manuel Espriella's letters from England[J]. The Edinburgh review, 1808(22): 370.

Professional Education）对古典人文教育进行批评。埃奇沃斯是19世纪英国著名政治家，其思想具有强烈的功利主义色彩。作为月光社的成员，他还常与实业家、科学家交流心得。埃奇沃斯指出，古典人文知识的学习占用学生太多时间，几乎垄断了学校教育的全部内容，人们对古典人文学科的过分追求导致教育充满了乏味空洞的学究气。他说："我们目前既有的这些学校现行制度的主要问题是把太多的时间用在拉丁语和希腊语上。诚然，人们十分渴望研习古典文学，但这不应该是男孩们在八九年学习时光中的唯一目标。如果课程安排妥当，他们就能充分了解经典著作，以达到成为绅士或成为专业研究学者那样的水平。没有必要让每个人都会写拉丁文或希腊文诗，超出六步诗和五步诗结构的韵律知识，就像那些被引入上流社会的愚昧之物一样，仅仅附庸风雅毫无价值。"①

埃奇沃斯的著作出版后，西德尼·史密斯对该文集进行评价。他大胆地指责英国对古典教育的过度偏好以及牛津大学导师推崇大学的核心宗旨——通过古典教育来培养学生的理性思维，使他们在有关宗教信仰的探讨中保持一种优雅却无知的智力水平。这引发了公众对古典大学教育模式的反思。② 古典知识不像科学知识那样容易对教会的权威产生挑战，它能够一直维持在稳定的状态中。史密斯认为，现行的古典教育过于注重对想象力的培养而忽视其他思维品质的形成，它把许多年轻人塑造成一种优雅而愚蠢的人，使他们全然辜负了自己的天赋。③

① EDGEWORTH R L. Essays on professional education[M]. London：J. Johnson，1812：49.

② WANG C. Criticisms of the University of Oxford in the early 19th century and the formation of Newman's idea of a university：focusing on attacks in the Edinburgh Review[J]. Hiroshima：higher education forum，2017(14)：11-33.

③ SMITH S. Essays on professional education[J]. The Edinburgh review，1809(29)：40-53.

二、强调大学教育的实用价值

《爱丁堡评论》具有明显的功利主义色彩，它反对大学教育空疏无用，脱离实际需要。针对大学存在的问题，评论家们指出大学教育的内容应迎合一定的社会需求，强调大学需体现教育的实用价值，学习实用学科，培养实用性人才。

（一）主张学习实用学科

评论家们以实用性为标准，从功利主义的角度批判古典人文教育，指出古典人文教育的空疏无用，指责其对学校教育内容的垄断。史密斯认为，唯一适用于教育领域的评价标准是教育在未来生活中的效用。这一观点包含了两个问题：第一，不论何种形式，古典教育到底有何用？第二，这个国家采用的特定古典教育形式到底在多大程度上发挥了作用？① 史密斯揭示了古典人文教育日趋凋敝的本质，人们对复杂语法的极端追求使古典人文教育不再是领略古代智慧的精神性指引，而是对语法结构的吹毛求疵。受人钦佩的人不再是那些汲取古代智慧的人，而是那些夸耀自己掌握这种智慧语言的复杂性知识的人。要想做到这一点，就要在希腊语语法的某些方面花费大量的精力，而其目的仅仅是证明自己是一个学者。② 更令人担忧的是这种耗费时间与精力的活动使古典语教学浮于表面。史密斯感叹道，大多数男孩在公立学校待到十八岁或十九岁时都做过差不多一万多首拉丁诗，这比《埃涅阿

---

① SMITH S. Essays on professional education[J]. The Edinburgh review，1809(29)：40-53.

② MANNION L P. Sydney Smith：a study of his writings on education[D]. Albany：State University of New York at Albany，1976：271.

斯纪》(*The Aeneid*)的内容还多。① 基于此，史密斯质疑把古典人文学科作为教育体系之根本的合理性，他认为英国人对古典人文教育的盲目追捧导致学生所形成的学科视野十分狭隘。“我们敢说在对古典知识过度的偏袒与热爱中，没有哪个国家更甚于英国了。一个年轻的英国人从六七岁直到二十三岁或二十四岁一直在接受教育。而在这段时间里，他唯一的职责就是学习拉丁文和希腊文……古典学习几乎占据了他十几年学习时光的全部，还有四五年的时间要分给数学。”②

史密斯注重大学教育的实用性，主张大学引入科学学科，目的是让学生学习与实际生活密切相关的知识。史密斯认为，古典文学是牛津大学学生主要的学习目标，许多人在这个领域取得了不少成就。但如果大学能教授所有对人类生活有用的自由艺术和科学——如果有的人致力于化学，有的人致力于数学，还有人致力于实验哲学，每个人的成就或荣誉的价值都以其研究的困难程度和实用性的程度来衡量——这样的大学体系将比目前的更有价值。③

（二）倡导培养实用人才

大学教育脱离实际、缺乏实用性的关键在于学生的学习方式拘泥于古板的课本且缺乏新知的启迪，这很大程度上限制了他们的创造性。学生学习有关几何的著作，不是为了了解其精神或者掌握发现这些定理的方法，而是像孩子熟记教义的问答一样，将其牢记在心，以便能迅速回答特定的提问。在这一过程中，学生的创造力、独立思考的能

① SMITH S. Essays on professional education[J]. The Edinburgh review, 1809(29): 40-53.

② SMITH S. Essays on professional education[J]. The Edinburgh review, 1809(29): 40.

③ SMITH S. Essays on professional education[J]. The Edinburgh review, 1809(29): 40-53.

力得不到培养，他的探索精神得不到塑造，他被限制在狭隘的范围中。① 数学与几何学作为科学研究的重要工具，在古典大学中变成了学生们死记硬背的教条，大学教育最终只能培养出堆砌华丽辞藻的庸才，大学对自然世界的探索只能演变为咬文嚼字的无聊辩论。直到19世纪中期，英国社会对科学知识和科技教育仍不重视，大多数受过高等教育的人对科学一无所知，甚至在那些古老大学里研究自然科学是非法的。② 学生学习很大程度上受大学教师们无所作为的影响，这些教师大多是神职人员，即使不钻研教学，他们也能够依靠高额的学费获取优渥的酬劳。杰弗里指出，我们的大学有各种学科的教授，但他们只是徒有教授的虚名却碌碌无为。在爱丁堡大学，教授的收入取决于其自身的努力，因此那所大学的声誉非常高，人们认为在那里学习一年来完成他们的教育更有必要。③

古典大学的教育内容脱离实际有很大程度上受到其教育目的的影响。古典大学主要培养神学人才或上流社会的绅士，因而大学教育的目的只为此服务。杰弗里认为，我们确实创作出希腊文和拉丁文的诗句，这些诗句都值得嘉奖，当然也有英语诗句，都是按照最新和最认可的诗句制作方法创作的，可除此之外，我们别无他物。④ 在其他职业领域，成就与投入的时间之间的关系是比较明确的，但在古典学习中，即使付出了最大的努力却只获得了最小的收益，这似乎也被认为是足够的。对于个体而言，教育目的导致学生学习生涯中浪费了大量时间

---

① PLAYFAIR J. Traité de méchanique céleste[J]. The Edinburgh review, 1808(22): 249-285.

② 易红郡. 英国教育的文化阐释 [M]. 上海：华东师范大学出版社，2009：164.

③ JEFFREY F. Don Manuel Espadrille's letters from England[J]. The Edinburgh review, 1808(22): 370-390.

④ JEFFREY F. Don Manuel Espadrille's letters from England[J]. The Edinburgh review, 1808(22): 370-390.

与精力；对英国高等教育界而言，这将造成古典大学的衰落。

杰弗里意识到虽然古典大学是高等教育的权威，但随着社会的发展，如果古典大学不进行改革，那么新型学校的出现必然会打破古典大学的垄断，古典大学也将失去它原有的光芒。因此，他对古典教育的保守性持批评态度，认为过分强调拉丁语、希腊语和古典文学的教育方式，无法满足现代社会的需求。他支持大学引入更多科学、政治经济学和社会科学课程，从而培养既有批判思维能力，又能解决实际问题的人才。杰弗里指出："我们的教育只为一种职业服务，当大学刚建立时，这种职业最为重要；但现在不同，那些未来从事其他行业的人发现在其他学校学习更有必要，并逐渐意识到进入古典大学并非走向成功的必经之路。"① 杰弗里主张教育应该面向更广泛的社会阶层，而不仅仅是精英阶层。他认为，知识的传播和教育的普及是社会进步的关键。杰弗里对保守派所支持的贵族式精英教育提出了批评，主张通过教育改革提升普通民众的文化和知识水平，以促进社会的平等和民主。

三、主张大学教育世俗化

批评家们认为，宗教对大学教育的影响导致了大学教育的衰败，大学的神职人员倾向于将教育内容限制在古典人文教育之中，以维护宗教和政治的稳定。这种教育方式限制了学生的思想自由和发展，忽视了其他重要的现代知识领域。

（一）反对宗教对大学教育内容的限制

英国大学的教育权基本由神职人员掌握，他们对宗教与政治的警

① JEFFREY F. Don Manuel Espadrille's letters from England[J]. The Edinburgh review,1808(22):370.

惕性与敏感度让大学的教学局限于古典人文教育的“安全地带”。评论家们认为宗教因素在一定程度上造成了大学教育的衰败，在牛津大学与剑桥大学建校的过程中，英国基督教会给予了巨大支持，它给大学提供财政收入又决定了大学的教学内容。正如史密斯所言，在英国的大学中，教会和教员既善妒又愚昧，每年都有无数人的才华被他们摧毁。说在这样的体制下能培养出伟大人物，简直是无稽之谈。每个英国人都得花人生一半的时间学习拉丁语和希腊语，因为人们觉得传统的古典学习能产生它本就有的智慧。①

史密斯认为宗教是导致人类产生冲突的根源之一，它不允许有与其教义不同的想法存在，宗教比其他任何思想体系都更容易产生狭隘性。1808 年史密斯在《爱丁堡评论》中撰文，抨击了一项当时在下议院讨论的法案。该法案旨在给予主教对神职人员更大的控制权，但他认为其中缺少必要的限制，可能会导致教会滥用这种权力。② 史密斯意识到，教育权掌握在神职人员手中，他们培养年轻一代的方式似乎是为了让他们在小城镇的文法学校任教，而不是为了培养他们适应更广泛的社会需求。教会的导师们对于将年轻人的思想引导到复杂且重要的议题上，表现出了胆怯和荒谬的担忧。他们担心精神的自由会导致宗教怀疑，为了保持学生的宗教原则不受质疑，这些神职人员将学生的思想限制于安逸又无用的古典学习之中。如果一个牛津大学的导师听到自己的学生们热烈讨论道德和政治真理，构建和推翻各种理论，沉浸在热火朝天的讨论之中，他会感到十分恐慌，认为这一切预示着

---

① SMITH S. Essays on professional education[J]. The Edinburgh review, 1809(29): 40-53.

② MANNION L P. Sydney Smith: a study of his writings on education[D]. Albany: State University of New York at Albany, 1976: 97.

对神的亵渎和对君王的背叛。① 在英国大学里，尽管其培养出了许多伟人，但这并不是教育体系的功劳，许多天赋异禀的人才往往会因教会导师狭隘短浅的目光而被扼杀。

需要注意的是，尽管评论家们怀疑古典人文教育内容的价值，但他们的思想中仍有较为明显的宗教性因素，他们反对不加约束地赋予教会权力，而非主张将宗教与大学教育划得泾渭分明。例如史密斯并非全盘否定古典人文教育的作用，但他意识到现有的大学教育中古典人文教育占据着绝对地位，这造成了大学教育的落后。“大学”这个词应该意味着一个所有对人类有用且自由的科学都被教授的地方。②

史密斯试图在两者思想间寻求平衡，他既不能接受旧的神学，也不能接受功利主义的纯粹世俗理性主义。尽管在史密斯的思想中有强烈的理性主义和世俗主义的倾向，但他也无法接受密尔和边沁激进的功利主义学说，他认为功利主义学派把人类当作纯粹的机器，从不考虑人类的情感。③ 他保留了基督教关于人作为道德主体的信仰，但他选择从功利主义出发，并非为神学中的道德信仰做辩护。史密斯接受了道德哲学家威廉·佩利（William Paley）的观点。佩利将功利主义与普遍道德相分离，将功利化倾向称为“效用”，史密斯称为“理性宗教”。理性宗教或效用都是评价人类行为是否促进人际合作、增进幸福的准则。若符合准则，则被视为道德的；反之，则被视为不道德的。④

---

① SMITH S. Essays on professional education[J]. The Edinburgh review, 1809(29): 40-53.

② SMITH S. Essays on professional education[J]. The Edinburgh review, 1809(29): 40-53.

③ MANNION L P. Sydney Smith: a study of his writings on education[D]. Albany: State University of New York at Albany, 1976: 107-108.

④ MANNION L P. Sydney Smith: a study of his writings on education[D]. Albany: State University of New York at Albany, 1976: 108.

（二）主张教育是世俗改革的工具

19世纪英国社会生活的巨大变化动摇了传统的宗教教义。特别是随着自然科学的发展和城市化、工业化的加速，许多人开始质疑传统宗教树立的价值观，世俗化的趋势逐渐增强，基督教神学的权威减弱。人们不再确信上帝在他们的生活中能够发挥积极而强大的力量，也不再确信道德问题有简单明了的答案。更多人希望通过改革宗教推动国家的世俗化进程，而教育改革成为促进宗教改革的途径。对《爱丁堡评论》的批评家们来说，教育是推动社会改革、维系社会安定的重要工具。其中，西德尼·史密斯是改革宗教、主张教育世俗化的积极倡导者。

史密斯认为教育改革的目的是维持社会的和谐与稳定。他指出，只有在一个稳定的社会中，人们才能获得幸福。社会中所有设立的机构都是达到幸福的手段，因此需要持续而有力的改革，以求与社会不断变化的需求和愿望保持一致。教育是公众和个人幸福的关键，它可以做到压制性法律做不到的事情。[①] 在史密斯看来，教会对改革的抗拒很大程度上是由于掌权者不愿削弱自身权力。他认为，这种对改革的顽固抵制，至少在一定程度上是由于"那些被赋予权力的人总是倾向于认为，他们享受权力是由于自己的功绩，是为了自己的利益，而不是为了别人的利益"[②]。对此，史密斯指出，个体利益与社会利益紧密相关，两者并非对立而是相辅相成，缺一不可。社会的稳定与幸福是个体努力的结果，它也需要不断地变革和改进以满足个体需求。基于这一观点，史密斯强调教育的重要性，认为人们应当通过教育来认识

---

① MANNION L P. Sydney Smith: a study of his writings on education[D]. Albany: State University of New York at Albany, 1976: 113.

② MANNION L P. Sydney Smith: a study of his writings on education[D]. Albany: State University of New York at Albany, 1976: 98.

社会最大的利益所在，进而理解个人利益与社会利益之间的关联。①

对于改革的目标，史密斯提倡的是一种宽容和包容的宗教观。他认为宗教应该超越教派界限，促进社会整体的福祉和美德，而不是仅仅服务于特定宗教群体的利益。宗教的实用性体现在它能够帮助人们过上美好的生活，它还应当允许人们将慈善扩展到不同信仰的人身上；宗教必须展现出极大的宽容，以一颗神圣的仁爱之心，接纳人类所有真诚的观点。② 史密斯在提出减少公立学校和大学中古典课程的建议时，也基于理性和辩证的态度。人们衷心希望古典研究能永远获得国家的极大尊重，但人们不认为它应继续享有目前的特殊荣誉。一位伟大的古典学者是国家的点缀，也是国家的重要财富；然而，教育领域应给予所有知识领域平等的发展机会。人们相信学科的多样性，因此每一门值得培养的学科都应得到相应的关注和发展。③

除了古典大学的落后状态，批评家们也不满于古典大学的机构性质。批评家们认为，假如古典主义教育没有教会我们如何改进生产，如何改良土地，如何改善国内经济，或者不能把人们造就成律师、工程师、外科医生，或者不能产生化学、航天、地质、电磁学及各门科学的新发现，那么古典主义教育的真正价值是什么呢？④ 例如牛津大学长期以英国的教会-国家模式以及相关的社会和政治制度为基础。它虽然不是一个公立的基金会，但在牛津大学学者看来，它的资金来源更多是私人的慷慨馈赠。这些特点决定了牛津大学不可避免地依赖于其

---

① MANNION L P. Sydney Smith: a study of his writings on education[D]. Albany: State University of New York at Albany, 1976: 114.

② MANNION L P. Sydney Smith: a study of his writings on education[D]. Albany: State University of New York at Albany, 1976: 101.

③ SMITH S. Essays on professional education[J]. The Edinburgh review, 1809(29): 40-53.

④ 易红郡. 英国教育思想史［M］. 上海：华东师范大学出版社，2017：253.

支持者，采取保守的宗教和政治态度。这种路径依赖也使牛津大学自然而然地强调与其模式、特征和作用相匹配的古典人文教育；大学也很难对当时正在发展的外部社会的新的或改革的要求做出反应。因此，受启蒙运动、功利主义和世俗化思想支配的批评家们，希望以教育的实用性衡量教育价值，要求发展一种有利于国家发展和现代化，符合社会新需求的职业教育新模式。

第二节 古典人文教育派的反驳

《爱丁堡评论》的批评家们颠覆了长期以来古典大学引以为傲的教育传统，激起了古典主义教育家对古典人文教育传统的辩护。面对愈演愈烈的批评，牛津大学率先发声，捍卫大学教育的传统。牛津学者宣称，大学教育的主要目的是促进个体的全面发展，而非职业训练。他们试图通过批判教育内容的实用性和科学化倾向，维护古典人文教育的传统。由此，英国大学中的科学教育与古典人文教育之间的论战进一步升级。

一、科普斯顿的辩护

1810—1811 年，时任牛津大学奥里尔学院教务长的爱德华·科普斯顿连续发表三篇文章，回应《爱丁堡评论》的批评，并借此论证古典大学教育传统的合理性。科普斯顿宣称："《爱丁堡评论》中一篇关于《埃奇沃斯的职业教育》文章的作者，其无礼的讽刺时而引发我们的愤慨，时而又逗我们发笑。他试图让世人相信，尽管古典知识有其优势，但它在英国教育中所占的主导地位是不合理的，认为英国中小学和大学教授古典学问的方式极其荒谬。我承认，正是那篇文章的阅读，促使我写下这些评论，并打算对其中包含的错误观点和指责进行正式的讨论。”[①] 科普斯顿出生于一个牧师家庭，他是德文郡奥弗尔教区牧师约翰·布拉德福德·科普斯顿（John Bradford Copleston）的长子。1797年，他担任牛津大学奥里尔学院的导师，1800年被任命为牛津大学圣玛丽学院的教师，并成为牛津大学圣玛丽教堂的牧师。在担任牛津大学奥里尔学院院长数年后，他在1814年继任校长一职，在纽曼领导的“牛津运动”（Oxford Movement）中发挥了重要作用。他认为古典人文教育不仅具有实用价值，还是培养青年道德的良好范本，并为现代社会改革提供了历史依据。

（一）反对大学教育的专业化

1810年，科普斯顿发表了《对〈爱丁堡评论〉诽谤的答复》，文章共五章。在第五章中，科普斯顿重点讨论了功利主义与大学教育的关系，明确反对大学教育的专业化。

对于批评古典大学缺乏实用价值的观点，科普斯顿认为大学教育的主要目的是道德培养，科学知识和实用技能可以在学生毕业步入社会后通过长期自学获得。他认为一个人必须在年轻时掌握所有知识是极其愚蠢的想法；这仿佛意味着一旦大学毕业，他就必须立刻承担起管理世界的重任，就不适合再进行学习，忽视了生活中无处不在的学习机会。[②] 在科普斯顿眼中，生产性知识和技能虽然具有实用性，但缺乏对学生内心成长的关照，长此以往会造成个体情感淡漠，将其异化成运转国家机器的一部分。这种实用化与专业化的学习要求学生以更加成熟的心智来面对，并不适合在大学阶段引入。他指出，在青少年

---

① COPLETSTON E. A reply to the calumnies of the Edinburgh Review against Oxford: containing an account of studies pursued in that university[M]. Oxford: Collingwood and Co. Printers, 1810: 115.

② COPLETSTON E. A reply to the calumnies of the Edinburgh Review against Oxford: containing an account of studies pursued in that university[M]. Oxford: Collingwood and Co. Printers, 1810: 173.

阶段进行古典人文教育更有利于奠定学生的学科基础，尽管科学知识与实用知识范围广泛，但往往“泛而不精”。古典人文教育的深入学习不仅能够提高学生的知识和素养水平，还有利于学生的长期发展，为他们未来的生活做好充分准备。“倘若个体的头脑在青年时期被其他事务所占据，且其智力习惯已在不同领域和层面固化，则在后期将难以接受深层次的教育。如果学术研究仅止于知识的表层，未触及心灵的深处，那么不仅会导致道德的缺失，心智能力亦将显得贫瘠，表现为想象力与创造力的匮乏、对历史和诗歌的阐释不足，以及缺乏那些能够丰富真理的深刻思想。……相反，如果首先提供这种人文教育，并以精确的逻辑训练与纯粹的数学科学来培育智力，那么生活中的任何任务都不会超出一般智力水平的理解范围。如此看来，具备辨识、表述与清晰论证的能力，远比急功近利地获取杂乱无章的知识来得重要。”①

科普斯顿指出，那些批评古典大学缺乏科学知识的人不过是在过度赞美新学科，给新事物冠以进步之名。“一个受教育程度不高的父亲得知在某些学术机构中设有化学、植物学、矿物学的讲座，却发现其子在学校中并未接受这些学科的教育。他未能认识到心智力量通过持续的锻炼得以提升，亦无法理解道德品质在很大程度上是通过研究杰出作家的作品而塑造的。……如果一个学生被新奇多样的学科所吸引，他很少会怀着同样的热情重新投身于语言学的研究。他可能会成为一名精通农业的专家，一个制造业的改良者，一个有用的道路、矿山和

① COPLETSTON E. A reply to the calumnies of the Edinburgh Review against Oxford: containing an account of studies pursued in that university[M]. Oxford: Collingwood and Co. Printers, 1810: 175.

运河检查员，但他也失去了人文教育所赋予的那些无与伦比的特质。”①关于经典文学的现代译本，科普斯顿认为，经典著作的特质在于陶冶人类的情感，唤起人们对古代语言文字的热爱。“维系生命的食粮在任何地方都能获得，那些凭借理解就可以阐述的知识，如伟大的宗教阐释、基本的科学定理，其内容也都能完好无损地流传下去。但经典著作所蕴含的一切诗意与雅致、精妙又脆弱的部分，那些所有能唤起想象、触动心灵的东西，却在翻译这一过程中消失了；即便这些特质部分得以保留，在很大程度上也是译者的创作，与其说向我们展现了原作的卓越，不如说只是告知我们原作曾很卓越。”②

相较于古典知识在个体发展中的重要性，自然科学知识似乎仅限于简单的推理和演算，它并不充分锻炼学生的思维能力。科普斯顿指出，《实验哲学》《天文学》《化学》《矿物学》和《植物学》等书中都有讲稿，但这些讲稿在多大程度上能够锻炼思维，只能从这些学科的一般趋势中推测。③ 科普斯顿认为，相较于古典人文教育所蕴含的深厚历史和人文价值，自然科学知识显得较为单一。“一个简单的历史记录或严密的科学论证或许能够毫无损失地从一种语言转换到另一种语言。因为在思想贫瘠、简单明确的地方，这些自然科学知识可以轻易地在任何语言中得到充分表达。但天才及其独特的创见如何在语言的翻译

---

① COPLETSTON E. A reply to the calumnies of the Edinburgh Review against Oxford: containing an account of studies pursued in that university[M]. Oxford: Collingwood and Co. Printers, 1810: 175-176.

② COPLETSTON E. A reply to the calumnies of the Edinburgh Review against Oxford: containing an account of studies pursued in that university[M]. Oxford: Collingwood and Co. Printers, 1810: 115.

③ COPLETSTON E. A reply to the calumnies of the Edinburgh Review against Oxford: containing an account of studies pursued in that university[M]. Oxford: Collingwood and Co. Printers, 1810: 132.

中得以体现呢?"[1] 因此，科普斯顿认为《爱丁堡评论》和埃奇沃斯对古典人文教育的指责闳侈不经，他对功利主义者倡导的大学教育改革持怀疑态度。他强调没有必要为了压制微弱的反对或抱怨而耗费过多精力，因为古典著作所蕴含的种种益处可以通过更广泛的渠道获得。[2]

（二）阐明古典人文教育的实用价值

科普斯顿主要从三个层面为大学古典人文教育进行辩护。首先，从实用价值层面看，他指出经典著作是理解公民政府的最佳学习文本；其次，从职业发展的视角出发，他论证学生通过古代经典和逻辑学的学习，能够培养出应对现实生活中各种问题的能力；最后，科普斯顿把对古典教育的捍卫提升到了一个最高的境界，即不单纯考虑其在特定目的上的价值，因为古典教育本身就意味着"善"（Good），它具有丰富的内涵和高尚的意义，这一观点对纽曼及后来学者产生了深远的影响。[3]

科普斯顿首先指出，古典著作作为古代生活的典范，通过英雄人物的事迹反映出公民对国家事务的参与，从而体会古人的政治智慧，这是映照现代社会的政治体系的历史之镜。"学生在阅读这些著作时，能够超越党派纷争和偏见的喧嚣，认识到错误治理和无政府状态的严

---

① COPLETSTON E. A reply to the calumnies of the Edinburgh Review against Oxford: containing an account of studies pursued in that university[M]. Oxford: Collingwood and Co. Printers, 1810: 114.

② COPLETSTON E. A reply to the calumnies of the Edinburgh Review against Oxford: containing an account of studies pursued in that university[M]. Oxford: Collingwood and Co. Printers, 1810: 113.

③ SANDERSON M. The universities in the nineteenth century[M]. London: Routledge & Kegan Paul, 1975: 26.

重后果、民主无序的狂热以及权力滥用和不公不义所导致的毁灭性影响。”① 古典著作与古典语是人类智慧的结晶，它们能够跨越时间限制，展现出古人的杰出品质。“在色诺芬的史著中，人们能够见证积极的爱国主义精神与敏锐洞察是如何与文学造诣和哲学思维相结合的。色诺芬的叙述光彩夺目，读者能够从中读到生动而公正的描述，感受到栩栩如生的人物塑造，这些人物仿佛从书中跃然而出，以其最真实的样子和特质，几乎赋予了直接观察的所有优势，甚至超越了现实生活中的权威性。没有哪部作品比色诺芬的作品更能让英国人深入了解民政机制的本质和性质了，没有哪部作品能像他的作品那样生动地展示暴乱派系的危险和腐败寡头政治的教训，也没有哪部作品能更好地教导人们如何巧妙地引导人民和维护秩序。”② 由此可见，科普斯顿坚信古典人文教育在国家建设和社会治理中扮演着重要角色，它不仅传承了国家优秀的文化遗产和人文精神，而且为国家的发展和变革提供了宝贵的经验和范例。

其次，对个体而言，古典人文教育的成效并不局限于某一具体学科，而是体现在它赋予学生综合性能力，以更好地理解世界。科普斯顿认为，学习古典文学本身就是目的，它不是为了让学生适应某一特定职业，而是为了让他们能够适应所有职业。③ 古典语的练习对学生来说并非虚度光阴，而是一种体验古代文明的方式。经过翻译的古典著作失去了其原始的语言活力，学生难以体会到其结构的精妙和逻辑的

① COPLETSTON E. A reply to the calumnies of the Edinburgh Review against Oxford: containing an account of studies pursued in that university[M]. Oxford:Collingwood and Co. Printers,1810:159.

② COPLETSTON E. A reply to the calumnies of the Edinburgh Review against Oxford: containing an account of studies pursued in that university[M]. Oxford:Collingwood and Co. Printers,1810:160.

③ SANDERSON M. Education, economic change and society in England 1780-1870[M]. London:Palgrave Macmillan,1983:43.

严谨。科普斯顿指出，人们常感觉到翻译过来的思想即使被付诸实践，也显得冷漠而无生气，无法还原原有思想的鲜活生命力……未经翻译的语言在某些词汇、短语或结构特点上也具有独特的优势，一种语言的丰富性和完善度越高，其优势就越显著。[①] 古典著作的巧妙之处在于古人对语言的精心雕琢和深思熟虑，正是古典语言赋予了古典著作灵魂，使得古人的智慧得以生动展现。

科普斯顿高度评价古典著作的价值，将其视为人类文明的瑰宝，赞赏希腊和罗马文学的遗产，认为它们包含了天才们的杰出成就。他说："诗人、历史学家、演说家和哲学家，尤其是希腊的诗人，在他们热情的诗句中，把无数的发明与珍宝带到了英国，置于我们脚下；早期的历史使我们对高尚的行为和话语有了这样的认识，即古代的思想和精神时至今日仍然鲜活，并将永远存在于我们现存的作品中。"[②] 针对史密斯和埃奇沃斯对学生长期学习古典语的不满，科普斯顿强调，在所有已知的语言中，希腊语可能是最丰富和最广泛的。如果没有研究过古典作家们充满激情的手稿，就没有人能自称了解古典语言，这些手稿体现了希腊语独特的魅力。[③] 在他看来，古典人文教育主要是对学生心智的训练，这种教育的成效虽然并不直接应用于生活但能够为学生未来的发展提供支持。科普斯顿的反驳得到后来流行的官能心理学理论的支持，其认为学习艰深和劳神的学科，比如拉丁语法和乏味

① COPLETSTON E. A reply to the calumnies of the Edinburgh Review against Oxford: containing an account of studies pursued in that university[M]. Oxford: Collingwood and Co. Printers, 1810: 114.

② COPLETSTON E. A reply to the calumnies of the Edinburgh Review against Oxford: containing an account of studies pursued in that university[M]. Oxford: Collingwood and Co. Printers, 1810: 113.

③ COPLETSTON E. A reply to the calumnies of the Edinburgh Review against Oxford: containing an account of studies pursued in that university[M]. Oxford: Collingwood and Co. Printers, 1810: 123.

的数学，可以强健大脑，就如同体育运动可以强健肌肉一样。①

最后，科普斯顿强调，教育的本质在于通过心智训练来培养高尚的德行。必定有一种心智的培养，它本身就是一种至高无上的善，不涉及任何直接的生存欲望或需求。② 科普斯顿认为，正是由于心智培养本身就有价值，无须立即服务于实际目的，那些有关“大学古典人文教育不涉及实际应用”的批评也就站不住脚。

（三）论证宗教教育的合理性

科普斯顿宣称在大学中进行宗教教育不仅是知识的传授，更是灵魂的滋养，它能够促进个体道德观念的形成和对经典著作的理解，体现人文精神的追求。他强调了宗教与伦理学之间的密切联系，以及宗教在赋予伦理学以生命力和深度方面所扮演的关键角色。“在基督教社会中，伦理学更多地被纳入宗教领域而非哲学范畴。如果缺乏宗教的作用，纯粹的伦理学体系将会显得相对空洞且没有成果；反之，没有伦理学的引导，宗教本身就会变得乏味，甚至危险。它们可以被视为一个不可分割的整体的两个组成部分；而过于功利的现代教育方式，可能会导致这种整体性的破坏。”③ 在科普斯顿眼中，实施宗教教育不仅是理解与实施道德教育的必要途径，也是巩固基督教社会秩序的重要手段。

科普斯顿强调，宗教教育的重要性在于其能够激发人的内在潜能，使人们在面对道德和哲学难题时，能够借助宗教智慧找到平衡和指引，

---

① 杨甜．英式书院教育传统及其现代价值［M］．重庆：重庆大学出版社，2017：128.

② COPLETSTON E. A reply to the calumnies of the Edinburgh Review against Oxford: containing an account of studies pursued in that university[M]. Oxford: Collingwood and Co. Printers, 1810: 168.

③ COPLETSTON E. A reply to the calumnies of the Edinburgh Review against Oxford: containing an account of studies pursued in that university[M]. Oxford: Collingwood and Co. Printers, 1810: 178.

这是其他形式的教育难以替代的。宗教教育的灵活性使其能够适应不同的环境和情况，无论是精神层面还是物质层面。当师生学习与传播有关宗教的真理时，这种学习和传播的方式就需要卓越的判断力、对优秀经典著作的理解力，并且如果这些著作中出现了有价值的理念，它们就可以应用于宗教教导和讨论中。① 此外，尽管科普斯顿提倡学生广泛阅读宗教书籍，但他更重视将深度的古典著作作为研究对象。“如果我们的道德学习仅仅源自一部作品，那么没有哪个基督徒会在亚里士多德和佩利的理论之间犹豫。虽然佩利的作品广为人知、受人推崇，但无论是对推理能力的锻炼，还是展示具有吸引力和说服力的道德定理，我都不认为它会被视为首选。”② 除了为古典教育辩护，科普斯顿还支持牛津大学在国家层面上保持其内部职责的自治权，企图为古典大学的特权寻找合理性解释。他宣称牛津大学并非完全是一个国有基金会，而是一个由多个私有基金组成的联盟。“尽管这些基金会合并成了一个共同的整体，但我们二十个学院中的每一个都是独立的实体，拥有自己独特的规章，不仅自主管理内部事务，还通过设定各种条件来规定其福利的分配。”③

---

① COPLETSTON E. A reply to the calumnies of the Edinburgh Review against Oxford: containing an account of studies pursued in that university[M]. Oxford: Collingwood and Co. Printers, 1810: 179.

② COPLETSTON E. A reply to the calumnies of the Edinburgh Review against Oxford: containing an account of studies pursued in that university[M]. Oxford: Collingwood and Co. Printers, 1810: 180.

③ COPLETSTON E. A reply to the calumnies of the Edinburgh Review against Oxford: containing an account of studies pursued in that university[M]. Oxford: Collingwood and Co. Printers, 1810: 183.

二、《评论季刊》的反击

为支持科普斯顿的观点，来自牛津大学的约翰·戴维森在《评论季刊》上回应了功利主义者的批评。他发表了两篇文章，深入分析了功利主义观点的不合理之处。《评论季刊》创刊于1809年，它的创始人包括保守党领袖乔治·坎宁（George Canning）、诗人罗伯特·索西（Robert Southey）和沃尔特·斯科特爵士（Sir Walter Scott）。它作为辉格党《爱丁堡评论》的制衡，是保守主义派进行反击的重要阵地。

（一）批评职业教育目的的狭隘性

约翰·戴维森从小在教堂学校接受教育，1800年被任命为牛津大学奥里尔学院的导师。1818年，他担任达勒姆华盛顿教区的牧师，1826年后，升任塞文河畔厄普顿教区牧师。戴维森一生具有坚定的基督教信仰，因此在对待神学问题上，他是一个保守派。他在《基督徒与改革家的对话》中表达了反对政治激进主义、抵制异教徒思想传播的观点。

戴维森认为，将职业教育和技能训练作为教育的核心目标过于狭隘。虽然专业教育能帮助学生适应职业需求，但它忽视了个体的全面和自由发展。戴维森首先从人性论出发，指出过早的职业教育违背天性。对于天才而言，他们天资聪颖，在某些方面有先天优势，过早进行职业训练反而不利于他们的发展，应遵循个体的自然成长规律。有些个体天生具备某些特质，在心灵发展的初期，这些特质就已经确定，无法通过教育或训练加以改变。① 如果这些天赋异禀的孩子能自主发现自己的特长，外界施加的职业教育对他们的影响就会非常有限，因为

① DAVISON J. Edgeworth's essays on professional education[J]. The quarterly review, 1811(6):166-191.

外力的指导不如个体的主动选择有效。对大多数学生来说，父母的选择在职业教育中起着关键作用。埃奇沃斯在《职业教育》中主张，父母应在孩子发展的早期为其选择合适的职业道路。对此，戴维森指出，父母在孩子早期做出的职业选择可能与孩子后期的成长不符。他们无法判断孩子在不同阶段的价值追求，也无法预见未来的发展方向，因此父母的规划可能适得其反。戴维森声称，埃奇沃斯在此问题上过于理想化，忽视了身体健康的缺陷或优势以及感官功能的差异。例如，一个天生口吃的人不可能被培养成律师，而四肢不健全的人也无法成为军人。①

戴维森认为，伴随教育目标的变化，教育主体的身份认同也发生了改变。教育不再培养德行兼备的绅士，而是将人变成资本化的要素。当一个人被职业所束缚时，他的行为模式、思维方式乃至价值观都被打上职业的烙印，美德、科学和思想都被限定在狭隘的职业框架中，整个人将被技术化模型所塑造、压制和异化。② 这样一来，大学将失去培养完整个体的理想，转而沦为流水线式的教育模式。对专业技能的专注虽然有助于职业生涯的成功，却导致知识广度的缺失。因此，无论技能多么精湛，这样的人依然称不上是受过良好教育的个体。职业教育表面上增强了教育的实用性，但这种狭隘的思维模式危害深远，容易引发偏见、自负和卑劣的情感，不仅阻碍知识的拓展，还妨碍思维的公正与正直。因此，制订这种教育和学习计划，无异于为精神上的弊端提供温床，从根本上讲，这类计划是错误的。③

---

① 袁传明. 近代英国高等教育改革与发展研究：以伦敦大学百年史（1825-1936）为个案［M］. 广州：广东高等教育出版社，2017：60.

② DAVISON J. Edgeworth's essays on professional education[J]. The quarterly review, 1811(6):166-191.

③ DAVISON J. Edgeworth's essays on professional education[J]. The quarterly review, 1811(6):166-191.

从国家的角度来说，戴维森认为，教育家以“实用性”这一看似合理的论题为基础，认为这似乎是衡量所有教育体系的唯一标准。然而，他也指出了这种分工的潜在问题：随着个体在某一职业上的精力越来越集中，其在该职业上的技能水平会越来越高，但与此同时，其作为理性个体的地位却越来越低。其行动范围变得狭窄，智力和习惯也受到局限，其就像强大机器中的一个小部件，虽然在自己的位置上很有用，但一旦离开那个位置就变得微不足道。[①] 戴维森引用了经济学家亚当·斯密（Adam Smith）的观点，即随着社会财富的增加，智力提升的手段也会迅速增多。这意味着，尽管职业的分工和劳动的分工可能导致个体的智力和习惯受到局限，但社会财富的增加和智力提升手段的增多可能会为个体提供更多的机会来冲破这种局限，从而保持其理性地位和全面发展。[②] 对此，戴维森认为，国家财富并不是社会发展的最终目标……如果为了更好地履行社会的各项职责，社会必须被划分为不同的部门和子部门，这是毫无疑问的必要之举，但我们必须小心，不要让自己完全受这一体系的引导。[③] 换言之，戴维森极为强调个体在社会发展中的独立性，他对古典教育的维护同样出于防止个体被社会“异化”的立场。

（二）强调古典人文教育的全面性

古典人文教育的最终目的是培养学生广博的文化素养与优雅的绅士风度，促进学生内心的完满。在知识与发展的能力之间，后者显然更为重要，如果一个人具有良好的发展能力，那么他也能掌握他人擅

---

① DAVISON J. Review of replies to the calumnies of the Edinburgh Review[J]. The quarterly review,1810(7):177-206.

② DAVISON J. Review of replies to the calumnies of the Edinburgh Review[J]. The quarterly review,1810(7):177-206.

③ DAVISON J. Review of replies to the calumnies of the Edinburgh Review[J]. The quarterly review,1810(7):177-206.

长的知识；如果没有这种能力，他连自己专长的知识技能都无法获取。[①] 古典人文教育极大地弥补了职业教育的不足。职业教育主要侧重技能训练，培养学生在实践中操作的能力，导致学生的思维被局限在单一维度。相比之下，古典人文教育通过阅读经典培养学生的思考能力，要求学生基于丰富的文本进行全方位的思考，这种综合多种心智力量的训练对学生的长期发展更为有利。戴维森指出，古典人文教育在英国大学有着悠久的历史，这决定了其在大学教育中的重要地位。在文学研究中，古典著作若能为人们提供正确的学习范例，就应当被英国大学视为推崇的典范。只有当古代文学作品得到深入探究，保持其原本的精髓与古典主义精神，才会获得应有的尊重与敬仰。虽然学习古典语需要大量时间，但这应被视作一种优势，因为这样做能加深人们对这些语言的印象。这些知识在人们思想中的优先地位，使大学的天平自然倾向于支持古典著作。[②]

戴维森认为，自然科学领域的学习并不要求学生运用理性来进行决策或判断，因为这些学科与道德、情感等复杂的人类特质无关。在他看来，与古希腊和古罗马时期的思想辉煌相比，自然科学知识似乎仅限于数字运算和公式推导。在数学证明的过程中，每一步都是明确无误的，几乎不需要进行反思，取代了自主思考。学生只需不断记忆和机械地接受结论，而不需要付出太多的思考努力。但在研读文学作品时，学生必须独立完成主要的思考任务。他们通过反复观察和深思来理解作品，并常为了获得新的见解和信息而暂时搁置自己的观点。因此，对文学作品的理解是一个逐渐深入的过程，而非一蹴而就或通过机械记忆所能达到的。对推理和反思的需求体现了文学作品作为学

---

① DAVISON J. Edgeworth's essays on professional education[J]. The quarterly review, 1811(6):166-191.

② DAVISON J. Edgeworth's essays on professional education[J]. The quarterly review, 1811(6):166-191.

习材料的价值，正确的文学启蒙被视为年轻人教育中极为重要的一环。[①] 戴维森强调，自然学科与古典学科在思维训练上的根本差异对个人成长和未来的职业生涯都极为重要。在他的眼中，前者的学习只是在一个思维维度上进行探索，后者需要学生全方面调动自身的心智能力，更具有促进学生全面发展的优势。

第三节　功利主义与保守主义的博弈

《爱丁堡评论》的批评家们以功利主义作为其思想武器，对古典大学的传统教育模式进行了深刻的批评。然而，面对强大顽固的保守力量，他们不得不在牛津大学和剑桥大学之外的地方采取突破。其中，1827 年伦敦大学的创立是他们论战最重要的成果。面对新兴大学的崛起，保守教育派仍然进行抵制，他们不仅对伦敦大学提出批评，还主张建立国王学院，以此向功利主义教育派施加压力。科学教育派与古典人文教育派中各力量的博弈在新旧大学的发展与改革中可见一斑。

一、伦敦大学的创办与发展

成立新型大学的想法源于苏格兰诗人托马斯·坎贝尔（Thomas Campbell）。他受到苏格兰大学、弗吉尼亚大学及拿破仑战争后普鲁士高等教育的启发，主张建立一所大学，旨在接收非国教徒学生并提供专业教育。坎贝尔称，这是一个进行“为我们中产阶级的年轻人提供文理知识以及既高效又多样化的教学、考试、锻炼和荣誉的地方”[②]。

---

① DAVISON J. Edgeworth's essays on professional education[J]. The quarterly review, 1811(6):166-191.

② SANDERSON M. The universities in the nineteenth century[M]. London:Routledge & Kegan Paul,1975:34.

（一）以实用为特点的办学方向

功利主义思想家反对教会倡导的为来世幸福忍受苦难，他们重视现实的幸福，认为幸福既包含物质利益也包括精神追求，既有对当前利益的诉求，也有对长远发展的打算。这种幸福不是贵族阶级独有，而与所有人有关，是一种“最大多数人的最大幸福”。功利主义学说的创始人边沁等思想家按照功利主义标准解释现实生活，并把它运用于英国社会改革之中，他们认为对社会有用的制度应把最大限度的快乐带给最大多数人。[①] 这也决定了中产阶级对教育实用性的要求。边沁曾谴责古典大学教育的宗教性问题，在进入牛津大学之初，他被要求在《三十九条教规》上签字以证明自己对纲领的认同。最终出于入学需要，边沁怀着无比激愤的心情签名了，但他对此事表示强烈不满。在多年以后写的书中提到这事，他是深切痛恨的，他认为这是将伪君子作风强加在他的头上，或者至少也是对真理的不负责任。[②] 边沁虽然没有亲自参加伦敦大学的实际创建工作，但是他的思想和财力对伦敦大学的创建起到了巨大的作用，以至于伦敦大学把边沁作为精神的领袖。尤其是他的思想对伦敦大学的建立者们产生了巨大影响，例如功利主义哲学家詹姆斯·密尔。

詹姆斯·密尔十分支持伦敦大学的建立，与一些功利主义思想家共同为大学的成立而努力。密尔深受边沁功利主义学说的影响，他不满古典大学的教育方式，认为古典大学如今已经很难培养出适应社会发展需要的人才。“人类最为卓越的特征在于其不懈追求进步的能力，作为这颗星球上唯一不断追求进步的生物，当人类以最快速度前行时，他也最为圆满地完成了自身的使命。正因如此，一个持保守态度、阻

① 易红郡. 英国教育思想史［M］. 上海：华东师范大学出版社，2017：155.

② 边沁. 政府片论［M］. 沈叔平，译. 北京：商务印书馆，2009：编者导言 3-4.

碍进步发展的教育机构，是人们所能想象出的最为荒谬和厌恶的存在。”[①] 出于对大学教育改革的需要，密尔非常关注新大学的建立。他参与了伦敦大学的创建，并作为其理事会成员，在大学成立之初积极参与事务。[②] 他为伦敦大学的课程设置提出建议，主张开设逻辑学课程并重视逻辑教学。无论他在为儿子、为弗朗西斯·普莱斯（Francis Place）的女儿，还是为伦敦大学制定课程时，逻辑推理的能力都占据了首要位置。[③]

1825 年，坎贝尔写信给辉格党人亨利·布鲁厄姆，详细阐述了他关于在伦敦建立一所服务中产阶级大学的设想。他呼吁建立一所“伟大的伦敦大学”，其主要宗旨是为“中等富裕阶层”“小有成就、生活舒适、能力出众的商人”提供教育。[④] 布鲁厄姆时任英国国会议员，同时也是《爱丁堡评论》的创始人之一。作为边沁的追随者，他热衷于大学和科学教育，创办了有用知识传播协会（Society for the Diffusion of Useful Knowledge），通过发放小册子向中产阶级和工人阶级传播科学知识。在得知坎贝尔的想法后，布鲁厄姆于公于私都不会拒绝。于公，建立一所为社会中人数最多的中等阶级服务的大学，符合他的党派利益，可在与托利党的竞争中获得他们的大力支持；于私，将普及初等教育的理念扩展到高等教育领域，可满足他对教育改革的热忱之

---

① BURSTON W H. James Mill on education[M]. Cambridge: Cambridge University Press, 1969: 112.

② BURSTON W H. James Mill on education[M]. Cambridge: Cambridge University Press, 1969: 4.

③ BURSTON W H. James Mill on education[M]. Cambridge: Cambridge University Press, 1969: 36.

④ BARNARD H C. A history of English education from 1760[M]. London: University of London Press, 1961: 84.

心，树立自己为公共服务的美好形象。① 布鲁厄姆积极推动建立新型大学的各项工作，他迅速联络了一批辉格党人士为筹建大学提供政治与经济支持。

新型大学主要通过教授以科学学科为主的实用知识，培养服务社会的中产阶级人才。由于大学成立初期的资金有限，1826 年 2 月 11 日，在布鲁厄姆的主持下参与大学赞助的各方代表签署协议，一致通过了以股份制的方式筹集资金与建立大学理事会。理事会在成立后，经过多次讨论，决定伦敦大学应以实用性教育为主，传授现代科学知识。这一决策旨在克服古典大学与社会需求脱节的弊端。在《伦敦大学招股章程》（“University of London Prospectus”）（以下简称“《章程》”）中，理事会详细规划了建校计划，并特别强调了科学学科作为新知识在未来发展中的潜在价值。《章程》指出：“今后，一些教授职位可能会被合并，但随着时间的推移，更多的教授职位可能会被细分，新的教授职位将随着科学进步和求知欲的增加而产生。”② 面对古典大学的排他性，新大学承担起为那些被古典大学边缘化的青年提供优质高等教育的责任，满足了中产阶级学生的需求。这所大学将淘汰过时的学习工具，并接纳理性进步带来的新科学。③

伦敦大学在组建师资时，吸纳了一批科学研究人士，鼓励他们传授新知识和新学科，构建了一支充满创新精神的教学团队。例如毕业于爱丁堡医学院的爱德华·特纳（Edward Turner）成为伦敦大学第一位化学教授，他主要从事原子量研究和道尔顿原子理论的普及。任职

① 袁传明. 近代英国高等教育改革与发展研究：以伦敦大学百年史（1825-1936）为个案［M］. 广州：广东高等教育出版社，2017：67.

② HARTE N B，NORTH J. The world of UCL，1828-1990[M]. London：UCL Press，1991：17.

③ HARTE N B，NORTH J. The world of UCL，1828-1990[M]. London：UCL Press，1991：19.

期间，特纳不仅潜心研究，还积极编撰教科书，他编写的教材《化学元素》（*Elements of Chemistry*）成为化学领域多年来的教材范本，甚至流传海外。特纳去世后，他的弟弟将这本教材介绍给德国化学家尤斯图斯·冯·李比希（Justus von Liebig），试图说服他在教材中扩大有机化学的范围，而后李比希根据此教材进行了进一步改编。① 建校初期，许多教授都会主动编写教材，为伦敦大学乃至英国高等教育贡献了优质的教学资源。植物学教授约翰·林德利（John Lindley）撰写的教材《植物王国》（*Vegetable Kingdom*）和《植物学概论》（*Introduction to Botany*）长期作为教材标准并享有盛誉。② 在教师队伍中，不乏具有丰富工作经验的教师，这更加有利于增加大学教育的实用性。担任助产学和妇孺疾病学教授的大卫·丹尼尔·戴维斯（David Daniel Davis）毕业于格拉斯哥大学，在成为伦敦大学教授之前，他已经是伦敦一名负有盛名的产科医生。1819年，他在肯辛顿宫接生了未来的维多利亚女王，因此声名鹊起。③ 戴维斯在助产学方面硕果累累，开创了许多先进的助产方法，特别是在辅助分娩的器械上颇有成就。“1828年学院开学时，其二十四名教授的教学团队最显著的特点是相对年轻。除三人外，其余都在四十岁以下，其中六人甚至未满三十岁。在这些教授中，有许多人教授英国大学甚至欧洲大学以前都没有开设过的科目。”④

（二）“高尔街的无神论机构”

建立伦敦大学是辉格党人政治策略中一项重要规划，此举在伦敦

① BROCK W H. Justus von Liebig: the chemical gatekeeper[M]. Cambridge: Cambridge University Press, 2002: 99.

② HARTE N B, NORTH J. The world of UCL, 1828-1990[M]. London: UCL Press, 1991: 37.

③ HARTE N B, NORTH J. The world of UCL, 1828-1990[M]. London: UCL Press, 1991: 34.

④ HARTE N B, NORTH J, BREWIS G. The world of UCL[M]. London: UCL Press, 2018: 35.

引发了教育领域的重大变革，因为这是英国第一所不通过宗教考试就录取学生的大学。“长期以来，英格兰有相当一部分青年未能接受大学教育，这令人感到遗憾。这些青年的未来职业需求使他们迫切需要接受大学教育，但由于种种原因，他们被剥夺了这一基本权利。根据牛津大学的章程，只有国教教会的成员才能入学。虽然剑桥大学已放宽一些限制，异教徒即使无法获得学位，也允许他们接受教育，但在宗教问题上，剑桥大学的排他性与牛津大学相差无几。”① 在伦敦大学建立前，牛津与剑桥存在严格的入学限制，主要面向少数权贵。高昂的学费（每年二百至二百五十英镑）使得大量人群被排除在高等教育体系之外。被排除的群体包括自由主义者、犹太人、罗马天主教徒、世俗主义者以及更倾向于新科学而非传统“人文学科”的人；此外，还有那些认为“有用的”教育比传统“文化”教育更重要的成功制造商和商业巨头。② 因此，伦敦大学的招生原则是接纳各类宗教信仰的学生，并以较低学费吸引那些因费用问题错失教育机会的学生。理事会自建校伊始便坚决主张，任何形式的宗教不应作为入学要求或教学内容。③

伦敦大学的非宗教性首先体现在建校力量的构成上。艾萨克·里昂·戈德史密斯爵士（Sir Isaac Lyon Goldsmith）是英国历史上第一位未皈依基督教而被授予男爵爵位的犹太人，他以争取英国犹太人解放与参与创建伦敦大学而闻名。正是他将坎贝尔和布鲁厄姆聚集到一起，

---

① The Council of University of London. Statement by the council of the University of London, explanatory of the nature and objects of the institution[M]. London: Richard Taylor, 1827: 7.

② BARNARD H C. A history of English education from 1760[M]. London: University of London Press, 1961: 83.

③ HARTE N B, NORTH J. The world of UCL, 1828-1990[M]. London: UCL Press, 1991: 14.

并确保了犹太群体对新建大学的大力支持。[①] 功利主义哲学家詹姆斯·密尔凭借其广博的人脉为伦敦大学招揽了资金支持，他还为筹建师资四处奔走，邀请汤姆森作为伦敦大学的化学教授。此外，许多其他非国教徒，如辉格党领导人约翰·罗素（John Russell）、著名的废奴运动者扎卡里·麦考利（Zachary Macaulay）、皇家学会会员乔治·格罗特（George Grote）等，都为伦敦大学的建立贡献了力量。

其次，伦敦大学开设了众多科学学科，并排除了所有与神学相关的课程，强调学生学习现代知识，以提升大学教育的实用价值。伦敦大学在系别结构和课程内容上与传统大学有很大不同，它从一开始就摈弃了牛津大学、剑桥大学传统的学院制和以全科教学、道德熏陶为特征的导师制，采用苏格兰的单科教授制，按学科标准建立学部、系所等基层组织。[②]《章程》规定伦敦大学共开设语言学、数学、历史、物理、精神科学、道德科学、政治经济学、医学八大学科类别，每个类别下设有具体课程一到七门不等。

虽然伦敦大学开设了古典语学科，但它明确指出，并非所有学生都要投入大量的时间学习古典语言。某些语言可能只适用于有特定需求的学生学习，该领域应寻找各种方法来减轻大多数学生学习语言的负担，只需达到他们掌握的基本水平即可。[③] 针对古典大学组织学生统一学习古典学科的做法，伦敦大学在课程安排上采取了更为灵活的方法。1827年，大学理事会发表了《伦敦大学阐释机构性质与目标的声明》（“Statement by the Council of the University of London, Explanatory of

---

① HARTE N B, NORTH J. The world of UCL, 1828-1990[M]. London: UCL Press, 1991: 12.

② 杨春梅. 英国大学课程改革与发展［M］. 北京：北京理工大学出版社，2006：54.

③ HARTE N B, NORTH J. The world of UCL, 1828-1990[M]. London: UCL Press, 1991: 17.

the Nature and Objects or the Institution"）（以下简称"《声明》"），指出大学根据学生未来的需要将学生分为学术性与职业性，并进行有针对性的培养。例如在古典学科和数学学科的学习上，由于学生入学时的水平各不相同，学校通过组织学生参加水平测试从而判断其适合初级班还是高级班。《声明》还强调学生在其他学科取得的成就和在古典人文教育方面取得的成就具有同样价值。在学术教育中，学生们将有机会学习衍生的其他知识，他们在这些研究中获得的荣誉和奖励与在古典和数学学习方面取得的成就一样重要。"①

由于伦敦大学在建立时规定宗教不得以任何形式成为入学要求或教学科目，这一做法引发了保守教育派对伦敦大学的强烈不满。因此，它被称为"高尔街无神的机构"和"撒旦的犹太教堂"。②

（三）伦敦大学建校后的困境

自成立以来，伦敦大学一直致力于申请特许状，以获得高等教育的官方认可。然而，由于保守教育派的反对和政治支持的缺乏，这一过程并不顺利。1825年，布鲁厄姆提出的皇家特许状的建议被保守党政府断然拒绝，他随后试图通过《议会法案》来争取特许状，但受牛津大学和剑桥大学的影响，这一尝试也未能成功。③ 在当时，伦敦大学作为一所以股份制公司模式为基础的大学显得非常与众不同。讽刺者反对的理由是，如果这样的大学都能够获得特许状，那将是一件极其荒谬的事。"1834年，伦敦大学的特许状请愿书与牛津大学、剑桥大学等的反请愿书一同提交至枢密院。作为大法官的布鲁厄姆质问反对者：

① The Council of University of London. Statement by the council of the University of London, explanatory of the nature and objects of the institution[M]. London: Richard Taylor, 1827: 14.

② HARTE N. The University of London, 1836-1986: an illustrated history[M]. London: Athlone Press, 1986: 64.

③ HARTE N B, NORTH J. The world of UCL, 1828-1990[M]. London: UCL Press, 1991: 16.

‘是什么阻止了伦敦大学授予学位的权力?’回答是:‘全人类的蔑视和鄙视。’这是布鲁厄姆生平第一次无言以对。”① 伦敦的法学行会和医学行会认为伦敦大学特许状的申请会威胁到它们的利益。在伦敦大学未建立前，这些行会机构长期以非正规的形式提供高等教育服务。为了保护自身行业利益，伦敦的行会机构也对伦敦大学申请特许状持反对态度。面对社会对伦敦大学产生的偏见与蔑视，学者托马斯·巴宾顿·麦考莱（Thomas Babington Macaulay）在《爱丁堡评论》上发表文章，为该校辩护并维护其学术地位。但无论是布鲁厄姆的质问，还是麦考莱的捍卫，都没有解除新大学争取特许状的困扰，这种情况直到 1836 年才得以改变。②

除了外在因素造成的困扰，伦敦大学内部也遭遇了一些尴尬的情况。虽然伦敦大学宣称不设宗教课程，但英国长期的宗教教育传统使大学也不得不做出一定妥协。以“英国文学”这门课程为例，托马斯·戴尔（Thomas Dale）牧师是伦敦大学的第一位英语教授，他对语法和语言学颇有兴趣，但对文学持有一种严格的说教态度，认为研究文学的目的是从中吸取道德教训。③ 由于“英国文学”的内容本身就与宗教密切联系，作为一名称职的牧师，戴尔无论是出于主观还是客观原因，都无法回避宗教内容。④ 因此，在文学课程的设置上，除了文学史、戏剧等基本内容，他还设置了五次神学讲座。由此可见，尽管课程设置和教学人员的聘任均遵循理事会的规定避免宗教因素，但教学

---

① HARTE N. The University of London,1836-1986:an illustrated history[M]. London: Athlone Press,1986:71.

② 刘兆宇. 19 世纪英格兰高等教育变革研究［M］. 合肥：中国科学技术大学出版社，2008：48.

③ THOMPSON F M L. University of London and the world of learning,1836-1986［M］. London:The Hambledon Press,2003:65.

④ 袁传明. 近代英国高等教育改革与发展研究：以伦敦大学百年史（1825-1936）为个案［M］. 广州：广东高等教育出版社，2017：79.

科目的特殊性赋予了教师对授课内容的极大自主权。虽然大学在形式上排除了宗教教育内容，但英国教育文化中根深蒂固的宗教影响仍难以完全摆脱。

尽管初创时期伦敦大学遭遇种种困境，但伦敦大学的创办无疑是英国高等教育史上的重要里程碑。首先，它摈弃了宗教偏见，向非国教徒学生敞开大门。伦敦大学建立初期的支持者大多是激进的无神论者，他们厌恶宗教，反对英国国教的特权。其次，与牛津大学和剑桥大学等传统大学相比，伦敦大学的费用更为低廉，这为工商业中产阶级子女提供了教育机会。最为关键的是，伦敦大学不仅重视自然科学研究，也专注于医学、工程、经济等现代学科的专业教育，这些都是牛津大学和剑桥大学未曾深入涉猎的领域。最后，伦敦大学的成立是对牛津大学、剑桥大学的挑战，为英国高等教育发展提供了一种全新的可能性。伦敦大学在成立之初以苏格兰大学为模板，模仿并实施了多元学科设置、讲堂制度革新、取消宗教考试和民主化管理等多项制度。① 在功利主义思想的指导下，伦敦大学具有显著的实用性和科学性。伦敦大学的许多特色成为19世纪后期各城市大学发展的典范，也成为大英帝国附属领地所在各大学的典范。

二、保守教育派的对抗与妥协

伦敦大学在教育领域无疑引发了一场革命，它的革命性表现在无上帝的课程设置上，更重要的是它是英格兰第一所不限制学生宗教信仰、招生不必通过宗教考试的学校。② 这种新机构无疑是对英国高等教

① BELLOT H H. University College London，1826-1926[M]. London：University of London Press，1929：178.

② 贺国庆，王保星，朱文富，等. 外国高等教育史 [M]. 北京：人民教育出版社，2006：196.

育传统的挑战，因此受到了来自两所古典大学与国教势力的反对。

（一）对伦敦大学的批评

在功利主义者积极创立伦敦大学之际，牛津大学、剑桥大学和国教教会对其进行讽刺，指责其将精英知识普及至底层，破坏了高等教育的古典人文传统。著名的讽刺诗《伦敦佬大学》（“The Cockney University”）写道：“每个清洁工都要用拉丁语和希腊语发言，补锅匠在知识上胜过主教。”① 自坎贝尔提议建立不设宗教科目的大学起，功利主义与保守主义的斗争便已展开，伦敦大学不可避免地遭到牛津大学、剑桥大学及宗教保守派的指责。“因为在当时很难说作为一位政客的布鲁厄姆积极投身筹建大学没有迎合辉格党派的集团利益，而且在大学筹建过程中就遭到了国教派人士的强烈攻击，遂在伦敦建立了另一所大学与之相抗衡。”②

1826 年 10 月，休·詹姆斯·罗斯（Hugh James Rose）牧师在剑桥大学大圣玛丽教堂的毕业典礼演讲上公开讨论新大学的问题，并强调宗教在教育中的重要地位。罗斯在他的演讲中指出：“存在一些深刻影响人类心灵的制衡力量，如宗教热情、骑士精神和崇高的哲学精神。这些精神专注于永恒的真理，抵消了对世俗目标的过度追求。然而，如今这些精神已衰退，取而代之的是对物质的狂热追求。这种狂热成为所有情感的源泉，为各种追求定下了基调。悲哀的是，人们甚至要求知识和教育也迎合这种激情，仅根据它们在物质世界中的地位和利益来评价其价值。”③ 罗斯认为宗教的最大作用在于心灵的净化，它能

① HARTE N. The University of London,1836-1986:an illustrated history[M]. London: Athlone Press,1986:67.

② 袁传明．近代英国高等教育改革与发展研究：以伦敦大学百年史（1825-1936）为个案［M］．广州：广东高等教育出版社，2017：66.

③ ROSE H J. The tendency of prevalent opinions about knowledge considered[M]. Cambridge:J Deighton&Sons,1826:3.

够平衡个体内心诸多欲望，但功利主义思潮和新大学的兴起削弱了宗教的影响力，使人们更注重实用价值，忽略了知识和美德的追求。

1827年1月，保守派报刊《不列颠评论》（*The British Critic*）发表了有关建立一所与伦敦大学相抗衡的新大学的文章。该文章把罗斯布道的原则与伦敦大学的《章程》相比较，批评了伦敦大学不设宗教科目的教育模式。文章质问："我们斗胆问问布鲁厄姆先生，他既然如此热衷于接纳政治，为何却一贯排斥宗教？他为何慷慨地向政治敞开大门，却对宗教抱有蔑视？难道宗教中的分歧点比政治中的更多，宗教中的争议比政治中的更频繁、更激烈吗？因为房间里有不同教派的人，就禁止阅读宗教著作，这难道不荒谬吗？"① 在批评伦敦大学之后，文章提议在伦敦建立一所以神学为核心的新大学，以应对伦敦大学的挑战。文章称："我们面临的问题众多且分布广泛，解决它们可能颇为困难。因此，通过加速实现与教育相关的最终且最具影响力的计划——在伦敦建立新大学，我们或许能更快、更全面地实现目标。"②

1828年2月，罗斯牧师的密友兰贝斯教区牧师乔治·多伊利（George D'Oyly）以"克里斯蒂安"为笔名，致信内政大臣托利党人士罗伯特·皮尔（Robert Peel）。在这封长达三十九页的信中，多伊利指出新大学的"根本缺陷"是忽视了与基督教相关的一切，并提议在伦敦建立第二所大学，以传授基督教原则并遵循国教教会的宗教规定。"这所学校应根据我国确立的更健全的宗教形式，向学生传递基督教原则，按照国教教会的指示进行宗教仪式，这是教育不可或缺的一部

① Modern Systems of Instruction. British critic, and quarterly theological review[J]. The British critic, 1827(13): 175.

② Modern Systems of Instruction. British critic, and quarterly theological review[J]. The British critic, 1827(13): 175.

分。"[①] 最后多伊利提出，为显示国王对学术研究与宗教活动的盛情，希望这所大学能以国王的名字命名。这个想法最终在几个月后得以实现。

（二）伦敦国王学院的创办

收到多伊利的来信后，皮尔决定支持建立国王学院的计划。坎特伯雷大主教曼纳斯·萨顿（Manners Sutton）得知计划后，与皮尔一起向首相威灵顿公爵（The Duke of Wellington）建议创立一所以英国国教为基本原则的国王学院。获得政府批准后，1828 年 6 月 19 日，《伦敦旗帜晚报》（*The Evening Standard*）称在威斯敏斯特大皇后街即将举行会议，以宣告建立一所以法律与教会原则为基础的新大学。文章称："有了这样一所繁荣的神学院，任何父母都没有动机和借口让自己的孩子蒙羞，去高尔街那所不信教的学院接受教育。"[②] 会议于 6 月 21 日在伦敦共济会大厅举行，由首相威灵顿公爵担任主席，与会者包括多位德高望重的教会人员。会议内容包括确认新大学的名称为"伦敦国王学院"（King's College London）并商定建校资金的筹集方式等事宜。"九天后，保守党报刊《约翰牛》得意地宣称，高尔街尽头的异教建筑风格遭到了最后一击。同时补充说，最伟大和最优秀的人聚集在祭坛和王位周围，以保护他们免受异教徒暴民的破坏性影响，这些异教徒根据现代哲学的规则接受教育，对自己所负上帝和国王的责任一无所知。"[③]

1828 年 8 月 1 日，学校联络伦敦主教豪利（Howley）博士，从皮

---

① HUELIN G. King's College London, 1828-1978[M]. London: University of London King's College, 1978: 3.

② HUELIN G. King's College London, 1828-1978[M]. London: University of London King's College, 1978: 3.

③ HUELIN G. King's College London, 1828-1978[M]. London: University of London King's College, 1978: 4.

尔那确定政府是否愿意授予伦敦国王学院公司特许状。内政部要求详细了解学校的目的、组成和组织。10 月 21 日，被任命为临时委员会律师的詹姆斯·海伍德·马克兰（James Heywood Markland）起草了一份特许状草案并上交。在经过多轮的审议与修改后，在 1829 年 8 月 14 日，伦敦国王学院的特许状被批准，学校获得了颁发学位的权力。特许状申请成功后，学校委员会正式成立，规定校长必须是神职人员，其他教授除科学和现代语言外，必须是英国国教会成员。1831 年，拥有皇家特许状的伦敦国王学院宣告正式成立，开设高级部，主要教授宗教和道德、古典文学、数学、自然哲学和实验哲学、化学、部分自然史、逻辑学、英国文学和写作、商业原理和通史。此外，还将开设现代外语课程以及与特殊职业相关的课程，如医学、外科学、法学等。① 学院还设有一个低级部，主要为高等教育提供预备教育。

尽管该大学最初旨在推行宗教和道德教育，但它显然对中产阶级的要求做出了妥协，包括放宽宗教政策和对科学知识的重视。伦敦国王学院成立时，将学生分为全日制和非全日制两种，全日制学生无须声明宗教信仰，但须参加教堂日常礼拜和每周一次的神学讲座，而非全日制学生不受宗教约束。② 伦敦国王学院的教育方式不同于“牛桥”，它根据学生需求，提供成为神职人员或商业人士的培训。在伦敦国王学院，湿度计的发明者丹尼尔·加布里埃尔·华伦海特（Daniel Gabriel Fahrenheit）于 1831 年担任化学教授，光谱分析和海底电报的先驱查尔斯·惠斯通爵士（Sir Charles Wheatstone）于 1834 年担任物

① BARNARD H C. A history of English education from 1760[M]. London: University of London Press, 1961: 85.

② HUELIN G. King's College London, 1828-1978[M]. London: University of London King's College, 1978: 5.

理学教授。[①] 这些都足以证明，虽然古典人文教育与宗教因素在大学教育中依旧占有更重要的地位，但19世纪30年代后，对科学教育的重视从大学影响到了与高等教育衔接的中等教育，功利主义思想的种子开始落地生根，科学教育的实用性与职业性逐渐渗透到教育系统中。

三、古典大学科学教育的探索

虽然牛津大学和剑桥大学长期以来并不重视科学学科与科学知识，但随着18—19世纪自然科学的突破和社会生产方式的转变，它们也对自然科学教育进行了一定探索。19世纪初，古典大学在科学教育方面做出的改变为19世纪中后期大学引入系统化的科学教育奠定了基础。

（一）增设科学教师职位

19世纪初期，剑桥大学就已开始建立科学教师队伍，尽管存在不足，但这无疑为古典大学的科学教育创造了更多发展机会。剑桥大学在18世纪已设立多个科学教授职位。亨利八世于1540年设立了物理学（即医学）教授职位。1700年后又设立了其他教授职位。例如1702年设立化学教授职位，1704年设立普卢米安天文学和实验哲学教授职位，1707年设立解剖学教授职位，1724年设立植物学教授职位，1728年设立伍德沃德地质学教授职位，1749年设立朗迪恩天文学和几何教授职位，1783年设立杰克逊自然实验哲学教授职位。[②]

1825年，约翰·史蒂文斯·亨斯洛（John Stevens Henslow）成为剑桥大学的植物学教授。他学识渊博，涉猎地质学、化学、矿物学和数学等多个领域。传统植物学的观点把植物学看作医学学科的附属品。

---

① ARMYTAGE W H G. Four hundred years of English education[M]. Cambridge: Cambridge University Press, 1970: 103.

② SEARBY P. A history of the University of Cambridge: volume 3 1750-1870[M]. Cambridge: Cambridge University Press, 1997: 205.

其研究目的就是为大量植物命名，并在特定体系下对它们进行描述和分类。亨斯洛突破了这种传统的观点，指出植物学是一门观察科学，他认为“植物学是一门充满活力的学科，其基础是将植物视为有生命的有机体”①。在教学过程中，亨斯洛将科学知识与直观讲解相结合，他给学生一些植物样本，要求学生观察并记录植物的结构特征。一位来自波提舍姆学院的学生曾坦言：“亨斯洛为了使他的讲座更有吸引力、更受欢迎，在教学中往往细致入微，不肯放过任何一个细节。”② 亨斯洛组织学生每学年在剑桥的乡村进行多次的实地考察，通过真实环境讲解植物学知识，极大激发了学生的求知欲与好奇心，使植物学的课堂更为生动，教学效果显著提升。亨斯洛创新性的实地考察、有趣的讲座和与生俱来的教学热情，使植物学一度成为剑桥大学里最受欢迎的学科之一。亨斯洛的植物学教学还对届时在剑桥大学接受教育的达尔文产生了巨大影响。达尔文承认，在剑桥大学的整个学术生涯中，这些植物学讲座是他接受的唯一正式自然科学教育。

18世纪后期至19世纪中期，英国地质学进入黄金时代，但剑桥大学的地质学却处于低迷状态，直到19世纪初亚当·塞奇威克的出现。亚当·塞奇威克是19世纪最伟大的地质学家之一，也是剑桥大学的教授，他的到来标志着剑桥大学地质学的革新。③ 塞奇威克丰富的学识和独特的人格魅力吸引了众多学生自愿参加他的地质学课程。来自圣凯瑟琳学院的本科生理查德·威尔顿（Richard Wilton）曾表示：“凝视着塞奇威克饱经风霜的脸庞，人们会想起，他们正在聆听的不是一个

---

① Browne E J. Charles Darwin: voyaging[M]. Princeton: Princeton University Press, 1996: 121-122.

② SEARBY P. A history of the University of Cambridge: volume 3 1750-1870[M]. Cambridge: Cambridge University Press, 1997: 210.

③ SEARBY P. A history of the University of Cambridge: volume 3 1750-1870[M]. Cambridge: Cambridge University Press, 1997: 212.

旁观者，而是一位真正的哲学家，他是居维叶（Cuvier）、洪堡德（Humboldt）、巴克兰德（Buckland）等现代科学巨匠的朋友。他讲述着自己亲眼见到的事实，曾在黑暗的山洞中寻找野兽的骨头，无论晴天还是雨天，都在河流的河床中日复一日地挖掘……他确实是华兹华斯哲学真理的伟大例证。”①

与剑桥大学相比，牛津大学的科学教育发展更为艰难，科学教授们在古典人文教育的主导下努力为科学研究找到一席之地。18 世纪末，牛津大学的科学学科范围有所扩大。大学先后设置了植物学、化学、临床医学等教授职位，在内外力量的推动下，到 19 世纪又有了进一步发展。“1803 年，牛津大学设立了奥尔德里奇（Aldrich）化学教授职位。1822 年，先后设立了矿物学高级讲师职位、解剖学高级讲师职位和钦定医学教授职位。1834 年又设立了植物学教授职位。”② 矿物学教授巴克兰德和化学教授查尔斯·道本尼（Charles Daubeny）是 19 世纪初牛津大学科学教育的先驱。巴克兰德为博物馆收藏了重要的地质藏品，而道本尼在莫德林学院的实验室里开始了实验室教学和研究。③ 巴克兰德之前，地质学与宗教紧密相关，地貌形成通常被归因于《圣经》中的诺亚大洪水。巴克兰德对此持怀疑态度，他的研究揭示了许多地貌实际上是冰川活动的结果。在 1836 年出版的《布里奇沃特论文集》中，巴克兰德将洪积层化石的形成描述为多次地质变革的最终事件，而不是《创世记》中所描述的平静洪水。④ 在 19 世纪上半叶的牛津大学，对《圣经》的颠覆性解释是危险的，巴克兰德也因此进行了妥协。

---

① SEARBY P. A history of the University of Cambridge: volume 3 1750-1870[M]. Cambridge: Cambridge University Press, 1997: 217.

② 周常明. 牛津大学史 [M]. 上海：上海交通大学出版社，2012：35.

③ SANDERSON M. The universities in the nineteenth century[M]. London: Routledge & Kegan Paul, 1975: 43.

④ COHEN C, RUDWICK M J S. Worlds before Adam: the reconstruction of geohistory in the age of reform[M]. Chicago: University of Chicago Press, 2010: 427.

巴克兰德需要在威廉·佩利提出的“自然科学”和后来爱德华·布维里·普西（Edward Bouverie Pusey）和纽曼领导的牛津运动产生的宗教热情之间找到平衡。① 道本尼是达尔文自然进化论早期的支持者，他开创了跨学科有机化学，并将其应用于农业。伦敦科学博物馆前馆长舍伍德·泰勒（Sherwood Taylor）这样评价他：“与牛津大学的许多科学家不同，他始终与时俱进、不懈努力，让自满的学院导师认识到科学知识的重要性。”② 退休后，道本尼继续从事科学工作，他多次呼吁在大学课程中加强科学教育，并成功促使学院设立科学奖学金。

（二）提供科学研究设施

科学教育对场地、设备等硬件设施具有一定要求，随着科学教育的发展，部分用于科学教育的场地也得以改善。19世纪初，剑桥大学最大的科学教育场地是植物园，其历史始于1762年，当时三一学院副院长理查德·沃克（Richard Walker）赠送了一块位于彭布罗克街北部五英亩的土地给剑桥大学，用于建立植物园。③ 建立植物园的目的是进行定期试验和重复测验，以揭示植物特性并造福人类，尤其是探索植物作为药材的价值。随着植物学研究的扩大，植物园所需种植的植物种类和数量超出了原有土地的承载能力。1831年，剑桥大学与三一学院进行土地置换，以扩大植物园的面积，三一学院用特朗平顿路附近的三十八英亩土地，换得了纽顿的七英亩土地和两千两百英镑。④ 1821—1835年，亨斯洛扩建并改组了剑桥大学植物标本馆，增加了来

---

① PREST J. The illustrated history of Oxford University[M]. Oxford: Oxford University Press, 1993: 310-311.

② SEARBY P. A history of the University of Cambridge: volume 3 1750-1870[M]. Cambridge: Cambridge University Press, 1997: 308.

③ SEARBY P. A history of the University of Cambridge: volume 3 1750-1870[M]. Cambridge: Cambridge University Press, 1997: 206.

④ WALTERS S M. The shaping of Cambridge botany[M]. Cambridge: Cambridge University Press, 1981: 55.

自英国和世界各地的一万多个标本。为了协助场馆的开设，他招募了大约一百名合作者，其中一位是年轻的达尔文。后来，达尔文也承认亨斯洛的工作在他对物种理解上产生了深刻的影响。依照亨斯洛的设计，花园的中心由一条东西向的主干道划分，外侧种植着一排树木。在主干道的北侧，坐落着一个 U 形的湖泊，而南侧则是由多种草本植物组成的复杂植物床系统。经过土地置换和扩建，原有的花园逐渐发展成为今天的剑桥大学植物园，成为 19 世纪剑桥大学开发的最大面积地区。1822 年，剑桥大学耗资一万多英镑修建天文台。普卢米安教授乔治·艾里（George Airy）于 1828 年向参议院表示："无论国内外，所有见过它的天文学家都一致认为它比欧洲任何天文台都能够发挥它的用处。"①

英国大学科学教育派与古典人文教育派的论战，最初体现在功利主义哲学家与古典主义学者之间的辩论中，两种教育理念的博弈催生了新型大学的诞生。此次论战的焦点在于大学教育的理念是要功利教育还是古典教育。教育史学家麦克尔·桑德森（Michael Sanderson）认为埃奇沃斯的《职业教育论文集》是对自由教育概念的第一次系统攻击时，他将此归因于它所代表的功利主义观点。② 功利主义者们从教育实效的角度出发，阐明自然原理、科学技术等实用知识对学生职业发展与社会进步的作用，指出古典教育耗费学生大量探索职业发展、接触其他学科的时间与精力。他们批评的重点是大学对古典知识的"过分和过度的依恋"及其产生"狭隘和有限的人"的影响。③ 古典主义学

---

① SEARBY P. A history of the University of Cambridge: volume 3 1750-1870[M]. Cambridge: Cambridge University Press, 1997: 207.

② SANDERSON M. The universities in the nineteenth century[M]. London: Routledge & Kegan Paul, 1975: 43.

③ SIMON B. Studies in the history of education 1780-1870[M]. London: Lawrence and Wishart Ltd., 1960: 88.

者则认为自然科学知识仅仅依赖数字化的简单推理，科学教育对个体的发展远不及富有人文情怀的古典教育。这场论战的潜在命题是以功利主义和保守主义为代表的阶级之间的利益冲突，即 19 世纪教育冲突的深层原因是日益壮大的中产阶级与传统的政治精英之间的矛盾。①

首次论战在一定程度上拉近了科学教育与大学的联系，功利主义者们对牛津大学、剑桥大学及古典教育传统的批判为科学教育进入大学殿堂奠定了基础。毋庸置疑，功利主义者的激进性批判与《爱丁堡评论》的传播对英国 19 世纪大学改革具有先锋性与革命性意义。英国教育家、历史学家布莱恩·西蒙对《爱丁堡评论》的攻击给予肯定："他们无情批判的立场是培根传统的立场。"② 但支持古典人文教育的保守力量在大学根深蒂固，大学科学教育的呼声在论战初期逐渐减弱，古典人文教育在大学教育中依旧屹立于主流地位。

功利主义思想家是 19 世纪较早为中产阶级教育发声的先锋。在他们看来，古典大学被古典人文学科所占据，提供的内容脱离实际生产，导致大学教育发展停滞不前。这不仅于工商业发展无益，也不利于传播先进思想理念。功利主义思想家在争取教育主权的过程中呈现出两个特点：第一，无论是形式上还是内容上，他们要对现有机构发起尖锐的意识形态攻击，由此制定一种积极的替代教育政策；第二，中产阶级应在功利主义思想家的控制下，建立为自身阶层服务的机构，不受古代法规和神职人员控制的束缚。③ 功利主义思想家秉持目标明确、提高效率、讲求实用的教育观，与之相比，现有的教育理念显得迂腐乏味。

---

① 王艳艳．传统与变革：19 世纪英国教育论争研究［J］．教育史研究，2020（1）：148-158.

② SIMON B. Studies in the history of education 1780-1870[M]. London: Lawrence and Wishart Ltd., 1960: 87.

③ SIMON B. Studies in the history of education 1780-1870[M]. London: Lawrence and Wishart Ltd., 1960: 79.

第四章　19 世纪英国大学科学教育派与古典人文教育派论战的发展

伦敦大学的成立打破了英国高等教育长期以来维持的古典人文主义教育传统，其实用化、科学化、现代化的办学模式标志着功利主义教育思想得到了一定程度的认可。然而，保守教育派和英国国教教会却意图遏制高等教育的新动向，掀起以维护古典大学宗教根基为目的的牛津运动。这引起了改革派人士的第二次挑战，从 19 世纪 30 年代开始，大学科学教育派与古典人文教育派的论战进一步发展。

第一节　科学教育派的再次攻击

19 世纪 30 年代，对牛津大学和剑桥大学教育现状的批评日益增多，主要集中在管理和课程两个方面。爱尔兰数学家、物理学家威廉·汉密尔顿首先对牛津大学和剑桥大学的教育现状提出了尖锐的批评，他文风犀利，对大学教育具有独到见解。一些功利主义报刊也纷纷声援汉密尔顿，力求从大学内部取得改革的突破点。

一、汉密尔顿："大学改革之父"

汉密尔顿主要批评牛津大学的管理和课程，指责其严格的宗教甄别和学院制度导致大学教育效率低下。由于牛津大学根深蒂固的古典人文教育传统，新的思想与改革措施难以传播与实施。汉密尔顿还指出，古典大学的课程过于狭隘，除了古典课程，本科生还需在数学上投入大量时间，这导致他们对自然课程既缺少了解的机会又丧失了学习兴趣。

（一）大学教育管理不当

1831年，汉密尔顿在《爱丁堡评论》上发表文章，主要表达他对古典大学教育的不满，并以牛津大学为主要批评对象。汉密尔顿曾在格拉斯哥大学获得学位，随后到牛津大学贝利奥尔学院深造，后成为爱丁堡大学的历史学教授。他对德国大学的办学模式非常熟悉，尤其推崇德国大学实行的教授制。他在目睹英国古典大学相对保守的教学模式后，对此提出了批评。文章开篇即指出教育改革的必要性：这是改革的时代，公共教育的基础至关重要，其重要性仅次于宗教和政治机关，在经历政治体制改革后，那些当前“几乎不受重视”的大学也将面临改革。①

汉密尔顿首先指出了大学与学院间关系的不平衡，学院的权力远大于大学的权力，这对教学活动产生了消极影响。整个18世纪和19世纪早期，牛津大学都是英国社会各界人士抨击的对象，人们指责牛津大学的学院是“封闭的自治组织”，它的成员所做的只是瓜分学院丰硕的财产，其古怪而缺乏竞争力的行为使学院陷入了腐化堕落的状态之中。② 汉密尔顿从历史角度梳理了大学与学院的区别：大学早于学院诞生，具有公共性和教育性，旨在传授知识；学院则是为了维护特权阶级的利益，剥夺了大学应有的权力。“前者为教育而产生，只有当大学实现了教育理想，它才算得上是真正建成；后者主要是为食宿而建，

---

① SIMON B. Studies in the history of education 1780-1870[M]. London: Lawrence and Wishart Ltd., 1960: 93.

② 杜智萍. 19世纪以来牛津大学导师制发展研究［M］. 呼和浩特：内蒙古大学出版社，2011：76.

即使把一切教育活动都弃之如敝屣，学院也依然存在。大学作为国家机构，必须向全体公民开放；学院作为私人机构，往往只接受内部人员，对其他人员紧闭大门。”① 学院的力量过于强大，以至于与大学本身产生了极大的隔阂，这些学院把大学变成了一个只对英国国教成员开放的机构。补救办法是重新确立大学的首要地位，无论学生的宗教信仰如何，所有符合入学条件的人都能进入大学。② 在大学机构的设置上，汉密尔顿认为大学应由两个部分组成，一个部分提供自由知识，另一个部分提供专业教育。③ 前者旨在学生为满足自身内在需要而学习，强调达成品德的完满与知识的广博是学生接受教育的根本目标；后者主张学生是为完成自身之外的目的而学习。

汉密尔顿猛烈抨击了古典大学的强烈宗教性，指出教会对大学的管理并不是不可撼动的传统，而是一种不合理的特权压制。“人们认为，尽管这些构成神学院的组织机制本身并不完善，却是神学院悠久历史中的重要部分，国家的立法机关赋予了它们不可侵犯的权利；相反，我们将证明这种机制既没有历史依据又不切实际，它是大学中一种偶然的产物，……作为一种特权，它是一种伪证的生成、一种明目张胆的篡夺。”④ 换言之，教会对大学的管制并非教育教学活动自发的产物，而是教会与大学间权力争夺的结果。教会管理导致了大学强烈的排他性，例如牛津大学在奖学金发放上更偏向教会人员。在大多数

---

① HAMILTON W. Discussions on philosophy and literature, education, and university reform[M]. London: Longman Brown Green and Longmans, 1852: 389.

② SIMON B. Studies in the history of education 1780-1870[M]. London: Lawrence and Wishart Ltd., 1960: 94.

③ WANG C. Criticisms of the University of Oxford in the early 19th century and the formation of Newman's idea of a university: focusing on attacks in the Edinburgh Review[J]. Hiroshima: higher education forum, 2017(14): 11-33.

④ HAMILTON W. Discussions on philosophy and literature, education, and university reform[M]. London: Longman Brown Green and Longmans, 1852: 388.

学院中，奖学金总是优先考虑学院创始人的亲属，或者分配给特定的学校或教区，在某些情况下甚至只分配给教区。① 奖学金的设立和分配并不是基于纯粹的教学或学术成果，很大程度上是取决于教会的倾向。

学院的扩张与发展形成导师制，这影响了师资队伍的构成，导致教学质量下降。教师队伍缺乏专业而精深的研究人员，许多教师的任命并不完全依靠其教学水平，而是受学院决策者主观偏好与偶然因素的影响。教授们不再承担帮助学生获得学位、提供大学教育的任务，他们的位置被学院的导师取代，但这些导师却不一定具备相应的教师资格。② 因此，汉密尔顿主张大学引入教授制，他认为教授制更有利于提高教学活动的效率，促进知识的进步，推动学术创新。在正规的教学体系中，教学活动由不同的教师承担，每位教师在其专业领域内具有卓越能力，而非正规的教学体系可能将所有教学任务交给一个缺乏教学能力的个体。③

汉密尔顿观点鲜明且立场坚定，他对导师制与教授制的深入分析为牛津大学改革提供了重要的理论依据。对于汉密尔顿有关大学改革的建议，牛津大学林肯学院院长马克·帕蒂森（Mark Pattison）给予了极高的评价："汉密尔顿爵士在这一问题上的见解至今无人能及，他广博的学识和对教育原则坚定的把握使他成为改革的先锋。他的杰作清晰地呈现了理论与实践的结合，给人留下深刻的印象。"④

---

① HAMILTON W. Discussions on philosophy and literature, education, and university reform[M]. London: Longman Brown Green and Longmans, 1852: 399.

② MALLET C E. A history of the University of Oxford[M]. New York: Barnes & Noble, 1968: 291.

③ HAMILTON W. Discussions on philosophy and literature, education, and university reform[M]. London: Longman Brown Green and Longmans, 1852: 390.

④ TILLYARD A I. A history of university reform from 1800 A. D. to the present time, with suggestions towards a complete scheme for the University of Cambridge[M]. Cambridge: W. Heffer and Sons Limited, 1913: 61.

（二）大学课程结构失衡

在课程设置方面，汉密尔顿发现多数学生在攻读专业学位前都需先获得文学学士学位，这一要求使得学生在漫长的学习过程中花费大量时间在古典人文课程上，但这些课程并非学术研究的必要组成部分。法学系学生需跟随教授学习五年以获学士学位，而继续深造至博士则需十年。在正式进入法学院学习前，学生还需耗费两年时间学习逻辑、道德和政治哲学等人文学科。根据最新法规，如果学生要学习法学，应先通过文学学士考试。医学生需要在开始医学课程前获得文学硕士学位。① 学生通过三年跟随医学教授学习，以获得医学学士学位，再经过四年学习才能获得医学博士学位。② 尽管有关宗教法的内容早已不再讲授，但相关宗教学科的影响仍渗透于学位课程之中，汉密尔顿认识到教会对于大学的负面影响尚未完全消除。自宗教改革时期亨利八世废除教会法学科并停止授予相关学位以来，教会法的影响仍然潜藏在大学之中，其遗留问题继续对学术环境造成影响。③

汉密尔顿还批评了古典大学教育的实施方式。他发现亚里士多德的理论一直是学习的主要内容，但由于教学手段不恰当，教学效果并不理想。虽然学校保留了亚里士多德体系中一些较为直观的概念和理论，但实际上，这些内容并不是理解其哲学体系的必要条件。学生只学习了亚氏学说的一些片段。由于缺乏理解抽象事物的训练，学生既

---

① 在“牛桥”传统的教育体制中，学生若要开始学习医学，必须先取得文学硕士学位。因为文学硕士学位是学生完成古典人文教育后获得的一种身份资格，只有在获得这个资格后，学生才能接受医学专业教育，包括学习医学教授的课程三年以取得医学学士学位，再学习四年以取得医学博士学位。此制度反映了彼时古典大学专业学习必须以古典人文教育为基础的传统结构。

② HAMILTON W. Discussions on philosophy and literature, education, and university reform[M]. London: Longman Brown Green and Longmans, 1852: 395.

③ HAMILTON W. Discussions on philosophy and literature, education, and university reform[M]. London: Longman Brown Green and Longmans, 1852: 394.

无法真正领会亚氏的理论，也无法从中获得理解其他知识的启发，教学中缺少从基础到高级、从已知到新知的逐步引导。学校在哲学的教学过程中，往往过于强调死记硬背，而忽略了培养学生推理性思维这一更为关键的能力。“对于初学者而言，即使他们可能具备成为下一个孟德斯鸠（Montesquieu）的潜力，但直接面对亚里士多德的《伦理学》或《政治学》这样深奥的文本，他们也可能会感到困惑、气馁甚至产生厌学情绪。”①

1836年，剑桥大学的威廉·惠威尔公开声称数学学科是古典自由教育的重要部分，这使汉密尔顿将批评的目光转向了古典大学的数学学科。惠威尔宣称：“对我们而言，数学学习的目的不在于培养大量杰出的数学家，而在于它对高层次人文教育的促进作用。”汉密尔顿强调了培养学生解决实际问题能力的重要性。他指出，古典大学的数学课程未能与学生的现实生活相结合。人们承认数学是一门完美的科学，但并不认为它是最佳的训练学科。因为数学与实际事务的联系不足，它并不适合培养那些将在工商业领域发展的人。② 汉密尔顿认为，数学学科在促进个体思维和逻辑等心智力量发展方面的作用微乎其微：“参照理性、经验和普遍认知，没有哪门学科像数学这样，仅以片面或微弱的方式培养心智。”在他看来，数学教育主要培养的是单一的心智能力，即专注于特定领域的注意力。解答数学命题需要的能力是所有心智力量中最简单的，因为数学证明的每一环节都能够直观呈现，每一

① TILLYARD A I. A history of university reform from 1800 A. D. to the present time, with suggestions towards a complete scheme for the University of Cambridge[M]. Cambridge: W. Heffer and Sons Limited, 1913: 28.

② WANG C. Criticisms of the University of Oxford in the early 19th century and the formation of Newman's idea of a university: focusing on attacks in the Edinburgh Review[J]. Hiroshima: higher education forum, 2017(14): 11-33.

步论证几乎不需要深入思考，思维也很少要求独立进行判断。[①] 汉密尔顿认为，一门学科要赢得人们的热爱，通常需具有持续的活力和激发思维碰撞的能力。然而，古典大学的数学课程过于烦琐，其冗长和枯燥的推理与演绎不仅耗费了学生大量时间，而且阻碍了他们的智力成长。数学让人反感，并非因为它过度使用某种能力而使人感到疲倦，而是由于其单调的演绎推理。在数学证明的过程中，尽管每一步都基于严密的逻辑，但重复使用相同的数量关系可能会让擅长解决复杂问题的人也感到思维受限，承受额外的认知压力。[②]

坎贝尔评价汉密尔顿对牛津大学改革的贡献时指出："牛津大学改革运动的开端可以追溯到威廉·汉密尔顿爵士在1831—1834年的《爱丁堡评论》上发表的文章。"[③] 汉密尔顿的见解独到且涉及面广泛，他对牛津大学学院制与导师制的批判推动了该校的教育改革。鉴于为英国传统大学改革所做出的卓越贡献，汉密尔顿赢得了广泛的赞誉，被尊称为"大学改革之父"。[④]

二、功利主义报刊的舆论支持

针对大学教育中"重古典轻科学"的现象，《教育季刊》和《威斯敏斯特评论》等刊物亦纷纷发表了批评意见。《教育季刊》由伦敦书籍

① HAMILTON W. Discussions on philosophy and literature, education, and university reform[M]. London: Longman Brown Green and Longmans, 1852: 263.

② HAMILTON W. Discussions on philosophy and literature, education, and university reform[M]. London: Longman Brown Green and Longmans, 1852: 262.

③ TILLYARD A I. A history of university reform from 1800 A. D. to the present time, with suggestions towards a complete scheme for the University of Cambridge[M]. Cambridge: W. Heffer and Sons Limited, 1913: 65.

④ 周保利. 19世纪英国科学教育与古典教育的论争及其影响 [J]. 河北师范大学学报（教育科学版），2009 (5): 57-61.

协会创办，自 1831 年发行首刊以来，致力于促进教育问题的探讨以及提升公众的教育意识。《威斯敏斯特评论》由边沁创立，旨在传播功利主义哲学和改革思想，致力于推动教育内容的现代化。它提倡科学技术教育，批评过度依赖古典学科的传统教育体系，认为应注重自然科学、数学和现代语言的教学，以应对工业革命后的社会需求。其在 19 世纪中后期成为教育改革的重要支持者。

（一）大学管理世俗化

教会的教育管理权限制了古典大学学生的成长和学术进步。大学的宗旨是传播知识，但教会却将其转变为一个追逐名利的地方，使得所有学术研究都成为获取教会职位的工具。那些占有资助的讲师和神职人员通常并不具备深厚的学术造诣，只是利用各种手段为自己谋取丰厚的酬劳。“在教会统治的诸多弊端中，有一种严重贬损了大学的真正价值……它将本应是学习的场所变成了赛马场和竞技场……人们为争夺教职而相互斗争或勾结……学术追求变成了一个空洞的幌子，真正的目的不过是在教会中获得晋升。”① 尽管大学拥有巨额财富，但这些资源并未能有效提升教学质量，反而导致学生们在校园内遭遇不公平待遇。《威斯敏斯特评论》指出，英国大学占有的资产令人吃惊，世界上所有学术机构的财产总和也远比不上它，但大学不仅未能给予勤奋好学的学生提供任何直接帮助，反而给他们带来了重重障碍。充满抱负的年轻学子带着对赢得声誉的渴望入学，却因某些导师的懒惰和狭隘而失去了对知识的热情，而这些导师本应是他们的支持者和引路人。②

这些导师实际上就是平庸之徒，并不具备杰出的教学能力，他们

---

① BENTHAM J. The University of Oxford and Cambridge[J]. Westminster review, 1831(29):56.

② BENTHAM J. The University of Oxford and Cambridge[J]. Westminster review, 1831(29):56-69.

不关心教学，课程质量无法得到保障，这对那些极有天赋的学生影响最大。许多教授获得了荣誉头衔并领取薪水来开设讲座，但这些讲座往往并未举行，如果法律规定他们必须公开授课，一些不诚实的教授就会进行所谓的“墙壁讲座”，即只对着墙壁说话，因为这些课程并不是为学生而设，所以没有人站在墙和教授之间。① 人们呼吁改善大学神学教育的教学质量和管理方式，希望由具有深厚学识和广泛见识的教授担任神学教授，而非那些懒散和不负责任的人。《威斯敏斯特评论》称，人们要求在大学的教堂和礼拜堂中，由受人尊敬的牧师庄重地举行宗教仪式；神学职位应由那些有才华和学识的教授担任，他们的学识会为所教的学科增光添彩，并让他们所处的时代和国家因此而辉煌。②

教会对大学的管理是古典大学产生弊病的重要根源之一，因此这些刊物强烈要求通过建立国家专门委员会来改革大学，主张学术管理的世俗化，摆脱教会的统治。随着国王委员会的专员前来改革大学，整个学术领域的主权从教士们腐朽的统治中转移至世俗之人手中，这将是一个重要的转折点，标志着清除顽固与滥用的开始。③ 人们期望借由这种改革来解放学术，呼吁国家对大学的教育资产进行彻查，以消除教会滥用职权的积弊。《威斯敏斯特评论》指出，人们尊敬牛津大学，因为它一直能够培养出伟大的人物；人们钦佩大学古老的制度，并对那些提升大学教育成效、推动大学摒弃偏见的人表示感激。但当谈到那些出身高贵、衣着光鲜却学识平庸的人交出愚蠢的投票阻碍了

---

① BENTHAM J. The University of Oxford and Cambridge[J]. Westminster review, 1831(29):56-69.

② BENTHAM J. The University of Oxford and Cambridge[J]. Westminster review, 1831(29):56-69.

③ BENTHAM J. The University of Oxford and Cambridge[J]. Westminster review, 1831(29):56-69.

大学改革的进程时，人们不得不表达一种接近愤怒的情绪。① 自建校以来，古典大学取得的伟大成就有目共睹，它培养了一批杰出人才，但古典大学内部的保守派却屡次阻挠改革进程，为此，《教育季刊》呼吁大学的有识之士能够进一步推动改革。古老的教育制度瓦解后，仍可在此基础上建立新体系，但如果大学想维系并完善自身制度，就只有倾听理性的声音，让那些最了解当今教育系统的人来进行改革。② 在这一阶段，改革者们意识到英国国教在大学中的影响力根深蒂固，如果要实现大学改革，就必须借助强有力的外部因素，才能排除国教会的干预。19 世纪中期开始的古典大学改革首先利用了政府的力量，通过政府的介入促进了大学管理与学术的世俗化建设。

（二）知识体系的调整

科学学科在古典大学中受到轻视，原因在于古典大学认为自然科学知识缺乏促进个体自由发展的价值，而实用性并不适合作为评判知识价值的标准。大学从未将数学和物理知识视为良好教育的必要组成部分。即便给予一位杰出的数学家学术上的荣誉，这种做法也被认为是荒谬和幼稚的。大学似乎并不以知识的实用性来衡量其价值，而是根据知识产生的年代来评判。大学更尊重源自第一次奥林匹克运动会时期的谬误，而不是 19 世纪的新发现。③ 这种态度也导致古典大学的科学学科过多关注过时且无用的数学应用，而忽视了简明有效的原理

① The Society for the Diffusion of Useful Knowledge. State of the mathematical and physical sciences in the University of Oxford [J]. The quarterly journal of education, 1832 (4): 191-208.

② The Society for the Diffusion of Useful Knowledge. State of the mathematical and physical sciences in the University of Oxford [J]. The quarterly journal of education, 1832 (4): 191-208.

③ The Society for the Diffusion of Useful Knowledge. State of the mathematical and physical sciences in the University of Oxford [J]. The quarterly journal of education, 1832 (4): 191-208.

教学。在这个国家，物理和数学学科最大的缺陷之一是缺乏简明的基础性教科书。这类书籍应该通过最简洁的方式推导出重要的命题，而不是充斥着已经传承了一个世纪的却毫无用处的应用题，仅仅因为它们漂亮地应用了数学原理才被保留下来。① 考试更多考查的是学生对复杂定理和知识的记忆，而不是他们如何利用知识解决实际生活中的问题。科学知识因此成为展示知识复杂性的装饰。若牛津大学不及时进行改革，培养的学生将不再像从前那样具备竞争力。如果牛津大学忽视了那些富有远见的内部人士建议，继续坚持几个世纪前的传统来定义优质教育，忽视正在兴起的实用学科；如果牛津大学继续无视人类的常识，向其接纳的人宣称古代学识已包含了所有必须了解的内容，那么不久，牛津大学的毕业生将不再被公民认为值得进入立法机构。②

《教育季刊》的文章建议改革大学考试内容和方法，通过权威机构制定和发布的教学大纲，明确学生必须掌握的最低限度知识，避免学生因面对大量书籍难以选择而沮丧。由于考试内容不合理，学生被迫花费大量时间在无用的材料上，从而忽略了那些真正促进学术进步的知识。有识之士应该向考官推荐巴黎综合理工学院长期采用的一种成功做法。这种做法包括对任何学科所需的各种命题进行登记和安排，并定期调查，以评估科学进步是否需要调整教学内容。权威机构起草和出版的教学大纲将极具价值，它为年轻学生明确了必须掌握的最低

① The Society for the Diffusion of Useful Knowledge. State of the mathematical and physical sciences in the University of Oxford [J]. The quarterly journal of education, 1832 (4): 191-208.

② The Society for the Diffusion of Useful Knowledge. State of the mathematical and physical sciences in the University of Oxford [J]. The quarterly journal of education, 1832 (4): 191-208.

知识标准，从而避免他们感到沮丧。[①]《教育季刊》的作者呼吁大学应对那些短期内难以见成效的自然学科保持包容与支持，尤其强调应为科学研究提供物质资助。若非学院奖学金或教授职位的资助，牛顿的《自然哲学的数学原理》可能永远无法面世。若这些捐赠被挪作他用或仅追求短期成效，科学进步和抽象知识创新的大门可能就此关闭。对科学的狭隘理解和对改革精神的误读，可能导致社会错失至关重要的发现及其带来的利益。[②]

19世纪30年代，对古典大学的批评愈发尖锐且目标明确，牛津大学成为这一时期被批判的首要对象。有识之士揭示了牛津大学在课程设置和管理方面的诸多问题，然而古典人文教育的传统很难轻易动摇。1833年，牛津大学的一些硕士提议将数学和科学课程纳入学位课程，但遭到了牛津大学的否决。牛津大学的管理机构郑重声明："物理知识既不是，也不应成为人文教育的重要组成部分。"[③] 此举再次引发了《教育季刊》的不满，它宣称，毋庸置疑，偏见在决策过程中产生了极大影响，但与懒惰和无能带来的广泛深远影响相比，偏见显得微不足道。特权阶级的惰性不仅阻碍了进步，还无情地压制了力求变革的开明之士。[④]

---

① The Society for the Diffusion of Useful Knowledge. State of the mathematical and physical sciences in the University of Oxford [J]. The quarterly journal of education, 1832 (4): 191-208.

② The Society for the Diffusion of Useful Knowledge. State of the mathematical and physical sciences in the University of Oxford [J]. The quarterly journal of education, 1832 (4): 191-208.

③ SIMON B. Studies in the history of education 1780-1870[M]. London: Lawrence and Wishart Ltd., 1960: 92.

④ The Society for the Diffusion of Useful Knowledge. State of the mathematical and physical sciences in the University of Oxford [J]. The quarterly journal of education, 1832 (4): 191-208.

低下的教育质量不仅招致外界的批评，也引起了大学内部的争议。一位牛津大学毕业生指出，有人在未曾阅读亚里士多德《政治学》的情况下，竟能连续十年讲授《伦理学》。与之形成对比的是，德国尽管经济实力或许不如某些国家，但其文学领域蓬勃发展，诞生了许多杰出作品。而牛津大学在教学方面，仅仅是向校友提供教材，且这些教材在很大程度上得益于德国作家的贡献。① 1832 年，牛津大学几何学教授巴登·鲍威尔（Baden Powell）指出该校教学的不足，鉴于学生对自然科学知识的浅薄理解，他坚决主张将科学课程纳入大学教育的核心。此时，由功利主义者创立的伦敦大学已成功办学，一部分工人阶级也在各种机构中掌握了科学技术。在此情形下，鲍威尔对大学排斥科学课程的行为做出评价：除了上流阶层，科学知识正迅速地在各个阶层中传播，这必然造成上流阶层也不再那么高高在上了。如果这个阶层的成员想要继续保持他们的优势，他们就必须在知识上追求真正的卓越并不断进步，至少要与他们之下的阶级保持一定的知识差距。②

第二节　古典人文教育派的回应

19 世纪 30 年代后，威廉·惠威尔和约翰·纽曼成为为古典人文教育辩护的主力，他们主要论证了古典课程的重要性与大学教育改革的方式。惠威尔认为科学教育的最终目的是为提升对古典教育的理解和应用提供支持，维护古典学科和数学学科。纽曼认为古典人文教育是培养全面发展的人的最佳方式，主张大学培养学生的道德和精神品质，

---

① SIMON B. Studies in the history of education 1780-1870[M]. London:Lawrence and Wishart Ltd.,1960:91.

② The Society for the Diffusion of Useful Knowledge. State of the mathematical and physical sciences in the University of Oxford [J]. The quarterly journal of education, 1832(4):191-208.

以帮助他们形成独立的思考能力和宽广的视野，从而在生活中做出明智的选择。

一、惠威尔：大学古典学科的捍卫者

1835年，剑桥大学教授威廉·惠威尔发表了《对自由教育中数学学习的思考》（“Thoughts on the Study of Mathematics, as a Part of a Liberal Education”），为数学在古典大学教育中的地位进行了有力的辩护。虽然他主张突出自然科学之基础数学，但对学科的实际效用全然不提，而且对国教甄别持肯定态度，其框架属古典自由教育传统。①

（一）维护数学学科

在惠威尔看来，数学学科中的基本素养如归纳逻辑、演绎推理和空间思维等，成为个体思维不可或缺的部分，是人类进行理性判断的重要基础。以几何形式呈现的数学，在通识教育的永恒学习内容中占据着无比重要的地位，首要原因在于：它为我们提供了可靠且确定的推理范例，借此，推理能力以及对演绎证明的理解能够得到锻炼、拓展和强化。② 数学学科对思维的培养需要借助语言实现进一步发展，最终运用于现实生活。因此数学学科和语言学科并非孤立存在，没有语言学科作为工具，数学学科很难以具体的学科形式将抽象概念落地。这意味着数学学科和语言学科以人类思维中的固有概念为基础，通过教学能让学生获得确切和真实的成果。③ 惠威尔表示，通过数学教育，

① 宫艳丽．教育大辩论与英国近代大学改革［J］．现代大学教育，2008（4）：37-41，112.

② WHEWELL W. Of a liberal education in general: and with particular reference to the leading studies of the University of Cambridge[M]. London: J. W. Parker, 1845: 40.

③ WHEWELL W. On the principles of English university education[M]. London: J. W. Parker, 1838: 9.

学生能够得到多方位的思维训练，进一步说明数学学科和语言学科在教育中的重要价值。如分析数学具有以下优势：其为数学家需要处理的问题提供了更简便的解决方案，其分析过程具有对称性和通用性，从而在现代数学问题中取代几何方法。① 学生利用严谨的逻辑推导，掌握如何从已知条件出发，按照一定规则推导出必然结论，从而提升自身的演绎推理能力。

惠威尔还强调，数学学科不仅具有学科训练价值，为思维训练展现全面多样的范式，还富有历史意义，培养学生不断论争、追求真理的精神。每一代具备良好教养、思想丰富的人，都把数学真理视为论证的完美典范，每当他们谈及知识、证明时，数学真理就成了他们讨论的标准和依据。② 数学知识在人类对知识和真理的认知传承中占据着重要地位，在不同历史时期的学术讨论和知识探索中，人们常常借助数学进行思考。"例如，当三角学发明后，数学家们能够借助给定半径计算好的正弦、余弦、正切等，通过数字来计算图表中的线段，这一直影响着人们，让人们懂得通过先前计算的累积结果来简化计算。对数的进一步研究更是将这一点体现得淋漓尽致。任何使用三角学和对数表的人都能看到，它们赋予了人类一种新的数值计算能力。……当这些术语为人熟知后，高等几何学的数学体系极为丰富，更有利于学习此类知识的人理解数学在诸多实际问题上的应用。"③

惠威尔坚持古典教育理念，认为通过研习古希腊和古罗马的数学著作，以古典语言领略数学智慧，是学习数学的最佳途径。以古代数

---

① WHEWELL W. Of a liberal education in general: and with particular reference to the leading studies of the University of Cambridge[M]. London: J. W. Parker, 1845: 39.

② WHEWELL W. Of a liberal education in general: and with particular reference to the leading studies of the University of Cambridge[M]. London: J. W. Parker, 1845: 55.

③ WHEWELL W. Of a liberal education in general: and with particular reference to the leading studies of the University of Cambridge[M]. London: J. W. Parker, 1845: 56.

学为基础的学习能够为学生在大学初期提供适当指导。当数学知识以古希腊人特有的思考方式呈现时，基础数学研究就能在学生身上发挥最好的效果，这种智慧结晶未被现代语言翻译，保留了其简洁明了的思维方式。① 换言之，虽然数学是自然科学研究的重要工具，但数学在大学课程中的核心地位，主要归因于古希腊和古罗马经典的永恒价值。数学作为古典人文教育的基石之一，不仅能够锻炼学生的逻辑能力，也是洞悉科学原理的手段，为科学进步提供帮助。因为数学一直是自然科学进步的伟大工具之一，人们对这一工具的不断使用以及为了促进工具的有效使用而做出的巨大努力，使得当前的数学体系不时地发生变化。② 因此，惠威尔对大学数学课程的认可源于他对古希腊和古罗马经典的捍卫，而他支持科学教育的立场则是为了促进个人全面自由的发展。惠威尔直言："如果人文教育是我们的目标，这种'实践知识'永远不能代替真正的人文教育，即使在最基本的学习需求上也无法取代我们所指出的学习的必要性。"③

（二）坚守古典学科

惠威尔认为古希腊与古罗马是欧洲文明的发源地，古典学科是西方传统文化中的核心部分，他尤为强调学习古典语言作为继承与发扬优秀文化的重要手段。"在当代，我们继承了古代的财富，尽管精神和物质财富看似有所增长，但与过去积累的财富相比，我们现代所增加的价值显得微不足道。在思想、语言、艺术和文学等领域，我们作为

① WHEWELL W. On the principles of English university education[M]. London: J. W. Parker, 1838: 43.

② WHEWELL W. On the principles of English university education[M]. London: J. W. Parker, 1838: 42.

③ WHEWELL W. On the principles of English university education[M]. London: J. W. Parker, 1838: 44.

早期希腊人的后裔，继承了一份无法估量的文化遗产。”① 他认为以现代语和现代学科取代古典语和古典学科的方式并不可取，因为现代作品在内容的深刻性上难以企及古典著作，也不足以培养学生的自由精神。只有坚持古典人文教育，才能使受过良好教育的人继续保持对古典著作的敬畏之心。如果希腊语和拉丁语不再是通识文化的一部分，人们对这些古典作家的崇敬将逐渐减少，甚至可能在几代人之后完全消失。② 个人和国家的价值不仅仅取决于当下的成就，还有赖于继承和发展前人的智慧和思想。惠威尔强调，教育的目的应是培养具有深厚文化底蕴和思想传承的人才，而非仅仅关注短期知识或技能。真正的高贵不仅表现在个人的聪明才学与高高在上的社会地位上，更表现为如何传承并延续来自祖先的思想和智慧，培养这样的个体应当是人文教育责无旁贷的使命。③

长期以来，古典语言作为国际通用语言，不仅满足了国家间交流的需求，其严谨的语法体系也助长了人们对语言的清晰认识，从而有助于培养逻辑思维。拉丁语是现代欧洲国家语法比较的标准，使得不同语言通过对比变得更加明确和亲切。④ 拉丁语的贯穿使得人们能够感受到欧洲各种语言之间的紧密联系。古典语是现代欧洲语言的起源，那些精通希腊语和拉丁语的人，在阅读或书写古典语时，都能深切感

---

① WHEWELL W. On the principles of English university education[M]. London：J. W. Parker，1838：33.

② WHEWELL W. On the principles of English university education[M]. London：J. W. Parker，1838：35.

③ WHEWELL W. On the principles of English university education[M]. London：J. W. Parker，1838：37.

④ WHEWELL W. On the principles of English university education[M]. London：J. W. Parker，1838：35.

受到整个世界文明的历史脉络。[①] 毋庸置疑，惠威尔坚决捍卫古典人文教育在大学中的核心地位，并强调古典语与经典文化对历史文化的深远影响，但他也反对片面化的教育体系。惠威尔强调："在欧洲，几乎所有顶尖大学都将研究古希腊和古罗马的古典作家和作品纳入其教学体系，这些内容成为教学中的必要组成部分。但必须指出的是，如果我们教育体系过于排斥或过分强调某一部分内容，对大学都是不利的。"[②]

惠威尔指出，在深入剖析古典著作的语法结构、开展批判性注解的过程中，学生得以获悉古典语对现代语言的启迪。追根溯源，这种启迪很大程度上得益于广为流传的拉丁文学。长期以来，拉丁语不仅是身份教养的象征，也是文化演变的标志。拉丁语在西方文明世界里经历了漫长的盛行期，其文学作品中包含了对各个时代都具有深远影响的著作。现代欧洲许多国家的语言主要源自拉丁语，即便那些并非直接源于拉丁语的语言，也因融入拉丁语词汇和表达方式而深受影响。尤其是英语，与拉丁语的融合程度极高。不了解拉丁语的读者必然会错过本国优秀作家作品中的精妙内涵。[③]

惠威尔深知古典语言优美的韵律、严谨的语言结构和诗情画意的表达方式很难借助其他语言表达，因此他反对仅借助译作学习古典文学，他批判当时有人提出的不读原著、不学古典语的观点。惠威尔看到了希腊语和拉丁语在文学作品中的独特价值，它们不但生动形象地传递作品内容，还蕴含着语言结构的巧思。"事实上，所有主流古典作

① WHEWELL W. On the principles of English university education[M]. London: J. W. Parker, 1838: 36.

② WHEWELL W. On the principles of English university education[M]. London: J. W. Parker, 1838: 37.

③ WHEWELL W. Of a liberal education in general: and with particular reference to the leading studies of the University of Cambridge[M]. London: J. W. Parker, 1845: 78.

家的作品都已被翻译成现代语言，人们无须费力掌握原文语言就可以进行研究。这话有一定道理，我也不否认通过这种方式确实能获得一定程度的古典文化熏陶，但这样的文化修养必然是非常不完整的。因为所有翻译在传达原文的韵味方面都必然存在很大缺陷，每一个读过原著及其译本的人肯定都意识到了这一点。在诗歌领域，这种缺陷尤为巨大。在我们的文学作品中，没有任何东西能与希腊和罗马的创作形式极为相似或等同，而诗歌最精妙的美就体现在那些无法从一种语言移植到另一种语言的表达方式和笔触之中。"① 掌握一门古典语能让人们通过这门语言领悟到事物具有独特的面貌和色彩，可见学习古典语言对于深入理解和感受古典文化的重要性，这是单纯依靠翻译无法完全实现的。

惠威尔强调古典研究应兼具永恒性与动态性，最高层次的古典教育需让学生感受古典研究的这种魅力。古典研究的永恒性即深入学习希腊语、拉丁语并熟悉经典作家，这是博雅教育的核心，也是训练学生逻辑思维的必要基础。惠威尔认为："一个人即使十分熟悉有关现代民族的历史古迹，或是对现代作家的独到之处了如指掌，若是不阅读希腊语与拉丁语诗人、历史学家和哲学家的著作，那么他就不能被视作受过博雅教育。要接受博雅教育，他就必须掌握语言知识，使其成为像实际掌握一门语言那样稳固而持久的财富；他还应熟悉古典著作，浸润其中并用经典塑造自己的思想，就像我们年轻时熟悉的文学作品所做的那样。"② 古典研究的动态性是指，古典文化的发展往往建立在前一时期文明精华之上，在前人的基础上深入探索，形成新见解。"如果我们的教育不能引导学生踏入这座宏伟知识殿堂的大门，那它则不

① WHEWELL W. Of a liberal education in general：and with particular reference to the leading studies of the University of Cambridge[M]. London：J. W. Parker，1845：83.

② WHEWELL W. Of a liberal education in general：and with particular reference to the leading studies of the University of Cambridge[M]. London：J. W. Parker，1845：81.

完整，这座殿堂正是富有思想和学识的人不断为之努力的成果。若古典研究要想捍卫在博雅教育中的首要地位，就必须既包含永恒性的研究，又包含动态性的研究。”[①] 对于二者的关系，惠威尔指出，永恒性与动态性研究要明确区分，古典研究的永恒性在动态性之前，不能让动态性研究取代或压制永恒性研究。在他看来，实施古典教育不仅要传授知识，更应鼓励学生将古代的思想与当代问题结合进行审慎思考。这使古典教育能紧密联系现实，保持学术活力，避免沦为僵化的知识堆砌。

在大学教育改革的问题上，惠威尔认为，学院应慎重对待学科改革，重视基础教育中传统方法的价值。“学院应追求进步，否则难以长久生存；但学院的进步，并非那种以年为单位来衡量的进步，而是以世纪为单位来考量的进步。学院的职责是将过往几代人的文明传于后世，而非迎合知识界变幻的潮流。因此，学院不应轻易或迅速地将变革引入其研究的学科领域。在将新事物纳入基础课程之前，学院应当等待这些新事物经过充分讨论并稳固确立。”[②] 惠威尔重视课程的稳定性，他认为固定的课程有助于保障学院教育的有序性和连贯性。如果将学习科目决定权交予当下教师，会导致学院体系混乱，贬损课程的文化传播功能，特别是对古典学科的危害极大。他肯定现有课程设置的成效，即便学院有新书籍引入，也尽量使其具有代表性，部分课程虽书籍更新但处理学科方式变化小。“我们学院的立法者所采用的课程设置在实践中效果良好。规定的作者名单一直得到遵守；即使在出现偏离的情况下，也采取了相应措施，即新引入的书籍应尽可能代表它们所取代的书籍；新方案在总体主旨和精神上应符合最初的规划。通

---

① WHEWELL W. Of a liberal education in general: and with particular reference to the leading studies of the University of Cambridge[M]. London: J. W. Parker, 1845: 80.

② WHEWELL W. On the principles of English university education[M]. London: J. W. Parker, 1838: 128.

过这种方式，我们有了数学和经典著作阅读课程，在这些课程中，书籍有很多是现代的，但处理学科的方式自学院成立以来几乎没有变化。”①

值得注意的是，惠威尔与那些固执的古典人文教育支持者不同，他认可自然科学知识对个体发展的促进作用，并对大学开设自然科学课程持包容态度。他认为，尽管科学可能不直接塑造学生的心智能力，但对学生而言，科学能够增进他们对其他学科的理解。即使学生的思维习惯主要来自其他学科的培养，自然学科也能起到积极的促进作用。自然学科虽不一定代表文化本身，但它们是完善个体教育的重要部分。② 惠威尔本人也对科学事业颇有贡献，曾发表过力学、物理学、地质学和天文学等领域的相关著作，创造性地提出了许多新科学术语。他的代表作《归纳科学史》（*History of the Inductive Sciences*）和《基于历史的归纳科学哲学》（*The Philosophy of the Inductive Sciences, Founded upon Their History*）系统性地展现了科学发展的进程，追溯了自古以来自然学科各分支的历史演变。在数学方面，惠威尔引入了惠威尔方程（Whewell equation），该方程无须参考任意选择的坐标系，即可定义曲线的形状。1833 年，惠威尔创造了“科学家”（scientist）一词，取代了此前“自然哲学家”（natural philosophers）或“科学人”（men of science）的称呼。可以说，“在其卷帙浩繁的著作中，惠威尔对早期维多利亚时代知识界议程上的几乎每一个话题都提出了新颖且权威的见解”③。哲学家梅纳赫姆·费什（Menachem Fisch）这样评价

---

① WHEWELL W. On the principles of English university education[M]. London: J. W. Parker, 1838: 129.

② WHEWELL W. On the principles of English university education[M]. London: J. W. Parker, 1838: 41.

③ FISCH M. William Whewell, philosopher of science[M]. Oxford: Clarendon Press, 1991: 2.

惠威尔："惠威尔或许是他那一代人中思想最为深邃、著述最为丰富的作家，但他并非仅是个博学之士。无论是文学、科学、历史、哲学还是道德与神学领域，他的著述都具有明确目的，不仅涵盖了早期维多利亚时代的学术领域，更能将其综合起来，使这些领域成为一个统一的知识整体。"①

二、纽曼：大学教育理念的维护者

在19世纪的教育辩论中，约翰·纽曼是英国大学古典人文教育的坚定捍卫者。他在《大学的理想》(*The Idea of University*) 一书中强调古典著作的学习比科学知识的学习更为重要，所阐述的观点在19世纪英国被看成是古典人文教育思想的主要代表。② 面对功利主义者的批评，纽曼基于博雅教育理念，为大学古典人文教育的合理性进行了有力辩护。

（一）博雅知识观

在19世纪的英国，博雅教育基本上指的就是牛津大学和剑桥大学等少数精英大学所提供的本科教育。③ 因而，纽曼所说的博雅教育通常以古典著作和古典语的学习为基础，与古典人文教育一样重视学生心智力量的培养与塑造。纽曼对戴维森、科普斯顿等人为维护古典大学及古典人文教育传统的行为给予高度赞扬，他评价道，敢与这种人④争个高低，这本身就足以证明其能力，再去看看他们写的小册子，去实

① FISCH M. William Whewell，philosopher of science[M]. Oxford：Clarendon Press，1991：2-3.

② 单中惠．试析十九世纪英国科学教育与古典教育的论战［J］．清华大学教育研究，2000（2）：91-96.

③ 沈文钦．西方博雅教育思想的起源、发展和现代转型：概念史的视角［M］．广州：广东高等教育出版社，2011：218.

④ 指19世纪初在《爱丁堡评论》上发表评论的批评家们。

际领略一下他们的明智、精神、学者之品位和文风之清纯，而他们的小册子正以此而闻名。[①] 纽曼认为在功利主义者来势汹汹的批判下，正是这些古典主义学者用才智与机敏捍卫了牛津大学，他们严密的逻辑与广博的知识都展现出古典大学教育的成功。

纽曼将博雅知识定义为一种具有普遍性的哲学知识。也即是脱离了每一种外部的和将来的目的的知识，当它是哲学的知识并就它是哲学的知识而言，它就特别是博雅的，或对其自身就是充足的。[②] 纽曼认为博雅教育的内容就是这种哲学知识，而博雅教育的目的是通过知识的普遍性来培养学生的理性。每一门学科都只有部分的特征，而真理只能通过“一般的”或“普遍的”知识来掌握，这应该为大学和博雅教育提供基础。[③] 在他看来，所有知识都是一个有机整体，大学应该教授一切知识，尤其是作为促进学生道德发展的神学更是不可忽视。“宗教真理不但是普遍知识的一个部分，而且是它的一个条件，将它一笔抹杀——请允许我这样形容——就无异于拆散了大学教学之网。”[④] 纽曼指出，博雅教育是通过知识学习对个体进行心智训练，提升自身修养。在博雅教育的过程中，心智不是被塑造或作为手段去达到某些特定的或偶然的目的，相反，培养是为着心智本身，是为了认识它自身的对象，是为了给它自身以最高的修养。[⑤] 这表明博雅教育排斥以职业训练为目的的培训，它关注的不是某一种具体的结果而是普遍性的提升。

基于博雅知识观，纽曼提出大学是实现博雅教育理想的载体，它

---

① 纽曼. 大学的理念［M]. 高师宁，等译. 贵阳：贵州教育出版社，2003：147.

② 纽曼. 大学的理念［M]. 高师宁，等译. 贵阳：贵州教育出版社，2003：113.

③ WHITE R. The anatomy of a Victorian debate: an essay in the history of liberal education[J]. British journal of educational studies, 1986: 38-65.

④ 纽曼. 大学的理念［M]. 高师宁，等译. 贵阳：贵州教育出版社，2003：82.

⑤ 纽曼. 大学的理念［M]. 高师宁，等译. 贵阳：贵州教育出版社，2003：120.

的任务是进行心智训练，致力于培养个体高贵的人格、广博的学识、严谨的思维与绅士的风度。对个人而言，大学应培养出具有高雅品位与理性头脑的君子。智慧、勇敢、宽容和良好的修养是绅士应该具有的基本特征，而大学教育的目的便在于培养具有这些优良品质的公民。[①] 对社会而言，大学的使命是引导大众确立明确的生活目标，提升公众的知识水平，最终促进国家发展。它所培养的技艺应该是社会生活的技艺，它的最终目标应该是使受教育者适应这个世界。[②] 大学博雅教育有助于个体的职业化，能够为个体掌握实用技能奠定基础，但它的最终目的是使人成为内心丰盈且完满的个体，履行对社会的责任。无论大学应该做什么，为工业提供科学知识都不在其中。[③] 因此，在纽曼看来，为工业生产与实用技术提供科学并不是大学博雅教育的任务。他反对功利主义教育家们的大学改革方案，认为这种狭隘的教育目的贬损了大学教育的本质。

（二）论博雅教育与实用教育的关系

批评家们认为大学的问题之一在于不以实用性为其教育原则，对此，纽曼从知识的内部论证了知识的目的在于其本身，而不仅仅局限于取得技能或现实利益。知识完全能够成为它自身的目的。人类心智的结构就是这样的，以至于任何一种知识，只要它真正是知识，它就是对自身的回报。[④] 纽曼将知识分为博雅知识和有用知识。纽曼认为，从词源上看，博雅知识中的“博雅的”（liberal）是相对于“奴隶的”（servile）而言的，“奴隶式的工作”通常被认为是体力劳动或使用机械的活动，并不能发展个体的心智力量。如果知识的研究只关注其效用，

---

① 王晓华. 纽曼自由教育思想研究 [J]. 清华大学教育研究，2001 (4)：62-68.

② 纽曼. 大学的理念 [M]. 高师宁，等译. 贵阳：贵州教育出版社，2003：161.

③ SANDERSON M. The universities and British industry 1850-1970 [M]. London：Routledge and Kegan Paul，1972：5.

④ 纽曼. 大学的理念 [M]. 高师宁，等译. 贵阳：贵州教育出版社，2003：107.

它就会变得机械化，局限于具体事物和外在表现。[①] 在纽曼看来，职业性任务虽然要求个体调动心智力量，但它并不属于博雅教育的范畴。因为职业活动的根本目的是取得利益，它更注重专业技能的获取而非个体的全面发展。只有一种知识才是博雅的，这种知识因其自身的理由而成立，它不依赖于任何结果，它不需要任何东西补充，更不需要靠任何目标来提供支持，它也不会为了出现在我们的思考中而完全为任何技艺服务。[②]

纽曼虽然推崇博雅教育，但这并不意味着纽曼反对教育中的“实用性”，他对大学教育的实用倾向有不同于批评家的看法。纽曼认为人们所诟病的大学教育缺乏实用性本身并不成立。博雅教育的主要任务是培养学生的判断力、创新力和理解力等，这些能力能够从根本上为学生提供未来生活的方法论指导，这构成了纽曼对教育目的的本原性阐释。在这个层面上，纽曼认为，心智的培养包括他称为博雅的或非专业的，而那些评论家们称为有用的教育。[③] 因此，古典大学作为实施博雅教育的主要场所，并非忽视教育的实用性倾向，而是以更宏观的视角考虑教育问题。大学的正确职能就是提供被称为哲学教育或博雅教育的教育，它拒绝把专业教育放在首位，它只是把专业教育放到公民形成之后，同时它有利于仁爱之更为宏大的利益，也为成功地达到单纯的个人目标做准备，尽管乍看之下，博雅教育似乎蔑视这种准备。[④] 博雅教育最终培养的有用性品质被纽曼称作“善”，这是博雅教育的核心。有用性不是在任何低级的、机械的、商业的意义上的有用，

① WHITE R. The anatomy of a Victorian debate: an essay in the history of liberal education[J]. British journal of educational studies, 1986: 38-65.

② 纽曼. 大学的理念［M］. 高师宁，等译. 贵阳：贵州教育出版社，2003：110-111.

③ 纽曼. 大学的理念［M］. 高师宁，等译. 贵阳：贵州教育出版社，2003：151.

④ 纽曼. 大学的理念［M］. 高师宁，等译. 贵阳：贵州教育出版社，2003：154.

而是作为可以向周围扩展的好东西或一种恩惠、禀赋、力量、财富在其拥有者身上发挥作用，继而通过他对世界发挥作用。[①] 如果人文教育能促进个体的完善，那么它也具备了实用价值。

在纽曼眼中，博雅教育已经包括了实用主义的因素，他赋予博雅教育价值理性，将其置于实用教育之上，而视实用教育为工具理性，服务于博雅教育。纽曼认为教育应具备一定实用性，他肯定现代学科中关于追求财富的内容。在他眼里，政治经济学是一门关于财富的学科、一门正当而且实用的学科，因为挣钱并不是罪过。[②] 但纽曼反对功利主义教育家强调的教育实用性，"他们的理由是，一如每一件东西、每一个人都有自己的价格，只要有巨额投入，他们就有权期望巨额回报"[③]。纽曼认为这是教育极端的功利化和职业化，使教育的外部目的取代求知的目的。在对待博雅教育与实用教育的关系上，纽曼认为博雅教育已纳入实用教育的范畴，它促进了个体心智能力的成熟。接受过博雅教育的人具有独立的判断和理性的思考，他们能够成为任何自己希望成为的专业人才。因为一个在心智方面训练有素的人能够掌握另一门知识，一个缺乏心智训练的人就连自己那一行的知识也无法掌握。[④] 综上所述，纽曼认为博雅教育虽然不具备专业性，但它本身就是一种实用的教育。

（三）论科学知识与人文知识的关系

纽曼主张大学应当教授一切被称为知识的学科，这其中包括了古典人文知识与科学知识，但这与他推崇古典人文教育的倾向并不冲突。在大学教育的内容上，纽曼认为科学知识同样是教育内容的一部分。在他看来，既然所有知识都是一个统一的整体，那么大学就应该教授

---

① 纽曼. 大学的理念［M］. 高师宁，等译. 贵阳：贵州教育出版社，2003：152.
② 纽曼. 大学的理念［M］. 高师宁，等译. 贵阳：贵州教育出版社，2003：93.
③ 纽曼. 大学的理念［M］. 高师宁，等译. 贵阳：贵州教育出版社，2003：144.
④ 纽曼. 大学的理念［M］. 高师宁，等译. 贵阳：贵州教育出版社，2003：158.

一切可以被称为知识的学科。[①] 因为纽曼强调古典人文学科与神学学科是大学教育的主要内容，科学知识的学习更多是为了知识结构的整体性而考虑。纽曼认为文学知识或者说文科知识作为大学教育的主要内容，包含了人类社会各种的知识。大学主要任务是教学，它应致力于传授全面的知识，而非科学研究。

文学领域的学习先于其他学科而存在，文学院应是大学各机构之首，文学教育是大学教育的重要构成。在大学教育内容的选择上，纽曼主张学习古希腊和古罗马的文学著作，因为它们是现代西欧文学的起源，具有永恒的学习价值。由于罗马文学的充实，希腊文学仍然在继续，并且涉及它的其他学问一起，从这个世界的最早时代起到今天，一直都是教育的手段、文明的食粮。[②] 在此，纽曼对科学学科与古典人文学科的关系做出了回应，他认为科学知识与古典知识发挥的作用并不相同，科学的进步的确带来了社会发展，但它缺少对个体心灵的陶冶，而这恰好是古典人文教育的优势所在。问题不在于哪一个研究分支包含了更加精彩的事实，或者许诺了更加辉煌的发现，哪一个的等级较高而哪一个又处于较低的等级；而在于，所有分支中哪一个分支能够为一个不成熟的心智提供最健全、最激励人的训练。[③] 纽曼通过对比古典著作与科学知识发现，科学知识是对客观真理的描述，其使用的词汇象征着符号化的表达，不带有任何思想活动的表现；而古典文学则是通过个性化的语言表达个体的思维活动，它起源于情感的流露，语言中的词汇、韵律与手法都是作者内心情感的直接体现。

在他看来，古典语和古典著作的学习并非功利主义教育家眼中烦琐冗余的表达，不是对古典语机械的重复或模仿，而是对情感的真实

① 徐继宁．现代大学的传统理念：纽曼教育思想解析［J］．高教探索，2008（6）：86-91．

② 纽曼．大学的理念［M］．高师宁，等译．贵阳：贵州教育出版社，2003：214．

③ 纽曼．大学的理念［M］．高师宁，等译．贵阳：贵州教育出版社，2003：215．

流露。“具有伟大能力的人在各自的时代掌握了语言，然后就像一个体操大师构建体形一样，建构了语言。他们形成了语言的肢体，发展了语言的力量，赋予语言活力，他们流畅而娴熟地运用它，教给了它优美。他们使它变得丰富、和谐、多样、准确。他们用各种风格来装点它，而这些风格，根据其个性，几乎可以称作个人用语特征，他们是语言的力量及其耕耘者的天才共同铸就的丰碑。”① 因此在古典文学学习的过程中，学生能够充分调动与运用自己的想象力与创造力，在表达的同时彰显个人风格。纽曼对文学语言丰富性的强调，突破了18世纪新古典主义对拉丁修辞的机械模仿，不同于把文学视为文字技巧的肤浅理解，更接近于浪漫主义的有机文学观。②

纽曼的大学教育观念尽管充满了古典主义色彩，但深刻影响了近现代大学教育思想的研究，他的大学教育思想成为几百年来解读大学教育精髓的经典范本。纽曼将大学看作一所富有激情且有着崇高精神追求的机构，他对大学古典人文精神的诠释不仅坚守了古老传统，也具有进步的时代色彩。

在论战的发展阶段，批评家们对古典大学的宗教性与封闭性进行再次攻击，进一步促进了科学教育发展和大学教育改革。一方面，古典教育派对科学学科的态度有所转变，科学在个体发展中的作用逐渐被承认，古典大学内部也出现了不少呼吁改革的声音。另一方面，科学教育派不断为争取科学教育一席之地而继续努力。从19世纪下半叶起，英国的高等科学教育发生了根本变化，城市学院兴起、古典大学的改革使科学教育正式迈入高等教育殿堂，这与19世纪下半叶教育辩论的高潮密不可分。

① 纽曼. 大学的理念［M］. 高师宁，等译. 贵阳：贵州教育出版社，2003：231.

② 牟芳芳. 论纽曼对“文学”教育的辩护［J］. 外国文学评论，2010（3）：120-131.

第五章　19世纪英国大学科学教育派与古典人文教育派论战的高潮

19世纪中期，自然科学蓬勃发展，融入社会生活的方方面面，成为不可或缺的一部分。这一时期，近代科学教育迎来了新的发展阶段，科学教育逐渐成为学校教育课程的核心，成为时代精神的重要体现。19世纪下半叶，英国教育界展开了第三次有关科学教育与古典人文教育的辩论，其历时和影响力均超过了19世纪初和19世纪30年代的两次辩论。英国大学科学教育派与古典人文教育派的论战就此进入高潮。

第一节　科学教育思想的出现

在19世纪下半叶的教育辩论中，斯宾塞和赫胥黎成为抨击古典人文教育传统、倡导科学教育最具代表性的人物。他们在克服古典人文教育弊端的前提下，提出了全新的知识观，并充分肯定了科学教育的价值。无论是斯宾塞还是赫胥黎，他们的科学教育观都具有超越时代的价值。

一、斯宾塞：新知识价值体系建立者

这场辩论始于斯宾塞对纽曼教育理念的抨击。英国教育史学家J.劳森和H.西尔弗评价道："这场运动主要是由19世纪50—60年代的杰

出人士如赫胥黎以及斯宾塞的《教育论》的出版所推动的。这是19世纪为将现实主义和科学引入学校教育领域而进行的最激烈的一次斗争，标志着科学教育进入了一个新的里程碑。”①

（一）进化论的理论基础

斯宾塞思想体系的形成与他早年经历有很大关系。在斯宾塞的青年时期，他加入了X俱乐部，并经常参与举办科学沙龙，与其他成员讨论科学问题。X俱乐部成立于1864年11月，其成员限制为九人，均为英国知名科学家，其中除了斯宾塞，其他成员均为英国皇家学会的会员。

斯宾塞的进化论思想是他教育著作的重要理论基础，因此斯宾塞的教育理论体系也有十分浓郁的科学主义色彩。斯宾塞的进化论思想认为宇宙万物的发展是由永恒的外力推动进行的。他肯定宇宙万物普遍进化，并非肯定矛盾普遍存在，也并非承认任何事物都包含着作为其发展动力的内部矛盾，而是认为在它们后面有一种神秘的“力”在起作用。② 这与达尔文强调生物自身适应性及自然选择的进化论有着显著的区别。斯宾塞的这种进化论思想贯穿其教育著作，并促进了他科学教育观的发展。无论是有意还是无意，进化论都为理解心智发展提供了指导。③

斯宾塞主要从自然主义的角度阐释教育。从教育的生物学方面来看，可以把教育看作一个使有机体的结构臻于完善并使它适合生活事

---

① LAWSON J, SILVER H. A social history of education in England[M]. London: Methuen & Co. Ltd., 1973: 214.

② 斯宾塞. 斯宾塞教育论著选 [M]. 胡毅，王承绪，译. 北京：人民教育出版社，2005：37.

③ SPENCER H. An autobiography: volume Ⅱ [M]. London: Williams and Norgate, 1903: 18.

务的过程。[①] 斯宾塞认为，教育应伴随个体成长，帮助个体做好面向生活的准备，促进全面发展。教育的方法与原则应适应个体的生长和发展规律。他以道德发展为例，强调道德在个体成长中的重要性。他采用类似于卢梭的"自然后果"方法，以促进个体道德的提升。"正如生命的低级形式通过享受乐趣和承受痛苦的纪律来提升自己，未来的进一步提升也必须通过同样的方式实现。其中得出的一个推论是，正如我们与周围自然界的互动中，大多数活动不受约束，但那些带来惩罚的行为在重复时仍会带来惩罚——自然界不接受任何借口；因此，在教育纪律中，虽然不应有不必要的约束，但必要的约束应该是不变且不可抗拒的。"[②] 换言之，斯宾塞认为当个体在发展过程中遭遇真实的困境并得到真正的体验后，将获得深刻认识，从而促进其对事物的全面理解。

斯宾塞的进化理论结合了他对自然界长期的研究和对教育问题的思考。他意识到科学在个体发展中的重要地位，但这种知识却总被视为低于古典学科。在与古典人文教育的论战中，他指出古典人文教育的内容陈旧封闭，早已失去价值。在数千年的文明演进之后，普遍的观念依然认为，了解与自身密切相关的知识以及物质世界的真相无关紧要，而掌握两种早已不复存在的民族语言，熟悉这些民族的传说、战斗、迷信、成就却被视为极其重要。[③] 斯宾塞基于进化论深入探讨教育问题，确立了科学知识的重要性，并为科学教育体系的建立奠定了理论基础。

---

① 斯宾塞. 斯宾塞教育论著选［M］. 胡毅，王承绪，译. 北京：人民教育出版社，2005：33.

② SPENCER H. An autobiography：volume Ⅱ［M］. London：Williams and Norgate，1903：18.

③ SPENCER H. An autobiography：volume Ⅱ［M］. London：Williams and Norgate，1903：36.

（二）强调科学知识的价值

在19世纪英国科学教育派与古典人文教育派的论战中，斯宾塞的最大贡献在于全面系统地证明了科学在个体发展及生活中的重要性和实用性。他对科学价值的阐述超越了利己主义或功利主义的诠释。在汉密尔顿与惠威尔的辩论中，他们也讨论了古典人文教育与科学教育的问题。然而，这场辩论的焦点主要集中在一个更具体的问题上——如何对待数学课程。在那场特定的辩论中，讨论仅限于数学课程，而斯宾塞则将讨论扩展到了更广泛的领域——比较科学教育与古典人文学科在普遍意义上的差异。①

斯宾塞认为，学习和应用科学知识能满足个人生活需求并促进自我成长，科学教育的进步对国家发展至关重要。在国家发展的视角下，科学对工商业的未来发展具有促进作用，但在当时的大学和公立学校中，科学未得到足够重视，古典文学研究反而占据了主导。② 从个人成长的角度，斯宾塞论证了科学教育是培养心智的最佳途径，从而消解了古典教育的权威性。他通过对比科学教育与古典文学教育，展现科学知识在心智训练、道德培养等诸多方面的优势。“因此我们得出结论，为了训练，也为了知道人类活动，科学都有最主要的价值。从各方面影响看，学习事物的意义比学习字句的意义要强得多。不论是为了理智的、道德的或宗教的训练，研究周围的现象要比研究语法字义有绝对的优越性。”③

斯宾塞认为，科学学科的优越性在于科学知识在各学科领域的基础性地位。例如，生理学、心理学和物理学等学科，其学科范式都依

---

① COMPATRE G. Herbert Spencer and scientific education[M]. London: George G. Harrap & Company, 1908.

② PETERS R S. Essays on educators[M]. London: George Allen & Unwin, 1981: 58.

③ 斯宾塞. 斯宾塞教育论著选［M］. 胡毅，王承绪，译. 北京：人民教育出版社，2005：44.

赖于体系化的科学知识。生理学关注个体的机体功能与生命现象，科学知识帮助研究者深入了解个体体内各生命机制的运作；心理学研究人类的心理活动及其规律，科学知识的应用有助于研究者通过各类实验揭示心理现象背后的原理；物理学通过发现自然界的基本规律，使研究者能够探索物质世界的奥秘。在斯宾塞眼中，文学艺术也与科学知识密切相关。他认为音乐也是科学化的产物，音乐作为情感的表达方式，即使是原始文明中看似怪异的音乐形式，也可用神经反应规律来解释。[①] 列奥纳多・达・芬奇（Leonado da Vinci）之所以能够创作出传世佳作，是因为他掌握了解剖学知识，并运用科学知识分析人体结构与光影角度。科学并不反对宗教本身，而只是反对迷信，因此它与宗教文化并非不相容。[②] 斯宾塞认为科学知识在学校课程中应占有极为重要的地位，他制定了以自然科学知识为核心的学校课程体系，并依据个体心理发展提出了全新的教学原则与教学方法，引导学生通过主动探究获取知识，让学生在愉悦中接受教育。面对政治家和企业家对中小学和大学缺乏科学教育人才的批评，斯宾塞提出的增加科学和数学课程内容的建议显得尤为中肯。[③] 斯宾塞对传统古典学科的批评，不仅代表了实用主义教育观的一种倾向，即重视科学知识而轻视传统教育内容，而且反映了中产阶级对上流贵族阶级的不满。这种教育观念的冲突，仅仅是两个阶级文化摩擦的冰山一角。

（三）构建新知识价值体系

斯宾塞对科学知识的推崇深刻影响了他对知识价值体系的划分，他根据个体发展的需要，提出了与传统全然不同的知识价值体系。纽曼作为古典人文教育的坚定捍卫者，对科学持排斥态度，并怀疑科学在推动社会变革中的作用。纽曼坚称知识是它自己的目的，知识是达

① PETERS R S. Essays on educators[M]. London: George Allen & Unwin, 1981: 59.
② PETERS R S. Essays on educators[M]. London: George Allen & Unwin, 1981: 60.
③ PETERS R S. Essays on educators[M]. London: George Allen & Unwin, 1981: 69.

到进一步目的的手段，知识本身是独立的。[①] 斯宾塞对纽曼的观点进行了根本性的颠覆，他对大学长期形成的古典人文教育传统提出疑问。"不只在过去，在我们现代也差不多一样：那些受人称赞的知识总放在第一位，而那些增进个人福利的知识倒放在第二位。……在我们现在的大学和普通学校里也有同样的轻重倒置的情况。"[②]

斯宾塞批评传统的知识价值体系追求装饰性知识，尤其是脱离实际的古典学科，这些华而不实的知识只是上层阶级用来炫耀的筹码，它们唯一的作用就是彰显上层阶级高贵的社会地位。"假如我们问到给男孩子古典教育的真正动机是什么，那就只是为了顺从社会舆论。……一个男孩必须硬背拉丁文和希腊文，也不是因为这些语文有内在价值，而是免得他因不懂这些语文而丢脸，是为了使他受到'绅士教育'，是因为这标志着某种社会地位，并且因此能受人尊敬。"[③] 斯宾塞认为这就是"社会需求"压制了"个人需求"，学习的根本目的不是个体自身的发展，而是对社会等级的追求。因此，相比于过去，虽然人们对科学学科的偏见有所减少，但学生对科学学科仍不重视，反而在古典学科上花费大量时间，忽视了与自身密切相关的科学知识。"学生们将大量的时间和精力投入对这些理论的研习上，却忽视了近代科学的知识和成就。近代科学是基于长期积累和总结的实际材料，能够帮助我们更好地理解和区分自身与周围环境。然而，学生们要么忽略这些科学知识，要么只在闲暇时才稍加关注，仿佛这些科学知识不如古代理论

---

① SANDERSON M. The universities in the nineteenth century[M]. London: Routledge & Kegan Paul, 1975: 115-116.

② 斯宾塞. 斯宾塞教育论著选［M］. 胡毅，王承绪，译. 北京：人民教育出版社，2005：7.

③ 斯宾塞. 斯宾塞教育论著选［M］. 胡毅，王承绪，译. 北京：人民教育出版社，2005：7.

重要。”[①] 这引发了斯宾塞对知识价值体系的重新审视。

斯宾塞在《什么知识最有价值》中对知识的价值体系进行重新定义，他指出最高形式的知识并非以自身为目的，那些有助于自我保全的知识即科学知识。斯宾塞受到卢梭的观点的影响，卢梭在谈到爱弥儿（Emile）时指出，生活需要教会爱弥儿一门生存的手艺。斯宾塞则认为教育不同于训练，是一种使一个人能够面对人类环境中可预见的突发事件的学习，而不是纯粹为他准备某种特定的技能或角色。[②] 在斯宾塞的价值尺度中，纽曼倡导的有关完美人格与自我品位相关的知识与自我保全的关联性最小，因而价值最低。判断知识价值的标准应是它与生活的关联程度。从完满生活的准备出发，知识的比较价值可以确定为以下次序：关于直接保全自己的知识、关于获得生活必需品养活自己的知识、关于抚养和教育子女的知识、关于社会和政治关系方面的知识、关于各种业余爱好和欣赏方面的知识。[③] 在此基础上，斯宾塞论证了各类科学学科的重要性。他指出，生理学是教育中最重要的一门学科，它能够保障人类的身体不受损伤。这样一门为了解其中普遍真理以及它们与日常行为的关系所必需的生理学科目，是合理的教育中最重要的一部分。[④] 其次重要的是数学学科，它为日常的生产建造、贸易往来等活动提供了原理。在其中，有关数目的最普通部分指导着一切生产活动，不论是调节工序、进行估价、商品买卖或记账，都用得到它。[⑤] 而力学、热学、化学、天文学、地质学、生物学等学科

---

① 斯宾塞. 斯宾塞教育论著选［M］. 胡毅，王承绪，译. 北京：人民教育出版社，2005：36-37.

② PETERS R S. Essays on educators[M]. London:George Allen & Unwin,1981:56.

③ 易红郡. 英国教育的文化阐释［M］. 上海：华东师范大学出版社，2009：161.

④ 斯宾塞. 斯宾塞教育论著选［M］. 胡毅，王承绪，译. 北京：人民教育出版社，2005：18.

⑤ 斯宾塞. 斯宾塞教育论著选［M］. 胡毅，王承绪，译. 北京：人民教育出版社，2005：19.

都直接或间接地影响国家的发展与制造，没有这些学科的支撑，社会也难以运作。赫胥黎高举科学的大旗，他认为长期以来科学受到冷落的局面即将结束，在诸多知识组成的大家庭中，那些高高在上的古典知识将要落幕，科学知识即将登上时代的舞台。因为我们很快要到这场戏结束了，到变换位置的时候了；当这些高傲的姊妹降到应该受到的冷落的时候，被公认为最有价值和最美的科学，就要统治一切。①

对 19 世纪的科学教育史来说，斯宾塞的伟大之处在于从知识观分类的角度有力论证了科学教育引入学校的合理之处，他极大地肯定了科学教育的重要性，进而提出了新的知识体系，这是一种前所未有的进步。斯宾塞以锋利的笔调，痛击英国的传统教育，主张以科学教育取代古典语教学，推动了英国教育改革，并对各国教育改革产生积极的影响。②

二、赫胥黎：新自由教育观的阐释者

英国科学教育困境的改善离不开斯宾塞与赫胥黎两位科学家的支持。1883 年 5 月 5 日在皇家艺术学院的年度宴会上，赫胥黎对古典人文教育家阿诺德的看法发表评论。赫胥黎进行争论主要目的有两个：一是为消除人们对科学教育的刻板印象。他表明科学知识是人类智识发展的重要基础，科学教育的兴起并不会威胁到古典人文教育地位。二是为科学教育在大学中争取一席之地。他指出科学知识与古典人文知识具有同等重要的作用。与斯宾塞的科学至上观相比，赫胥黎在处理科学知识与古典人文知识的关系上采取了一种调和的态度，这与他

---

① 斯宾塞. 斯宾塞教育论著选［M］. 胡毅，王承绪，译. 北京：人民教育出版社，2005：46.

② 斯宾塞. 斯宾塞教育论著选［M］. 胡毅，王承绪，译. 北京：人民教育出版社，2005：43.

赋予自由教育新内涵有关。

（一）重视科学和科学教育

在科学教育派与古典人文教育派的论战中，赫胥黎是科学教育坚定的拥趸。他揭露了英国整个教育体系的弊病，深刻地批判古典人文教育产生的问题，呼吁人们抛弃对科学知识的偏见，重视科学学科的价值。

赫胥黎的科学观不仅肯定了科学学科的实用价值，他还意识到，与古典人文学科一样，科学学科也有助于个体的心智发展。赫胥黎从知识增长的角度阐明学校引入科学知识的必要性。在当代，知识与社会的关系与几个世纪前大不相同，在赫胥黎看来，科学知识的蓬勃发展是这个时代知识增长的鲜明特征。他说："不仅我们的日常生活受到自然科学的影响，千百万人的富足依赖它，长期以来，我们的生命过程早已不由自主地受到了自然科学有关宇宙等概念的影响。"① 赫胥黎以生理学为例，他认为生理学是与人类生命活动最相关的一门科学，因此成为科学中的基础性学科。它具有较强的专业性和实践性，在促进个体智力发展过程中发挥关键作用。生理学作为一种智力训练方法的意义，部分是与一切学科相同的——增长普通常识的训练；部分是它本身所特有的——提供大量观察和比较能力的训练。② 此外，科学知识还能够为个体心灵的发展提供帮助。赫胥黎称，自然史可以与实际生活紧密地联系起来，并通过这种联系影响我们比较敏锐的感觉，而成为由美的东西引起的一切快乐的最主要来源。③ 这破除了人们对"科

---

① HUXLEY T H. Science and culture and other essays[M]. New York: D. Appleton & Company, 1888: 135.

② 赫胥黎. 科学与教育［M］. 单中惠，平波，译. 北京：人民教育出版社，2005：46.

③ 赫胥黎. 科学与教育［M］. 单中惠，平波，译. 北京：人民教育出版社，2005：48.

学知识无法培养个体心灵”的偏见。因此，在赫胥黎眼中，科学知识的价值并不低于古典文学的价值，同样能够促进个体完满的发展。

谈到科学教育，赫胥黎认为科学教育能够促进个体的智识。科学教育的最大特点，就是使心智直接与事实联系，并且以最完善的归纳方法来训练心智；也就是说，从对自然界的直接观察而获知的一些个别事实中得出结论。①

科学教育与社会进步有着密切的联系。科学教育最终是为了个体能够在生活实际中联系科学思想，运用科学方法，了解科学问题。赫胥黎说：“我指的是，无论是男孩还是女孩，在离开学校之前，都应当牢固地掌握科学的一般特点，并且在所有的科学方法上多少受到一点训练。”② 通过科学教育，学生能够掌握基本的科学常识与原理，当他们进行生产活动与商业贸易时，都需要直接或间接地依靠科学知识，从而加深了现代社会与自然科学的联系。赫胥黎指出，现代仍有许多公学与大学以传统的知识观看待教育，把古典人文教育视作接受良好教育的标志。在 19 世纪，人文主义学者的代表坚持认为古典教育是通向文化的唯一途径，他们对古典主义的信仰坚定得如同文艺复兴时代。③ 基于他的科学知识观，赫胥黎认为科学教育与古典人文教育应当在学校中处于同等地位。首先，对于学习自然科学的学生来说，古典教育的训练和教材都没有直接价值，也就是说，在其中任何一方面花费宝贵的时间都将是不恰当的。其次，为了获得真正的文化，单纯的

① 赫胥黎. 科学与教育 [M]. 单中惠，平波，译. 北京：人民教育出版社，2005：90.

② 赫胥黎. 科学与教育 [M]. 单中惠，平波，译. 北京：人民教育出版社，2005：88.

③ HUXLEY T H. Science and culture and other essays[M]. New York：D. Appleton & Company，1888：138.

科学教育至少与单纯的文学教育同样有效。①

赫胥黎不仅提出了系统的科学教育思想，还积极投身推动科学教育发展的实践活动。1864 年，赫胥黎发起组织了 X 俱乐部，吸引了许多热爱科学事业、致力于科学研究的科学家与教育家，其中就有同一时代的科学教育家斯宾塞。X 俱乐部主张科学研究不应受宗教约束，他们支持达尔文的《物种起源》，将达尔文的工作视为在科学领域摆脱宗教干涉的巨大进步。② X 俱乐部成为英国此后近三十年里最有影响的科学家团体。赫胥黎还编写过许多教科书，在英国的学校中得到了广泛的使用，例如《比较解剖学基础》（1864）、《比较骨骼学基础图表》（1864）、《生理学概论》（1866）、《动物学分类法引论》（1869）、《脊椎动物解剖学手册》（1871）、《实用基础生物学讲义》（1875）、《无脊椎动物解剖学手册》（1877）和《自然地理学》（1877）等。③ 许多作品都成为科学教育的经典教材，得到多次重印，甚至被翻译成德、法、俄多国语言流传海外。

（二）倡导大学教育改革

从科学教育观出发，赫胥黎主张对英国的大学教育制度进行改革，把科学知识引入学校教育中，强调科学教育的重要性。在教育内容上，赫胥黎认为大学应极具包容性，允许不同身份群体的存在，是学术思想自由发展的场所。然而，在赫胥黎看来，古典大学教育追求的是精致的语言文字，它要求学生研究古典著作中华丽的辞藻却忽视与实际生活相关的学科知识，对科学知识有一种天然的恐惧。赫胥黎对此进

---

① 赫胥黎. 科学与教育［M］. 单中惠，平波，译. 北京：人民教育出版社，2005：100.

② BARTON R. "Huxley, Lubbock, and half a dozen others": professionals and gentlemen in the formation of the X Club, 1851-1864[J]. The history of science society, 1998(3): 410-444.

③ 赫胥黎. 科学与教育［M］. 单中惠，平波，译. 北京：人民教育出版社，2005：7-8.

行了分析：正是因为人们对科学知识缺乏了解，才导致对自然科学的“妖魔化”。科学知识的客观性与真实性打破了经院哲学的权威，引起了古典学者们的反感。恐惧和厌恶的本能比推理的过程更为迅速，正是这种天生的反感以及其他一些原因导致了长期把自然科学方面的严格训练排斥在大学的普通课程之外；而古典文学却逐渐成为文科课程的主要部分。① 具体而言，赫胥黎把大学教育内容分为三类：一是有关人类思维能力和限度的知识，包括心理学、逻辑学等；二是关于人类幸福的知识，包括道德和宗教哲学；三是有关自然科学的知识。他认为这三类知识能够解决个体生活中的大多数问题。在大学教育问题上，赫胥黎表现出民主性与平等性的倾向。他宣称，理想的大学应该是个学术思想不受任何束缚的地方，是个能使所有的入学者获得所有的知识和掌握所有的学习工具的地方，而不管这个人的信仰、国籍和贫富如何。②

在教育目的上，赫胥黎希望大学能够培养专门从事科学研究的人才。通过对比德国和英国的大学，赫胥黎发现德国大学不仅向所有人开放，还鼓励学生追逐自己热爱的学术领域，肯定他们做出的一切杰出成就。最让赫胥黎赞扬的一点是，德国大学将教学与科研相结合，这极大地激发了学生的研究热情，有力推动了学术领域的创新与发展。德国大学是真正的“大学”，因为它们努力阐述和具体应用人类的全部知识，并为各种形式的学术活动提供机会。③ 而在英国古典大学中，真正流行的是古典著作和古典语，教学活动也并非围绕学术创新与科学

① 赫胥黎. 科学与教育［M］. 单中惠，平波，译. 北京：人民教育出版社，2005：145.

② 赫胥黎. 科学与教育［M］. 单中惠，平波，译. 北京：人民教育出版社，2005：132.

③ 赫胥黎. 科学与教育［M］. 单中惠，平波，译. 北京：人民教育出版社，2005：78.

研究，而是神学与古典知识。而那些真正富有发展潜力的学生却得不到应有的支持。大学不仅不鼓励这样的人，不给他们提供机会以便尽最大的职责去做他们最有能力做的各种事情；而且大学教育总是脱离受教育的那些人的心智，总是脱离他们愿做世界上任何特别适合他们去做的事情的愿望。① 这造成学生并不了解真实的世界，反而浪费大量的精力在空疏无用的科目上。这就是为什么德国一所资金缺乏的三流大学在一年内所取得的研究成果，竟会超过英国一些规模巨大和资金充裕的大学在十年之内煞费苦心而取得的研究成果。② 赫胥黎还主张大学教育应为民族国家的发展服务。大学应当成为，也可能成为保卫一个民族的高尚生活的坚固堡垒。③

在教育方法上，赫胥黎强调科学教师应教学得法。赫胥黎看到了古典大学在科学教育上的进步，但他也意识到古典大学科学教育的方法过于死板，不利于思维培养。赫胥黎说："对我来说，如果由此我只把对于科学的书本学习引进我国的每一所学校的文科课程中去，我是不会举起一个手指表示赞成的。"④ 赫胥黎认为，最困难的地方在于传统的大学教师很难转变教育思维。要采用另一种方法进行科学教育，需要花费教师很多精力，还需要改进教学手段和设备，这肯定会使一个习惯于仅仅钻研书本的人感到震惊和恐惧，因为他习惯于不花费太

① 赫胥黎. 科学与教育［M］. 单中惠，平波，译. 北京：人民教育出版社，2005：77.

② 赫胥黎. 科学教育思想与《科学与教育》选读［M］. 北京：中国环境科学出版社，2005：3.

③ 赫胥黎. 科学与教育［M］. 单中惠，平波，译. 北京：人民教育出版社，2005：174.

④ 赫胥黎. 科学与教育［M］. 单中惠，平波，译. 北京：人民教育出版社，2005：146.

多的精力去教五十名学生的一个班级。[①]赫胥黎提出，教师不仅要激发学生学习科学的热情与信心，还要提供适当的实践机会以帮助他们掌握技能。例如，试图为那些对文学或科学事业充满热忱，然而可能把抱负当成灵感的年轻人提供方法，使他们能够检验自己的才能，并对自己的实际能力进行很好的考察。[②] 因此，赫胥黎强调应建立专门的科学研究学院，和大学已有的法学院、神学院等一样，旨在培养专门人才，以此巩固科学教育在大学中的地位。

（三）赋予自由教育新意

基于科学学科的价值，赫胥黎认为科学教育与古典人文教育并不是非此即彼，针锋相对，而是推动个体完满发展的共同动力，二者共同构成了自由教育的内涵。1880 年，赫胥黎在伯明翰的乔赛亚·梅森科学学院发表题为《科学与文化》的演讲，阐述了自己对自由教育的看法，将科学教育与古典教育的关系上升到新的高度。

自由教育（liberal education）也称“博雅教育”，最初起源于古希腊，指城邦中有关自由民的教育。这种教育区别于奴隶从事的技能性活动，其根本目的是使个体的灵魂从无知之中解放出来，获得理性。到 19 世纪后，人们把自由教育与古典文学相联系。他们相信，只有通过自由教育才能获得文化；但是，这种自由教育不仅与文学的教学和教育是同义的，而且与一种特殊的文学形式，即古代希腊、罗马文学的教学和教育也是同义的。[③] 公学与大学中特别强调自由教育传统。人们常常将象征着绅士风度与良好教养的大学教育和深耕科学与技术的

① 赫胥黎. 科学与教育［M］. 单中惠，平波，译. 北京：人民教育出版社，2005：147.

② 赫胥黎. 科学与教育［M］. 单中惠，平波，译. 北京：人民教育出版社，2005：171.

③ 赫胥黎. 科学与教育［M］. 单中惠，平波，译. 北京：人民教育出版社，2005：101.

研究相分离，从而造成自由教育内涵的狭隘。人们认为，不论学问如何，只要是学过拉丁语和希腊语的人都颇有教养，而精通其他各门学问的人，不论他的造诣多深，也无法受到多少的尊重，不会被视为有教养的阶层。① 赫胥黎认为只重视古典文学和古典语的教育导致人才培养的极端化，缺乏现代综合能力的培养，从而限制了教育的全面性和学生的多元化发展。赫胥黎主张科学知识与古典人文知识的融通，他指出，世界上大多数事物都是如此，几乎没有任何事物是片面的或只具有一种性质，我们关注的事物中哪些可以被视为纯粹的科学，哪些被视为纯粹的艺术，这很难辨别出来。

因此，自由教育的内涵并不局限于古典人文教育的内容。在赫胥黎看来，没有科学教育的自由教育不能称为完善的自由教育；科学教育的目的就是自由教育，即培养“与自然界完全和谐一致”的人。② 具体而言，自由教育是在自然规律方面的智力训练，这种训练不仅包括了各种事物以及它们的力量，而且包括了人类以及它们的各个方面，还包括了把感情和意志转化为与那些规律协调一致的真诚热爱的愿望。③ 赫胥黎认为自由教育应当将科学教育与古典人文教育相结合，为学生提供两者融通的可能。自由教育的职责首先是为青年提供观察事物的方法，并养成他们观察事物的习惯；其次是分别以科学或艺术的形式，或者以科学与艺术相结合的形式给青年提供学科知识。④ 可以说，赫胥黎对自由教育思想的新见解符合工业革命后英国社会对综合

① HUXLEY T H. Science and culture and other essays[M]. New York: D. Appleton & Company, 1888: 137.

② 檀慧玲. 科学教育的精神价值探析：赫胥黎科学教育思想解读 [J]. 河北师范大学学报（教育科学版），2007 (2): 43-46.

③ 赫胥黎. 科学与教育 [M]. 单中惠，平波，译. 北京：人民教育出版社，2005: 62.

④ 赫胥黎. 科学与教育 [M]. 单中惠，平波，译. 北京：人民教育出版社，2005: 122.

性、实用性人才的需要，适应了时代进步的客观要求。

赫胥黎认为，包容科学知识与古典人文知识的自由教育几乎不存在于英国现行的教育系统中，尤其是古典大学。似乎应当承认，在人们盲目地称为伟大学府的那种机构，只不过是为年纪较大的男生们所设立的“寄宿学校”；在这些学校里的学者并不比校外多；知识进展也不是一些学院研究人员的目的；还有，尽管学生专心于哲学以及整个校园处在寂静的沉思之中，但哲学并不兴旺，沉思也几乎不结果实。① 这是因为古典大学缺乏致力于科学研究与学术创新的学者，也不重视赫胥黎提倡的自由教育。对此，赫胥黎认为，应当改革古典大学的课程内容，引入新知，如地理学、伦理学、社会科学、现代语等。同时还要加强教师教育，激发教师的求知欲，培养他们的创新能力。毫无疑问，这是一个值得重视的问题，但必须记住，需要一名教师比需要学习的愿望更为重要。②

与前人相比，赫胥黎的思想具有前瞻性。惠威尔将数学视作自由教育的核心，但他未能把科学包括在内，纽曼则全然不信任科学，约翰·斯图亚特·密尔和帕蒂森虽然接受了科学学科，却将科学从属于文学经典。③ 赫胥黎的自由教育观不仅继承了前人的思想精华，而且闪烁着高于同时代人的思想光辉。

---

① 赫胥黎. 科学与教育［M］. 单中惠，平波，译. 北京：人民教育出版社，2005：76.

② 赫胥黎. 科学与教育［M］. 单中惠，平波，译. 北京：人民教育出版社，2005：79.

③ HUXLEY T H. Science and culture and other essays[M]. New York：D. Appleton & Company，1888：120.

第二节　古典人文教育的演变

与 19 世纪中叶前的两次教育辩论相比，19 世纪下半叶的古典人文教育家同样也认识到古典大学存在的各种问题。他们并不是顽固地坚持几世纪前的古典主义教育的那一套，他们之中的有些人在不同程度上看到了随着大工业生产的发展和资本主义制度的确立所带来的许多变化。[①] 例如阿诺德父子、约翰·斯图亚特·密尔和马克·帕蒂森等。虽然他们希望看到大学教育的革新，但他们反对以动摇古典人文教育的根基来进行改革，其思想的本质仍是维护古典大学的教育传统。

一、托马斯·阿诺德：倡导温和改革

在 19 世纪的古典人文教育家中，阿诺德父子作为两颗闪烁的明星不容忽视。托马斯·阿诺德于 1828—1841 年担任拉格比公学校长。他对拉格比公学进行大刀阔斧的改革，使这所学校一跃成为英国九大著名公学之一，他本人也成为当时许多优秀校长中最著名的一位。[②] 阿诺德本人并非排斥改革的极端保守主义者，他主张对大学教育进行改革，但他采取的改革措施与科学教育派主张的引入新知不同，主张从古典人文教育自身出发，是一种较为温和保守的改革立场。

（一）论古典人文教育

19 世纪下半叶，对古典人文教育的批评来自两个群体，一个是主张将科学知识引入学校的科学教育家们，另一个是倡导教育职业化的功利主义教育家们。虽然他们在思想上存在一定的差异性，但他们强

---

① 李明德. 西方教育思想史：人文主义教育之演进［M］. 北京：人民教育出版社，2008：342.

② 易红郡. 英国教育思想史［M］. 上海：华东师范大学出版社，2017：257.

调学习以实用为导向的科学知识、反对空疏无用的古典人文教育的原则从本质上来说，具有一致性。面对外界对古典人文教育的批评，阿诺德认为应当重申古典学科的价值。这是他的古典教育思想得以产生的重要原因，他在拉格比公学进行的古典课程改革也是对这一时期人们批评的回应。①

1828年阿诺德就任拉格比公学校长，秉承他的古典人文教育理念，全力以赴推进改革。阿诺德认为教育的根本目的是培养具有虔诚信仰与高尚品德的基督教绅士，他主张通过古典人文教育实现这种教育目标。于是阿诺德一方面密切注意古典文学的语言（他的继承者后来更加强调了这一点），另一方面出于基督教的目的试图树立起一个文艺复兴的理想——“完美绅士”的典型。② 阿诺德重视古典人文教育促进个体达成完满的作用，反对学校教育排除古典学科和古典语。阿诺德认为那些指责古典学科耗费精力的人往往只是重视古典人文教育效果的潜在性而忽视内化于个体心灵的道德教化。即使古典教育的效果不明显或难以为人所察觉，但依然有其效果和作用；这就是人们在青少年时期接受古典教育所体会和理解到的思想与观念将会深藏于他们的心灵之中。③ 在公学改革中，阿诺德将古典学科视为学校教育的核心。他指出，古典文学奠定了现代文明的基础，它蕴含的真理经历了岁月的沉淀，它提供的启迪闪烁着永恒的光辉。古代贤者在多年前的哲学审思时至今日仍向人们发出疑问，英雄人物的高尚品德流传千古塑造人们的家国情怀。“他们有着为智力旅行者所称道的高明之处在于，他们所进行的观察是一般人无法企及的，他们所察觉到的事物是我们无法

① 阿诺德. 阿诺德论教育［M］. 朱镜人，译. 北京：人民教育出版社，2016：译者前言13.

② 博伊德，金合. 西方教育史［M］. 任宝祥，吴元训，译. 北京：人民教育出版社，1986：371.

③ 阿诺德. 阿诺德论教育［M］. 朱镜人，译. 北京：人民教育出版社，2016：62.

用自己的眼睛看到的，他们得出结论的依据好像是从我们这个时代获得的。他们提供的信息又是多么的新颖，多么的富有魅力。他们所提供的大量新的、恰当的事实又都具有无限的价值，是解读文明化人类本质的伟大科学。”①

阿诺德尤其强调古典学科能够延展学生历史认知边界的作用，他认为古典文学提供了丰富的历史经验，帮助学生认识到不同时代的思想、价值观和社会结构，从而使学生更好地理解世界的复杂性。“亚里士多德、柏拉图（Plato）、修昔底德（Thucydides）、西塞罗和塔西佗（Tacitus），绝不应被称为古代作家，实际上，古人就如同我们的同胞和同代之人，拥有着旅人般聪慧的优势，他们能在常人难以企及的领域进行观察，看到我们无法亲见之事。因此，他们得出的结论与我们的处境息息相关，他们所传达的信息既有新奇的魅力，又富含大量新颖和相关的事实，这是一门研究文明开化之人本性的伟大科学。”② 他强调，过去的知识极具价值，没有它当下和未来的知识体系都会存在缺陷。但要是对过去知识的学习仅停留在表面，完全脱离现实生活，甚至对知识一知半解或产生误解，那么学习这类古典知识就没什么值得称赞的地方了，反对古典课程的人也因此变得情有可原。③

阿诺德重视古典学科的教学，他对教师提出了严格要求。他认为教授古典课程的教师不仅要对希腊、罗马的历史与文学有深入了解，还得同样精通现代历史与现代文学，不能是传统意义上的“老学究”。那种所谓的纯粹学者，或者说过去常被视为纯粹学者的人，绝不可能

---

① 阿诺德. 阿诺德论教育［M］. 朱镜人，译. 北京：人民教育出版社，2016：62.

② FINDLEY J J. Arnold of Rugby: his school life and contribution to education[M]. Cambridge: Cambridge University Press, 1897: 213.

③ FINDLEY J J. Arnold of Rugby: his school life and contribution to education[M]. Cambridge: Cambridge University Press, 1897: 214.

将古典教育的益处传授给学生。[①] 为了让古典课程的教学取得良好效果，阿诺德主张教师在教学时要始终保持头脑活跃。在他看来，教学是一个动态的过程，而非机械性的活动，教师的头脑越有活力，就越能清晰地把握教学内容，进而更好地启迪学生的思维。教师的心智越是具有活力和生气勃勃，他们就越能清晰地且容易地理解事物的本质，也越适合做培育心智的工作。[②]

阿诺德反对当时古典语教学采取逐字逐句解释的训练方法，他指出学习拉丁文和希腊文不应仅局限于语言本身，而应将其与日常使用的语言相联系，每节古典语言课都应成为提升自身语言能力的课程。比如说在翻译荷马的著作时，没有比撒克逊语[③]更为合适的了，它是源自法语的最古老、最简单的英语。[④] 阿诺德高度重视古典著作的翻译练习，坚称翻译古希腊和古罗马作品是提升学生语言知识能力的有效途径。他认为在翻译教学中，要引导学生了解所译作家的相关情况，使其能依据作家的时代背景和个人风格，恰当选择词汇和语言风格进行翻译。如同我们今日要保持所说和所写英语的完美形式一样，在翻译古希腊和古罗马的散文作家作品时，应根据不同作家的个性差异做出变化，但在词汇范围和习语上基本保持一致。翻译希罗多德（Herodotus）的作品应采用编年史作者的风格和语言；翻译修昔底德的作品应采用培根或胡克的风格；而翻译德摩斯梯尼（Demosthenes）、西塞罗、恺撒（Caesar）和塔西佗的作品，则需要完全采用现代的风

---

① FINDLEY J J. Arnold of Rugby: his school life and contribution to education[M]. Cambridge: Cambridge University Press, 1897: 214.

② 阿诺德. 阿诺德论教育［M］. 朱镜人，译. 北京：人民教育出版社，2016：55.

③ 撒克逊语（Saxon），亦可译为“古代英语”。

④ 阿诺德. 阿诺德论教育［M］. 朱镜人，译. 北京：人民教育出版社，2016：65.

格。[1] 翻译古希腊和古罗马的经典著作不仅需要学生精确把握两种语言的内在逻辑，还要求他们洞悉不同历史时期的文学风格和文化差异。翻译需要对原文的逻辑结构进行梳理和分析，尤其是对于内容复杂的古希腊和古罗马散文作品，学生要厘清原文的论证思路、叙事脉络等，并用清晰合理的逻辑将其在译文中呈现出来，从而使思维更加严谨、有条理。

作为一名虔诚的基督徒，阿诺德坚信基督教义是教育的基石。在拉格比公学，他的核心目标是实施“真正的基督徒教育”，并将“宗教原则融入教育体系”作为他的首要任务。基督教重视培养教徒高尚的道德品质，教导人们好善乐施、宽以待人，其教义直接塑造了诚实、公正、仁爱等核心道德观念。阿诺德认为宗教教育本质上是一种引导：它旨在帮助人们走向永恒的生命，使人们了解并敬爱上帝，同时辨识并远离罪恶。它按照上帝的神圣旨意，塑造天性的不同方面，既启迪人们的心智，帮助其领悟至高的真理，也滋养心灵，鼓舞人们追寻至善的境界。[2] 他尤其重视道德教育的实施，他希望用道德教育唤醒个体内心的善意，促进智力和道德的共同发展。阿诺德明确提出，教育的主要目的在于我们对上帝的义务和热爱，以及我们对人的义务和感情，科学与文学只不过是对这些事情的补充而已。[3] 在阿诺德看来，在培养基督教绅士的过程中，科学学科并非处于教育的首要地位。他宣称：“假如一个人可以对某种不可能的事抱有期望的话，我可能会期望我的孩子精通自然科学。当然，这应该在孩子们获得完满的和最新的道德

---

① BAMFORD T W. Thomas Arnold on education[M]. Cambridge: Cambridge University Press, 1970: 107.

② BAMFORD T W. Thomas Arnold on education[M]. Cambridge: Cambridge University Press, 1970: 68.

③ 易红郡. 英国教育思想史［M］. 上海：华东师范大学出版社，2017：258.

知识之后。然而，我相信这一梦想不大可能成真。”[①]

阿诺德深刻地认识到，教师及其教学方式是实施宗教教育的关键。教师应认真看待自己的工作，熟悉教学的内容与方法，将宗教教育的灵魂贯穿于课堂之中。他对学校实施宗教教育提出了改进意见：第一，要求学校里的所有课堂教学通力合作，以确保基督教教育的实施。第二，教师应当为学生做出表率，使其言行符合基督教教义；不仅如此，教师还应当努力使学生的言行符合教义要求，并能使学生相互影响。[②]阿诺德还指出，学校提供的宗教教育实际上是一种“宗教教学”(religion instruction)，宗教教学只能帮助个体认识基督教，却无法保证人人都会真诚地信仰上帝。对儿童实施完整的宗教教育还需要家庭与社会力量的支持，校园之外的宗教教育比学校进行的宗教指导更为活泼生动。在阿诺德看来，一个国家的公民应当忠于法律，也应当忠于道德律，道德律在英国就是基督教的品性，因此，所有国民应当具备基督教徒的品性。[③] 在学校中倡导基督教教育，也间接促进了全社会对基督教的坚定向往。

（二）论大学教育改革

阿诺德虽也有改革教育的意向，但他所持的是保守的改革立场，实质上仍看重传统古典主义教育所强调的古典著作的学习和人文精神的培养。其原因显然是他仍然主要考虑当时英国上层社会阶级对教育的需要。[④] 他本人曾在温彻斯特和牛津受过教育，他认为培养他的那种

---

① 阿诺德. 阿诺德论教育［M］. 朱镜人，译. 北京：人民教育出版社，2016：70.

② 朱镜人. 英国教育思想之演进［M］. 北京：人民教育出版社，2014：128-129.

③ 朱镜人. 英国教育思想之演进［M］. 北京：人民教育出版社，2014：127.

④ 李明德. 西方教育思想史：人文主义教育之演进［M］. 北京：人民教育出版社，2008：344.

教育体制一般来说是可行的，而对于这种体制的弊端他也并未视而不见。[①] 他改革的目的之一是重塑高尚的道德观，避免学生受到败坏的社会风气影响。他肯定牛津大学鼓励学生进行学术研究的价值，同时也意识到了牛津大学存在的问题。一个人不能因为喜欢和热爱这个非常美丽的地方及其附属物或者在这里结下了非常有价值的和令人愉快的友情，就会愚蠢到试图永久地保留其缺点。[②]

阿诺德主张大学应当面向所有人开放，他赞成伦敦大学的无宗教派别原则。在阿诺德眼中，基督教教义所倡导的道德规范等同于英国社会确立的道德准则，基督教教义中的道德标准应在国家的道德体系构建中占据核心地位。从这个角度来看，非基督徒如犹太人、穆斯林等则不具有英国公民身份。但在教育问题上，阿诺德采取了宽容的妥协态度，他主张一种折中的方案，即非基督徒有受教育的权利。犹太人、功利主义者等必须接受符合他们信仰的道德教育，并且在大学中应专门为他们设立新的学院。[③] 在阿诺德眼中，那些非国教徒通常认同基督教的基本原则，承认宗教在道德发展中的作用。“在他们最强烈地感受到所有教育必须以基督教的真理为基础时，他们绝不会赞成取消它，也不会赞成不完美地教授它。而且他们坚信，绝大多数持异议者[④]是相信和高度评价这些真理的，在这一点上，他们不亚于英格兰国教教徒。”[⑤] 尽管他们不是严格意义上的国教徒，但他们对宗教的信仰是虔诚坚定的，因此阿诺德称伦敦大学为一所“广义的基督教大学”。阿

---

① 博伊德，金合. 西方教育史［M］. 任宝祥，吴元训，译. 北京：人民教育出版社，1986：371.

② 阿诺德. 阿诺德论教育［M］. 朱镜人，译. 北京：人民教育出版社，2016：104.

③ BAMFORD T W. Thomas Arnold on education[M]. Cambridge:Cambridge University Press,1970:7.

④ 这里的持异议者是指不顺从英格兰国教者。

⑤ 阿诺德. 阿诺德论教育［M］. 朱镜人，译. 北京：人民教育出版社，2016：105.

诺德强调授予所有符合条件的学生学位，在入学问题上主张平等，这与现代教育所倡导的平等、公正原则相契合，表现出他思想的进步之处。

阿诺德反对宗教教育与大学教育分离，他认为教会能够在国家机构中扮演积极正面的角色，基督教应是与议会的政治影响力具有同等效益的道德约束。他批评伦敦大学的反基督教立场，说道："我相信，这与将一个没有灵魂和精神的人称作完全的人（complete man）一模一样，没有区别。"①他认为基督教教育决定了个体的道德发展，基督教教育的缺失会导致智力与道德发展的失衡。作为一名虔诚的基督教教徒，阿诺德并不赞成在科学教育与基督教教育间进行调和，他认为当个体选择了信仰基督教就应当以《圣经》的原则对事物进行解释。阿诺德称，他非常清楚他最初的立场，也就是，在你离开了自然科学、哲学和纯逻辑学的纯自然基础的那一刻，用一句话简单地说，就是你踏上道德科目之时——道德哲学或历史——你必须做出选择，是做一名基督徒还是做一名反基督教者。因为涉及基督教信仰的基本问题，要么你必须以它作为你的道德判断的标准，要么你必须抛弃它，或者遵循其他的标准，或者不遵循任何标准。②

阿诺德还非常重视教师在道德教育方面发挥的作用，他将教师的角色定位为大学导师。他认为教师不仅有责任代替父母照顾和引导学生，还须关注学生在基督教精神中的整个成长过程，包括确认这一环节。这体现了他将道德教育视为教育的重要组成部分，且与宗教信仰紧密结合，希望通过教师的引导，让学生在道德和精神层面都能得到全面的培养，成长为符合基督教价值观的人。阿诺德强调教师必须思

---

① 阿诺德．阿诺德论教育［M］．朱镜人，译．北京：人民教育出版社，2016：116.

② 阿诺德．阿诺德论教育［M］．朱镜人，译．北京：人民教育出版社，2016：114-115.

想活跃，不断通过学习、旅行和研究来拓宽自己的视野。[①] 教师的成长不应局限于书本知识，还应从不同的经历和文化中汲取养分，丰富自己的内涵，以便更好地指导学生。

阿诺德虽然有意改革教育，但从本质上看他仍属于保守的人文教育派，延续了古典人文主义教育的教育理念。就实际的教育机制而言，阿诺德不但没能带来变革，反而有意地坚守古老的传统，几乎毫不犹豫地延续了植根于中世纪、在文艺复兴时期被接受并强化的着眼于文学的修道院式教育理念。在他治理下的公学，基本仍是一个修道院式的机构，专注于教授希腊和拉丁文法。他强调教育与基督教精神的结合，这在近代教育逐渐世俗化的趋势下显得有些保守和落后。[②]

二、马修·阿诺德：主张古典文化的现代性

马修·阿诺德是著名的文学评论家和教育改革者，他与父亲托马斯·阿诺德都是古典人文教育的忠实信徒。马修·阿诺德从文化的角度阐释了古典人文教育的重要性，他在 19 世纪 80 年代与赫胥黎就科学教育与古典人文教育的关系展开了激烈的辩论。

（一）具有现代性的文化观

阿诺德把英国社会各阶层分为野蛮人（贵族）、非利人群（中产阶级）和群氓（劳工阶级）。正如柏拉图在《理想国》中所呼吁的那样，他所期望的阶级利益具有柏拉图式的构想，即发展每个阶层的能力和

---

① BAMFORD T W. Thomas Arnold on education[M]. Cambridge: Cambridge University Press, 1970: 26.

② 斯特拉齐. 维多利亚名人传［M］. 周玉军，译. 上海：上海三联书店，2013：132.

美德。[①] 但无论是何种人，他们都会陷入一种误区，认为幸福就是追寻随心所欲的状态。寻常我之所欲自然因个人归属的阶级不同而有所不同，并且这个我也有严肃、认真和轻松、随意之分，但是，其始终只不过是手段工具而已。[②] 在阿诺德眼中，工业化生产能够创造巨大的社会财富，提高人们的物质生活水平，但也造成了人们对机器的过分信仰，人们逐渐沦为受机器与物质财富支配的奴隶，个体的完整性得不到充分发展，而阿诺德所追求的“完美”与此相反。如若要将个体从工具崇拜中解放出来，实现这种“完美”，阿诺德认为要借助文化的力量。完美最终应是构成人性之美和价值的所有能力的和谐发展，这是文化以完全不带偏见的态度研究人性和人类经验后所构想的完美：某一种能力过度发展且其他能力停滞不前的状况，不符合文化所构想的完美。[③] “文化”是阿诺德的理论体系中的核心概念，他从三个层面对文化进行解释。第一，文化的目标是全面完善；第二，文化是一种活动，而不仅仅是知识的集合；第三，文化是改良社会的工具。[④]

对个体而言，文化表示对个体心智成熟与精神完满的追求。文化可恰切地表述为源于对完美的热爱，而非源于好奇；文化即对完美的追寻。[⑤] 阿诺德批评将古典知识作为炫耀自己知识的资本，他反对因知识而将个体区分为不同等级，他认为文化活动最初应出于一种探寻知

---

① KUHN J F. Some notes on Matthew Arnold's thought on education and culture[J]. Notre Dame English journal,1971(1):52-66.

② 阿诺德. 文化与无政府状态 [M]. 韩中敏，译. 北京：生活·读书·新知三联书店，2002：83.

③ 阿诺德. 文化与无政府状态 [M]. 韩中敏，译. 北京：生活·读书·新知三联书店，2002：11.

④ CONNELL W F. The educational thought and influence of Matthew Arnold[M]. London:Taylor & Francis,2002:161.

⑤ 阿诺德. 文化与无政府状态 [M]. 韩中敏，译. 北京：生活·读书·新知三联书店，2002：7-8.

识的渴望。“那种自命不凡、对希腊和拉丁文化略有涉猎的文化姿态，实际上是由肤浅的好奇心滋养起来的。这种文化的所谓价值，要么是出于纯粹的虚荣和对真正知识的无知，要么是作为社会阶层划分的一种手段，就如同徽章或贵族头衔一般，用以区分别人与自己。然而，任何一个认真思考的人都不会将这种表面的知识称为文化，更不会赋予它任何实质性的价值。”① 对阿诺德而言，追求完美的人最终能够具备健全的理性，达到对自我的全面认知。他们的认知脱离了低级趣味，是治理国家的必要品质，阿诺德称为“优秀自我”。他们要培育的自我是经过提炼的最优秀的自我，他们所设定的至高无上的目标是单纯朴素的，他们就这样打破了只肯定寻常自我的阶级-生活一统天下、不受阻挠的局面，并适时地使崇拜工具手段的人感到不安。②

文化具有过程性与动态性，它类似于一种解决问题的方式而非静态的知识体系。阿诺德强调：“文化所理解的完善，并非一种静态的拥有与休憩状态，而是一种动态的成长与自我实现的过程。”③ 文化的动态性是指它与时代变化相联系，不断地发展与变化。对于阿诺德来说，不断扩张的精神是维多利亚时代无人能够忽视的真理，它源自不懈的智力追求，这种努力并非寻求一条既定的前进之路，而是不断地权衡、审视和探究那些在变化莫测的环境中逐渐陈旧的观念与习惯，从而寻求最好的道路。④

阿诺德强调的文化还具有社会改造的功能，它是通过发展个体的

---

① CONNELL W F. The educational thought and influence of Matthew Arnold[M]. London: Taylor & Francis, 2002: 162.

② 阿诺德. 文化与无政府状态［M］. 韩中敏，译. 北京：生活 · 读书 · 新知三联书店，2002：84.

③ CONNELL W F. The educational thought and influence of Matthew Arnold[M]. London: Taylor & Francis, 2002: 164.

④ CONNELL W F. The educational thought and influence of Matthew Arnold[M]. London: Taylor & Francis, 2002: 164.

素质，从而推己及人，构建全人类共同的和谐美好。完美是人类大家庭普遍的发展的理念，其与强烈的个人主义相抵牾：人们讨厌一切限制个性自由舒展的做法，“人人为自己”是大家的准则。① 阿诺德认为，文化发展个体素质的最终目的是推动全体人类的进步。他对教育的思考始终出于对国家与民族利益的考虑。阿诺德严肃检讨英国的国民性、习惯、心理定式，找出英国最缺乏的东西，提出人类全面、和谐、整体地走向“完美”的目标和标准，提倡以文化或广义的教育作为走向完美的途径和手段，学习、研究自古以来人类最优秀的思想、文化、价值资源，从中补充、汲取自己所缺乏的养分。②

阿诺德认为文化最终能够实现时代的现代化，应该用文化推动全民族的进步与发展。现代化时代的标志将是免除战争，人人具备宽容的心态，生活便捷性大幅提升，培育人的审美情趣以及对精致生活的追求能力。正如阿诺德所言，这是人类智识的成熟，即一种倾向于以批判性的眼光审视事实，探寻事物内在真理而非盲从，依据理性准则进行判断，而不是受偏见或一时兴起的驱使。③ 阿诺德提出的“文化”与古典人文教育的目标不谋而合，即重视个体在教育过程中精神世界的富足，以达到自由和谐的统一。人具有思索和表达感情的天赋，文化认为人的完美就是这些天赋秉性得以更加有效、更加和谐的发展，如此人性才获得特有的尊严、丰富和愉悦。④

---

① 阿诺德. 文化与无政府状态 [M]. 韩中敏，译. 北京：生活·读书·新知三联书店，2002：11.

② 阿诺德. 文化与无政府状态 [M]. 韩中敏，译. 北京：生活·读书·新知三联书店，2002：译者前言 14.

③ KUHN J F. Some notes on Matthew Arnold's thought on education and culture[J]. Notre Dame English journal, 1971(1): 52-66.

④ 阿诺德. 文化与无政府状态 [M]. 韩中敏，译. 北京：生活·读书·新知三联书店，2002：10.

（二）新人文主义的大学观

阿诺德的文化观和大学教育观建立在资本主义大力发展机器生产的时代。面对个体被异化为机器的风险，他希望教育革新借助古典人文主义教育传统以重塑个体完整性。因此，阿诺德的教育思想和实际活动，既具有维护古典人文主义教育传统的色彩，又含有新人文主义教育的重要因素。①

阿诺德曾长期担任学校督察员，出于工作需要，他经常到英国各地对当地的教育情况进行调查，这为他对教育事业的观点奠定了实践基础。他认为，高等教育尤其需要考虑培养个人的才能，需要系统与高水平的教学。② 阿诺德表示，英国的大学教育并不适合促进学生的发展，它甚至比不上法国或德国的中学教育。无论是语言文学、数学、自然科学、科学应用或其他任何专业，大学都应该让学生接受一流的教学，进而系统进行这方面的研究，并在学生完成基本的教育后，为他们提供必要的支持，使他们能够继续从事自身擅长的领域，发挥自己的特长，可牛津大学和剑桥大学在这方面所做的努力却微乎其微。③

阿诺德认为高等教育的目的不是培养忠诚的公民、虔诚的基督徒或有礼的绅士。这些充其量是次要的和间接的教学目的，它最主要的直接目的是使人了解自己和世界。④ 阿诺德主张国家管理教育，因为国家有巨大的力量与充分的资源进行教育改革。国家可以消除人们对机械的盲目信仰，并为中下层阶级提供教育。对这些阶级而言，教育所给予的是基于他们现有知识和判断力范围之外的观点和评价。国家赋

---

① 易红郡. 英国教育思想史 [M]. 上海：华东师范大学出版社，2017：175.

② KUHN J F. Some notes on Matthew Arnold's thought on education and culture[J]. Notre Dame English journal,1971(1):52-66.

③ ARNOLD M. The complete prose works of Matthew Arnold: volume Ⅳ schools and universities on the continent[M]. Michigan: University of Michigan Press,1964:318.

④ ARNOLD M. The complete prose works of Matthew Arnold: volume Ⅳ schools and universities on the continent[M]. Michigan: University of Michigan Press,1964:290.

予教育以民族性，它将带来人们目前所缺乏的伟大和崇高精神。[①]

在阿诺德看来，学习古典文化是提升自我认知、实现完美的主要途径。他赋予文化教育以特殊的使命，指出文化教育的目的在于培养完美的人格和健全的理智，并将这一目标的实现依托于古典人文主义教育。[②]古希腊和古罗马的经典文学能够激发学生对文化深刻的认知，唤起他们内心深处对民族文化的情感，培养他们严谨缜密的逻辑思维，最终引导他们追求真理与良善的理想。古典世界各个知识领域内的繁荣说明了人类知识的博大以及不同知识分支之间的平等地位，先贤们的教育事业也表明了各个知识门类在一个人身上得以融合的可能性。[③]对阿诺德而言，古典人文教育低效的教学导致学生耗费大量的时间与精力，但这并非意味着排除古典学科，而是改革古典教育的证明。对于现代而言，古希腊文学是促进智识解放的强大动力，是坚不可摧的对象。[④] 因此，虽然古典大学在某些方面处于落后阶段，但阿诺德仍然肯定古典大学在培养品德和内心完善方面的作用，认为古典大学是实现完美的主要场所。"牛津，从前的那个牛津，犯了很多错误，也为此付出沉重的代价：她失败了，孤立了，与现代世界脱节了。但是在牛津那美丽的地方，在优美温雅之中成长起来的牛津人，并没有放弃一个真谛，那就是认定优美温雅是全面的完美之基本品格。"[⑤]

阿诺德反对忽视个体和谐统一，只追求效用与科学知识的功利主义教育。他认为社会对功利主义教育的鼓吹与教会对人们的传教从根

---

① KUHN J F. Some notes on Matthew Arnold's thought on education and culture[J]. Notre Dame English journal,1971(1):52-66.

② 易红郡. 英国教育思想史［M］. 上海：华东师范大学出版社，2017：175.

③ 陈锋. 外国教育史［M］. 北京：北京大学出版社，2012：226.

④ ARNOLD M. Essays by Matthew Arnold[M]. London:Oxford University Press, 1914:455.

⑤ 阿诺德. 文化与无政府状态［M］. 韩中敏，译. 北京：生活·读书·新知三联书店，2002：23.

本上别无二致，这种对民众思想的引导并不有助于人们思考道德问题。“只不过说中产阶级的时候，就赞扬他们的能量、自立精神和资本，赞扬民众时，就说他们用自己的双手和体力建造了一切。”① 阿诺德认为学习自然科学知识主要是为了个体发展的统一性与整体性，实现文化的“完美”目的是实施自然科学教育的前提。“因为文学研究是人类力量运作的研究，是有关人类自由和活动的研究；自然研究是非人类力量运作的研究，属于人类局限性和被动性的研究。对人类力量和活动的沉思有利于提升人类的活力，而对人类局限性和被动性的沉思则不利。”②

阿诺德的大学教育思想具有强烈的现代性意味，他希望文化依托古典文学，提升个体的自我认知，通过古典人文教育传统矫正社会对机器信仰的崇拜，最终完成社会改革。新人文主义的特点是：并不是盲目抄袭古希腊文化（因为自从古希腊时代以后，人们的生活条件发生了剧烈的变化），而是只利用古希腊文化的珍贵部分以促进民族文化的发展。③ 与其他古典人文教育家不同的是，阿诺德的大学教育思想中既有维护传统古典人文教育的因素，又有新人文主义中革新的成分。他认为古典文化是社会改良的工具，最终能够实现国家与民族的现代性。阿诺德希望教育通过国家和个人发挥作用，引导一个国家走向更全面的教育，走向文化，走向真正的自由和真正的人性。④

（三）与赫胥黎的辩论

19世纪70年代前，阿诺德对待科学教育的态度较为积极，他明确

---

① 阿诺德. 文化与无政府状态 [M]. 韩中敏，译. 北京：生活·读书·新知三联书店，2002：26.

② CONNELL W F. The educational thought and influence of Matthew Arnold[M]. London:Taylor & Francis,2002:172.

③ 曹孚. 外国教育史 [M]. 北京：人民教育出版社，1979：225.

④ KUHN J F. Some notes on Matthew Arnold's thought on education and culture[J]. Notre Dame English journal,1971(1):52-66.

表明每个学生都需要平衡发展的教育，包括人文研究和科学学习。最初面对古典人文学科的衰落，阿诺德强调诗人、评论家和学者应超越他们自己时代狭隘的历史观，以便使民众接受古典人文教育传统。① 但19世纪70年代末，随着科学在现代课程体系中逐步确立地位，阿诺德开始转变对科学教育的态度，以免古典人文教育丧失其地位。1879年4月5日，阿诺德利用伊顿文学协会为他提供的讲坛，为古典人文主义的传统辩护，反对科学教育倡导者的指责，阿诺德试图重新强调他认为现代科学所忽视的教育的道德层面。②

19世纪80年代后，科学教育家赫胥黎多次公开表明自己对科学教育的支持，这引起了阿诺德的注意。1880年，阿诺德致信赫胥黎，解释自己对赫胥黎公开辩论的态度。"阿诺德说：'您的话语蕴含着谦逊与善意，愿上苍庇佑，让我不至于以不当之词回应，以免陷入不必要的争执，保持这份和谐的交流。'……除了表明阿诺德对公开与赫胥黎争论的犹豫之外，这封信还表达了阿诺德的坚定信念，即艺术和文学在文化上是联系在一起的，博雅教育必须认识到科学及其成就。"③ 1883年，赫胥黎在皇家艺术学院宴会上发表演讲。尽管他在演讲结束后坦言，他未有对阿诺德先生的挑战之意，但他的演讲却处处体现了对科学的赞扬与对古典学科的讽刺。

两年后，阿诺德在剑桥大学发表演讲，此举可以视为正式对赫胥黎的观点做出回应。阿诺德从人性的视角解构科学教育，他认为自然科学更多关注物质层面，对人性问题鲜有分析。他声称人文经典是高

---

① STANLEY C W. Matthew Arnold[M]. Toronto：University of Toronto Press，2019：36.

② STANLEY C W. Matthew Arnold[M]. Toronto：University of Toronto Press，2019：40.

③ ROSS D A. Matthew Arnold and Thomas Henry Huxley：two speeches at the royal academy 1881 and 1883[J]. Modern philology，1977(3)：316.

等教育的优势所在，反对大学接纳科学作为教育内容的一部分。阿诺德指出，古典人文教育能够彰显人类生命的力量，展现理性的光芒，表达人性的善意。如果在古典人文和自然科学之间做出选择，那么除了那些在自然研究领域天赋异禀的人，绝大多数人会选择人文教育并取得成功，而非自然科学教育。① 古典人文知识虽然不能发挥立竿见影的效果，但它引导人们审思自己的生活，指引人们更有意义地度过自己的人生。阿诺德给予古典知识高度评价，他说："人类对美有一种与生俱来的追求，就像其本能的行为一样。如果希腊文学和艺术展现出一种其他文学和艺术所没有的美的本能，并由此给人带来满足感，那么我们可以相信希腊语应成为我们文化的一部分，我们相信这会使希腊语的研究比现在更流行。"②

赫胥黎与阿诺德之间的最后他一次辩论发生在1883年6月13日，当天赫胥黎在剑桥大学发表了雷德演讲（Rede Lecture）。由于赫胥黎的雷德演讲和阿诺德获得剑桥大学荣誉学位都在这一天，阿诺德也将出席演讲现场。这样的巧合自然让人联想到科学教育与古典人文教育之间的对立，许多人将赫胥黎的演讲视为对阿诺德的又一次回应，这导致想要入场的人数众多，以至于元老院在执行公共仪式时决定只发放有限数量的入场券，以避免过度拥挤。③

在演讲中，赫胥黎花了大量时间介绍自己的生物学研究，并未发表任何与争论直接相关的激进言论，在演讲的最后对学生进行了劝诫。他大胆地指出，如果学生在解决文学或神学批评问题时能够全力以赴，

① ROSS D A. Matthew Arnold and Thomas Henry Huxley：two speeches at the royal academy 1881 and 1883[J]. Modern philology，1977(3)：316-324.

② SANDERSON M. The universities in the nineteenth century[M]. London：Routledge & Kegan Paul，1975：140-141.

③ ROSS D A. Matthew Arnold and Thomas Henry Huxley：two speeches at the royal academy 1881 and 1883[J]. Modern philology，1977(3)：316-324.

那么在没有充分了解进化论的情况下就对其发表意见，不过是学生为自己的无知找借口。① 赫胥黎希望学生对待科学研究的态度能够像对待古典人文教育那样认真。“当阿诺德走上台时，他非常引人注目，这时一个无礼的本科生在旁听席上大声喊道：‘去和赫胥黎握手吧！’尽管这是一个小玩笑，但赫胥黎露出了一半好笑一半讽刺的表情。不论那天赫胥黎是否选择与阿诺德握手，他至少没有大声反对阿诺德，似乎是以此为自己和阿诺德之间达成了一种默契的和解。”② 最后一次辩论也就此落下帷幕。

三、约翰·斯图亚特·密尔：支持文理融合

英国哲学家约翰·斯图亚特·密尔的教育大部分来自非学校教育的影响，他在法国体验到了与英国社会不同的自由和亲切氛围，这使他对欧洲大陆的生活有了更深入的理解，并且掌握了流利的法语。尽管密尔没有接受过正规的高等教育，但他通过阅读经典著作、练习写作等方式，实现了自我教育和提升。1867 年，密尔在圣安德鲁斯大学发表了演讲，表达了自己对大学教育内容的看法，并对斯宾塞过于激进的科学教育观提出了批评。虽然密尔本人是知名的功利主义学者，但他在这次演讲中体现了将古典人文教育与科学教育相融合的倾向。他和接受德国观念论影响的马修·阿诺德的立场比较接近，认为古典人文知识最终是研究现实世俗文化的工具，是社会改良的工具。③

---

① Huxley T. H. The Rede Lecture [EB/OL]. (1883-06-13) [2023-09-23]. https://mathcs.clarku.edu/ huxley/SM5/ Rede.html.

② Huxley T. H. The Rede Lecture [EB/OL]. (1883-06-13) [2023-09-23]. https://mathcs.clarku.edu/ huxley/SM5/ Rede.html.

③ 密尔. 密尔论大学 [M]. 孙伟钊，译. 北京：商务印书馆，2013：译者前言 3.

（一）大学教育的目的：培养有教养的人

在演讲中，密尔表达了为大学教育辩护的立场，并借此机会探讨教育中各学科与人类文化发展的联系。他通过分析每门学科在人文教育中的地位和特点以及它们如何分别促进个人心智的发展和国家福祉，进而讨论如何协调一致地实现教育的目标——强化、提升、净化和美化人性，为人类提供必要的精神支撑，协助他们完成生命的使命。① 密尔坚信，大学教育的终极目标在于促进个体的全面发展。密尔指责斯宾塞“离经叛道”的观点，并直言：“大学的目的并非仅仅传授使人们适应特定职业所需的知识，我们的目标不是培养技术熟练的律师、医生或工程师，而是要培养具有能力和教养的全面人才。”② 密尔曾指出，长期以来英格兰大学的教育目标较为局限，仅聚焦于古典语言和数学这两个领域。直至近期，才开始设立自然科学与道德科学的课程，建立相应的考试制度。与之不同的是，苏格兰大学早就系统性地开展自然科学与道德科学的教学，并聘任具有极高学术水平的教师承担这两大领域的课程教学任务。密尔认为：“凡是涉及人类智力、道德和美学经验的学科都应当成为学生的学习内容。因为这些学科有助于智能的获得，有助于掌握系统的知识，有助于从道德意义上了解和意识到人类存在的问题，有助于打开人类思想的宝库，有助于提供评价自己和他人取得成就的标准等。”③

密尔指出，作为使我们的本性日趋完善的教育，就其最大范围而言，不仅包括我们为自己所做的一切，甚至包括对人的性格和能力产

① MILL J S. Inaugural address: delivered to the University of St. Andrews[M]. London: Longmans Green Reader and Dyer, 1867: 3.

② SANDERSON M. The universities in the nineteenth century[M]. London: Routledge & Kegan Paul, 1975: 127.

③ 朱镜人. 英国教育思想之演进［M］. 北京：人民教育出版社，2014：186.

生间接影响的各种因素。[①] 简言之，所有有助于塑造人的因素，都是教育的一部分。基于自己的成长经历，密尔认为教育是多种因素综合作用的结果，它不仅限于学校教育，还包括个体所处的环境。教育不仅包括我们为使自身更接近天性的完善而做出的努力，还包括我们借助他人帮助来达成完善境界的过程；就其广义而言，它还涵盖那些与达成完善这一直接目的截然不同的事物。这些事物能够对个体的性格和能力产生间接影响，比如法律、政府、工业技术、社会生活方式，甚至那些不以人的意志为转移的物理现象，诸如气候、土壤和地理位置等。任何有助于塑造人类，使个体成为当下模样，或阻止其成为其他模样的事物，凡是对人的性格和能力有间接影响的因素，均包含在教育的范畴之中。[②] 个体教育也应该包括方方面面的内容，具有全面性。

培养个体的全面性最终是为了服务社会的发展。人们不应局限于自己的专业领域，而需拥有广泛的知识和认知。密尔强调，学习的目标应是对社会生活和自然世界有一个全面的理解。“我们应当明白，学习的目的不应该只是了解我们主要从事的职业，而是在做到这一点的同时，还要对与人类有关的一切重大问题有所认识：包括精准把握事物的内涵；明确我们对什么已知和什么未知，我们的目标应该是获得自然和生活的全面又真实的看法，而不应该在毫无意义的细枝末节上浪费时间。”[③] 总而言之，这种教育提倡全面发展的理念，旨在培养能够深刻理解和影响社会议题的思考者。“一个只会从事一种专门职业，

---

① 李明德. 西方教育思想史：人文主义教育之演进［M］. 北京：人民教育出版社，2008：358.

② MILL J S. Inaugural address: delivered to the University of St. Andrews[M]. London: Longmans Green Reader and Dyer, 1867: 3.

③ MILL J S. Inaugural address: delivered to the University of St. Andrews[M]. London: Longmans Green Reader and Dyer, 1867: 10.

而不了解他所生活的世界的人，通常被视为没有受过教育的人。”①

密尔尤为重视古典学科的学习，他认为学习古典语的目的是了解本民族的文化，若要深入理解其他文明与教养丰富的民族，掌握其语言和文学显得极为有益。如果了解其他有教养和文明民族的语言和文学如此有用，那么对我们最有价值的当属古人的语言和文学。② 古希腊和古罗马的文学作品重视培养个体的理性，它们言简意赅的文风和严谨准确的逻辑都为个体的心智发展提供良好的训练。“伟大的希腊和罗马作家的文风的秘密在于它是完美的理智。他们从不使用一个没有意义的词，他们知道自己要说什么，他们的最终目的就是要把作品说得最准确、最完整，并尽可能清晰、生动地记在脑子里。”③ 密尔感叹古典文学在遣词造句上的精准与巧妙，给人以简洁明快之感；赞扬古典作家优美而不失严谨的文风，以鲜明的形式表明写作内容。

密尔深刻剖析了经典著作的意义，他宣称经典著作是衡量事物的标杆，激励现代人追求卓越，让经典在不同时代都能发挥引领作用。“虽然我们所处的环境决定了我们无论如何努力都无法比得上古人，但这并不影响熟读经典的意义。也因为存在这些完美的经典，我们还至少能知道优秀的著作是怎样的，它促使我们去追求这完美性，在力所能及的范围里——只在这样的领域里去努力接近这些经典。这些经典正是古人赠予我们的珍贵的礼物，假如说他们杰出的作品没有给我们复制的余地的话，那么也就等于没有给我们直接模仿的余地，所以它们变得更加贵重了，这不是可以学会的小技巧，而是手段与目的间的

① 李明德. 西方教育思想史：人文主义教育之演进［M］. 北京：人民教育出版社，2008：360.

② MILL J S. Inaugural address: delivered to the University of St. Andrews[M]. London: Longmans Green Reader and Dyer, 1867: 13.

③ MILL J S. Inaugural address: delivered to the University of St. Andrews[M]. London: Longmans Green Reader and Dyer, 1867: 18.

完美对应。”①

在英国教育界科学教育派和古典人文教育派的激烈论争中，密尔表面上持折中的观点，但实际上是倾向于维护古典人文主义教育传统，并蕴含着对人文主义教育理想的新期望。② 就教育内容而言，密尔坚称古典语是最好的教育材料，能够对学生进行心智训练。相对于古典研究启发精神整体，科学研究只是启发人的精神的极小一部分。③密尔也指出了教育体系可能存在的不足，他认为古典人文教育的真正问题在于学科的教学方式。“我期望看到这些改革者将批判的焦点对准公立和私立学校那令人羞耻的低效运作。这些学校表面上在教授两种古典语言，实则并未真正履行其职责。我希望听到改革者对那种低效的教学方法进行严厉的指责，对教学可耻的懒惰和漫不经心进行谴责，这种教育模式浪费了学生们的青春年华，对于绝大多数学生而言，即使是他们唯一表现出兴趣的知识，也未曾得到实质性的教育。”④ 密尔肯定古典学科的价值，他认为古典知识的学习与其他学科并不冲突。如果这两种古典语言教学效果良好，便无须将它们从学校课程中剔除，从而有充足时间学习其他应涵盖的内容。⑤ 对于“古典语学习耗时过长”的看法，密尔认为古典语本身并不存在问题。“如果我们的古典学校采用所有经过实践检验的语言教学方法，那么我们很快就不会再听到拉丁文和希腊文是必须用一年的时间来学习而不可能获得任何其他的知

---

① 密尔．密尔论大学［M］．孙传钊，译．北京：商务印书馆，2013：38.

② 李明德．西方教育思想史：人文主义教育之演进［M］．北京：人民教育出版社，2008：358.

③ 易红郡．英国教育思想史［M］．上海：华东师范大学出版社，2017：196.

④ MILL J S. Inaugural address: delivered to the University of St. Andrews[M]. London: Longmans Green Reader and Dyer, 1867: 8.

⑤ MILL J S. Inaugural address: delivered to the University of St. Andrews[M]. London: Longmans Green Reader and Dyer, 1867: 9.

识的说法了。”[①]

（二）大学教育的内容：科学与人文并重

与纽曼、斯宾塞相比，密尔在科学教育与古典教育上并未采取非黑即白的态度，主张科学知识与古典人文知识都作为高等教育的一部分。密尔与纽曼最大的区别是，密尔不是基督教虔诚信徒，身处牛津大学、剑桥大学之外，主张英国的大学（严格地说是英格兰的牛津大学、剑桥大学）应该克服国教教派的宗派性，大学要从宗教教义教学中解放出来，才能做到真正自由地探索真理。[②] 密尔认为，大学教育应该提供这样一种促进个体全面发展的教育。只有个体对知识体系具有全面的把握，他才能够形成更为深刻的自我认知。正是这种文理融合培养出开明的公众：一群受过良好教育的知识分子，他们各自在自己的专业领域内通过个人成就展示了何为真正的知识，并且对其他学科也有足够的了解，能够辨识出谁比他们更了解自己。[③] 因此，他反对大学在古典人文教育与科学教育之间做出的任何冲突或单一选择。密尔宣称：“如果不包括文学和科学，有什么能称得上是好的教育呢？如果说科学教育让我们懂得思考，文学教育让我们表达思想，难道我们不需要两者兼而有之吗？”[④]

密尔首先肯定古典人文教育应在教育中占有重要地位，他宣称古典人文学科具有独一无二的教育价值，能使学生获得纯粹的知识。“我们研究古代伟大著述家时，我们不仅理解了古代精神，甚至还能够积

---

① MILL J S. Inaugural address: delivered to the University of St. Andrews[M]. London: Longmans Green Reader and Dyer, 1867: 8.

② 密尔. 密尔论大学 [M]. 孙伟钊，译. 北京：商务印书馆，2013：译者前言 3.

③ MILL J S. Inaugural address: delivered to the University of St. Andrews[M]. London: Longmans Green Reader and Dyer, 1867: 10.

④ MILL J S. Inaugural address: delivered to the University of St. Andrews[M]. London: Longmans Green Reader and Dyer, 1867: 28.

累对今天的我们也有价值的、前人贤明的思想和省察。与此同时，我们还会熟悉迄今为止人类精神孕育出的最完美和最完善的文学作品，即使在人类改变了生活环境之后，依然因其具有永恒的文学价值，成为流传千古无与伦比的精品。”① 密尔反对有人提出利用现代作品或译本取代经典原著。他认为现代著作不过是对古人的拙劣模仿，而阅读古希腊语、拉丁语的文学经典，不仅能够跨越时空与智者对话，真切地感受到厚重的历史，还能观史以自照，鉴古而明今，领悟到诸多在当今时代依然熠熠生辉的思想理论。“在现代著作中能学到的不过是一点现代人著者的对古代思想的见解，古希腊人、罗马人决不在现代的著作中呈现出来。现代的读物中只是著者对古希腊人、罗马人的现代的解释。通过翻译的地方不能对理解起到很大帮助的作用。真要知道那时候的人考虑什么、说了什么，必须直接倾听那人亲口说出来的东西。”②

其次，密尔对科学教育的接纳以及对科学知识的肯定，使他与前两次论战中的纽曼、惠威尔有所区别，大学科学教育和古典人文教育在冲突中走向融合，使这场论战的内涵更为丰富。诚如密尔所言：“经验证明，如果把其他一切都排除在外，那么无论哪种学习或追求都会使人的思想变得狭隘和扭曲；由于无法接受和欣赏新事物，除了所有狭隘的专业所共有的普遍偏见之外，它还滋生了一种针对这种追求的偏见。”③ 在科学问题上，密尔比惠威尔更具远见，虽然他坚信古典人文教育的卓越性，但他认为科学知识也能够培养学生的思维能力，应重视大学教育对学生表达与推理能力的培养。密尔重视科学学科的价值，他认为与科学相关的知识与人类生活密切相关。为我们提供有关

---

① 密尔. 密尔论大学［M］. 孙伟钊，译. 北京：商务印书馆，2013：33-34.

② 密尔. 密尔论大学［M］. 孙伟钊，译. 北京：商务印书馆，2013：31.

③ MILL J S. Inaugural address：delivered to the University of St. Andrews［M］. London：Longmans Green Reader and Dyer，1867：9.

宇宙最重要的知识，确实是教育的重要功能，这样我们不会因无法理解而感到无趣，以至于将周遭的世界看成一本打不开的书，而弄懂这些生活中常见的事情的原理，是科学有用性最明白、单纯的部分。① 换言之，科学教育的关键在于为人们提供了解斗转星移、世间变幻的知识和方法，使人们能够深入理解物质世界，对世界万物保持探索的欲望。例如密尔认为，生理学是研究有机体和人体结构与功能的科学，对生理学知识的了解对所有人都至关重要，不应仅限于专业人士。近年来，关于公共卫生的讨论使大众意识到生理学知识在日常生活中的重要性。对于那些致力于提升智力水平的人来说，生理学的研究显得尤为重要。在当前高等教育和研究的发展背景下，生理学已成为一门不可或缺的学科。它所提供的实践体验是其他自然科学无法替代的，无疑是了解复杂知识的最佳起点。②

科学教育的价值远不止于此，密尔认为科学教育的最终目的是促进个体的知性发展，即在了解已知事物运作机制的基础上，对未知事物进行逻辑推理，利用原有经验发现新知。当个体能将理性判断与事实经验运用于实际生活之中，那么他的知性也得以发展。贯穿人的一生的知性，最活跃、最持久发挥作用是在探索真理时，要不断探究什么是有关某一事物真正的真实，对我们来说是必要的。③ 在科学教育中，事实是构成知识的素材，仿佛建造房屋的材料；而人的精神则如同制造知识的工具，是对事实进行加工、提炼出知识的关键。因此，密尔认为科学教育与古典人文教育在促进个体完善方面发挥的作用各不相同。“古典文学给我们的典范是完美的表现形式，而自然科学为我们提供完美的思维形式。数学、天文学和自然哲学（物理学）是典型

---

① 密尔．密尔论大学［M］．孙伟钊，译．北京：商务印书馆，2013：44.

② MILL J S. Inaugural address: delivered to the University of St. Andrews[M]. London: Longmans Green Reader and Dyer, 1867: 29.

③ 密尔．密尔论大学［M］．孙伟钊，译．北京：商务印书馆，2013：45.

的由推理来发现真理；实验科学是通过直接观察发现真理的最典型事例。相信所有这一切中的科学研究手段，是因为通过这些手段推到的结论是以后能够验证的、被证明了的真理。在不能容易地采用与自然科学同样的验证方法的场合，我们想要掌握识别真理的能力，首先可以从事数学或实验科学研究。”①

七年后，密尔对古典人文教育的推崇受到了科学教育家赫胥黎的批评，赫胥黎认为科学应在教育中占据首要地位，他采取了一种巧妙方法攻破古典教育。他引用密尔对古典教育的赞美，并改变其中的一些词，使其变为对科学的赞美。赫胥黎在演讲中指出：“我引用的段落出自约翰·斯图亚特·密尔，但是你听不到逗号，因此我应立即补充一句，我冒昧地用‘科学工作者’代替了‘古代辩论家’，用‘科学是教育的重要组成部分’代替了‘古典语是我们最好的人文教育’，毋庸置疑这是正确的。事实上，密尔确实发表了一篇有关古典教育的崇高赞美诗。我不怀疑它的正义与智慧。但我敢断言，任何一个了解事实、公正明智的法官都会毫不犹豫地判定，这段话同样适用于科学训练。”②赫胥黎支持大学开设专门的科学院系，他认为科学课程比古典人文课程更有优势。

在密尔身处的 19 世纪，古典人文教育在教育实用化和科学化趋势的影响下备受批评，人们围绕这种批评天然地形成了教育保守派和教育改革派。两类派别最终辩论的结果，既促进了古典人文教育改革，又确立了科学教育的地位，这与密尔倡导的大学教育观念不谋而合。通观《就任圣安德鲁斯大学名誉校长典礼上的演说》中密尔的大学观，多少也可以看到那个时代在工业化、商业化强势冲击下，密尔对人文主义的恋情的退却；密尔的折中也反映出维纳（Wiener）和反击者

① 密尔. 密尔论大学［M］. 孙伟钊，译. 北京：商务印书馆，2013：46.

② SANDERSON M. The universities in the nineteenth century[M]. London: Routledge & Kegan Paul, 1975: 132.

们——论争双方的观点，都有一定道理，所谓仁者见仁，智者见智。①

继赫胥黎与密尔的论战后，马克·帕蒂森表明了支持密尔的立场，他沿用密尔的演讲词捍卫古典人文教育。他宣称大学是古典人文教育的场所，不应以寻求谋生手段为目的，大学并不是为了让人们适应某种特殊的谋生方式；大学的目的不是教授法律或神学、银行学或工程学，而是培养心灵和塑造智力。② 在帕蒂森看来，大学不仅在于丰盈个体的知识，还应注重追寻高雅品位与高尚人格的古典人文教育精神。

有趣的是，在不同时期帕蒂森对待科学教育与古典人文教育的态度十分摇摆。1868 年，他批评了牛津大学传统的人文教育的虚伪，宣称高等教育具有双重作用，即为职业提供专业知识和通识或人文教育。③ 帕蒂森倡导大学开展研究，其中包括科学研究，他呼吁建立与工商业相关的科学学院。两年后，他向德文郡委员会提出意见，建议牛津大学开展更广泛的科学研究，如化学与工程学，并为科学与技术研究提供设备。然而在为密尔的辩护中，他又反对将工程学等学科纳入大学课程，再次回归为古典人文教育辩护的正统之中。帕蒂森主张大学是学术研究和学习的场所，他的改革为 19 世纪末和 20 世纪英国大学教师角色的取向奠定了基础。帕蒂森的重要作用在于他对牛津大学改革发挥的巨大领袖作用，他指出牛津大学是一个集教学、学习与原创性研究的场所。帕蒂森的改革使牛津大学成为一个高效、强大的学术机构，同时帕蒂森为 20 世纪中叶英国高等教育发展贡献了重要力量。

在 19 世纪这场激烈的论战中，科学教育派与古典人文教育派就教育理念、课程设置、教学方法等多个层面进行了深入的探讨与论战，

---

① 密尔．密尔论大学［M］．孙伟钊，译．北京：商务印书馆，2013：译者前言 8-9.

② SANDERSON M. The universities in the nineteenth century[M]. London:Routledge & Kegan Paul,1975:133.

③ SANDERSON M. The universities in the nineteenth century[M]. London:Routledge & Kegan Paul,1975:118.

人们逐渐意识到科学教育不仅是培养学生创新能力和实践精神的重要手段，更是大学教育不可或缺的一部分。观念的转变使得科学教育在大学教育中的地位得到了前所未有的提升。这场辩论潜藏并反映了新式城市学院对老派古典大学古典人文教育理念的挑战。① 科学教育体系的逐步建立与完善使英国大学教育开始步入现代化的新阶段，为英国大学教育注入了新的活力。论战不仅影响了英国大学教育的发展方向，也对整个社会的科技进步和文化繁荣产生了深远的影响。它标志着英国大学教育在现代化进程中迈出了坚实的一步，为未来的教育改革和发展奠定了坚实的基础。

---

① SANDERSON M. The universities in the nineteenth century[M]. London: Routledge & Kegan Paul, 1975: 115.

第六章　19 世纪英国大学科学教育派与古典人文教育派论战的结果

近一个世纪的教育论战在改革中走向尾声，在社会多方力量的努力下，政府开始干预大学教育，批准各类委员会对新型大学与古典大学的教学情况进行调查，并出台相关法律推动改革举措落地见效。新型大学在立足地方经济发展、大力发展科学与技术的同时也设立了人文学科；古典大学从固守古典人文教育传统走向变革，建立起科学教育体系。科学教育与古典人文教育从最初的分庭抗礼逐渐走向平衡，英国大学教育开始形成高等教育的新局面。

第一节　促使政府调查与制定法规

政府对大学教育的干预是推动 19 世纪科学教育进入大学的重要动力。19 世纪中期后，政府通过成立皇家调查委员会与德文郡委员会，为大学科学教育提供指导意见，这一举措成为推动英国大学改革的重要动力，从根本上推动了高等教育发展。

一、第一次皇家调查委员会与 19 世纪 50 年代的教育法

皇家调查委员会是 19 世纪中后期第一个对古典大学科学教育进行调查的官方组织。19 世纪上半叶古典大学因其保守封闭的教学风气受

到诸多社会批评，为此，古典大学开始内部改革。然而，“牛桥”根深蒂固的古典人文教育传统导致改革进展极为缓慢，改革派人士意识到要想改革措施落实必须寻求外部推动力。1849年，两所大学的皇家学会成员签署请愿书，要求政府成立皇家调查委员会。1850年，约翰·罗素致信两所古典大学表明委员会成立的用意，即调查牛津大学和剑桥大学的状况和收入以及大学及其下属若干学院管理的章程条款，并提出有关王室或议会是否可以采取措施的报告。①

两所古典大学对此举的态度也各不相同。拟定成立皇家调查委员会之举遭到牛津大学的强烈抵制。牛津大学认为，皇家调查委员会的审查对大学发展难有裨益，早在1636年，即两个世纪前，牛津大学就已修订整部校规，构建出令人信服的学术体系。② 与牛津委员会（The Oxford Commission）反对的态度相比，剑桥委员会（The Cambridge Commission）则比较温和，称这些改变消除了非必要的限制性传统，开辟了新的学习课程。③ 尽管委员会的成立与工作开展遭到保守派的阻挠，但在科学教育人士及多方力量的支持下，皇家调查委员会历时两年，于1852年发布了关于牛津与剑桥两所大学的调查报告。该报告全面地反映了古典大学在教学管理、人员聘用、科系设置等方面的问题，其中不乏对“牛桥”科学教育的建议。

在教育对象上，报告主张古典大学扩大招生范围，不以宗教信仰作为入学标准。长期以来，古典大学的宗教性将一批有志于学的青年学生拒之门外，皇家调查委员会指出：“社会上有一大群人被排除在

---

① DOUGLAS D C，YOUNG G M，HANDCOCK W D. English historical documents：volume Ⅻ(1) 1833-1874[M]. New York：Oxford Press，1956：869.

② DOUGLAS D C，YOUNG G M，HANDCOCK W D. English historical documents：volume Ⅻ(1) 1833-1874[M]. New York：Oxford Press，1956：871.

③ MACLURE S. Educational documents：England and Wales 1816 to the present day [M]. London：Chapman & Hall，1965：64.

外，那些人不是因为贫穷，而是因为不愿意签署《三十九条教规》。”[①]鉴于此，报告建议对宗教考试进行改革，学生的录取不应受到其宗教信仰的影响，大学应对非英国国教徒学生与英国国教徒学生一视同仁。委员们提议：“我们需要使大学成为一个伟大的学习场所，把最有能力的教师和学生聚集在一起，使许多不能成为大学成员的人能够利用其培训和社会所带来的优势以及其天赋带来的回报，尽可能影响更多的人……我们需要让所有有资格的人都能接受最好的教育，而不是为了给那些被排除在外的人提供一些安慰……”[②]

在教育内容上，古典大学需扩展课程内容、拓宽学科分支。报告发现虽然学生被允许自由选择自然科学或人文古典课程，但前提是通过哲学、历史与古典文学考试。皇家调查委员会认为由于牛津大学、剑桥大学长期以来盛行的古典教育传统，人们将培养思维能力看作是大学唯一的职责，而不是传授任何专业知识，研习经典著作被当作塑造与完善心灵的最佳手段，因此无论学生日后成为牧师、律师还是医生，所受的教育内容都是古典人文教育的内容。[③] 大学不应停留于原有的传统教育内容中，应转变观念，以更为开放的姿态接受现代性的科学课程。

在人员管理上，委员会要求大学改革教师独身制，提升教师待遇，吸引人才。19 世纪 70 年代前，古典大学要求教师必须独身，这导致倾向结婚的教学人员不得不流向其他层次的学校，有能力的教学人员无法常驻，而一直留在大学的教学人员通常水平参差不齐，这加剧了大

---

① MACLURE S. Educational documents: England and Wales 1816 to the present day [M]. London: Chapman & Hall, 1965: 67.

② MACLURE S. Educational documents: England and Wales 1816 to the present day [M]. London: Chapman & Hall, 1965: 67.

③ MACLURE S. Educational documents: England and Wales 1816 to the present day [M]. London: Chapman & Hall, 1965: 68.

学低下的教学效率。报告批评了古典大学沿用的独身制，并指出独身制对大学发展的危害。对教师身份的限制加之微薄的收入使得很少有教授愿意长期从事大学科研工作，这一状况贬损了大学科研成效，更多的人才涌入其他类型的学校而不愿留在大学。报告指出，全国各地中等教育学校的收入日益丰厚，这些学校所设职位提供的薪酬高于受独身限制的大学导师，因此大学对其导师的掌控程度比以往任何时候都低，只要受到独身制的限制，大学就不会成为一个由知名教师和学识广博的人组成的稳定机构。① 调查委员会还提议将大学增加的收入用于增加教授的津贴或新设学科的教授聘用上，以提升教师的待遇。

皇家调查委员会的报告有力推动了古典大学改革，为后续颁布有关大学改革的法律提供了理论依据。皇家调查报告的完成为大学改革规划出切实可行的改革蓝图，此后政府将根据委员会的报告拟订改革议案，交由议会讨论实施。随后，议会根据皇家委员会提出的报告分别颁布《1854 年牛津大学法》（*Oxford University Act 1854*）和《1856 年剑桥大学法》（*Cambridge University Act 1856*）。两部大学改革法在改组古典大学权力机构、取消宗教考试、推广教授制等方面发挥了巨大作用，其出台象征着 19 世纪古典大学改革的重要节点。但遗憾的是，在科学教育上，它们未能解决所有的教学问题。

二、第二次皇家调查委员会与 19 世纪 70 年代的教育法

皇家调查委员会于 19 世纪 50 年代发布的报告虽影响重大，但仍面临许多亟待解决的问题。牛津大学和剑桥大学许多问题的根源在于大学与学院之间财富和权力的悬殊，大学与学院的收支不平衡问题成为

---

① DOUGLAS D C, YOUNG G M, HANDCOCK W D. English historical documents: volume Ⅻ(1) 1833-1874[M]. New York: Oxford Press, 1956: 889.

批评的首要对象。这种悬殊在很大程度上影响了大学的科学研究，能够进行统一管理的大学缺乏经费支持，导致难以对科学研究所需的设备、实验室等集中管理，而经济基础雄厚的学院很难展开整体管理，却又很少拨款给科学研究，阻碍了科学研究的进程。1871 年 10 月，英国首相威廉·格莱斯顿（William Gladstone）致信牛津大学校长，提议再次建立调查委员会以扩充 19 世纪 50 年代皇家调查委员会的意见。信中指出，此次调查范围包括大学的财政状况："关于在议会中提到的调查范围，在我们看来，它应该包含所有与大学本身、学院及其礼堂的财产和收入有关的最充分信息。其中应包括财产收入的增减与未来趋势以及它们所适用的用途说明。"①

1872 年，格莱斯顿政府组建了以克利夫兰公爵（Duke of Cleveland）为主席的第二个皇家调查委员会，对"牛桥"的财产和收入状况进行调查和取证。② 委员们于 1874 年 7 月提交了他们的报告。报告共十一章，主要论述了两所古典大学的财政资源情况。根据报告内容，政府于 1877 年出台了《1877 年牛津大学和剑桥大学法案》（*Universities of Oxford and Cambridge Act 1877*）。委员会指出，新章程的制定，要以发展文科、科学和其他学科的教育为出发点和立足点。③ 1877 年的法案为大学财政收入提供了法律保障，有助于此后大学发挥统一调度的作用，尤其为推动自然科学研究做出不可磨灭的贡献。正是在多重法案的确立下，功利主义者、科学教育家等人士在与古典人文教育派的论战中取得的成果才能够在古典大学中得以保护。这些

---

① TILLYARD A I. A history of university reform from 1800 A. D. to the present time, with suggestions towards a complete scheme for the University of Cambridge[M]. Cambridge: W. Heffer and Sons Limited, 1913: 205-206.

② 姜远谋. 19 世纪下半叶英国古典大学自由教育传统的变革 [D]. 长沙：湖南师范大学，2019：56.

③ 周保利. 欧美教育史论丛：19 世纪剑桥大学改革研究 [M]. 呼和浩特：内蒙古大学出版社，2012：162.

法律章程中规定的管理措施直至今日依然在古典大学中沿用，为英国大学教育迈向现代化奠定了基础。

19世纪中叶两部法案的颁布放宽了古典大学对教育对象的限制，但在整个19世纪60年代，浓厚的宗教影响仍笼罩着古典大学，如古典大学仍禁止任命非英国国教徒毕业生为大学研究员。自1863年始，每年都有法案上交议会，提议消除这种不公正的现象，这种情况直至19世纪70年代第二次皇家调查委员会的成立及相关法案的颁布才得以改变。最广为人知的事件是犹太裔英国数学家努玛·爱德华·哈托格(Numa Edward Hartog)的获奖。哈托格就读于剑桥大学的三一学院，毕业时以出色的成绩获得数学界的极高荣誉——史密斯奖(The Smith's Prizes)。虽然哈托格获得了史密斯奖，但他无法如众人期望的那样获得大学奖学金，除非他宣称自己是英国教会的一员。①

1871年《大学考试法》(*The Universities Tests Act*)颁布，要求古典大学进一步放宽对宗教信仰的限制。法案规定："自本法案通过之日起，任何人在牛津大学、剑桥大学和达勒姆大学(或其中任何一所大学)都可以取得除神学学位以外的任何学位，都能行使从前只有毕业生才能行使的特权，……在上述任何一所大学或所属学院中，任何人都允许任教、允许开办能够接待学生的私立厅舍，人们既不需要签订任何有关宗教信仰的条款或做出任何关于宗教信仰或职业的宣誓，也不需要参加任何宗教仪式或出席任何形式的公共崇拜，更不必加入任何指定的教会、派别或宗教团体……"② 更重要的是，该法案取消了教师的独身制，使大学向更有能力的人开放奖学金，进一步提高了大学教学效率。调查委员会主张设立更多的非独身教授职位，一方面管

① CANTOR G. Quakers, jews, and science: religious responses to modernity and the sciences in Britain 1650-1900[M]. Oxford: Oxford University Press, 2005: 86.

② SANDERSON M. The universities in the nineteenth century[M]. London: Routledge & Kegan Paul, 1975: 148-149.

理更广泛的课程，另一方面通过更多的捐赠提供高级职位，并以此作为激励吸引研究员留在大学任教。① 毋庸置疑，自然科学研究的顺利进行需要长期从事该领域的专业人员，取消独身制为自然科学研究提供了更为稳定的人才支持。总之，该法案取消了除神学学位外的宗教考试，消除因宗教信仰问题造成的不公正现象，削弱了大学与教会之间的联系；独身制的取消与奖学金的开放为大学科学教育提供了前进动力，极大促进了古典大学科学教育的蓬勃发展。

三、科学教育的全面调查与《德文郡报告》发布

19 世纪 50 年代后，英国国际经济地位不断下降，许多科学家与工商业企业家认为，科学知识与高等教育的结合能够极大促进国家经济发展与工业生产。他们极力要求大学给予科学发展一席之位，期望政府提供帮助与支持。经过社会多方人士的不断请求与努力，1870 年政府批准成立皇家科学指导与科学进步委员会，任命第七代德文郡公爵（7th Duke of Devonshire）威廉・卡文迪什（William Cavendish）为主席。该委员会的成员主要由科学研究的专业人员构成，目的是对英国大学科学教育情况进行调查，其中不乏与古典人文教育对垒的有识之士，如洛克耶、赫胥黎等。

皇家科学指导与科学进步委员会于 1872—1875 年共发布八份报告，对英国的各级各类学校的科学教学现状与资金支持进行调查并提出指导意见，此次调查形成的结果被称为《德文郡报告》（*Devonshire Reports*）。尽管古典大学的许多教授和导师确实在推动教育改革方面发挥了积极作用，但是，如果没有外部支持，尤其是德文郡委员会和 19

① SANDERSON M. The universities in the nineteenth century[M]. London: Routledge & Kegan Paul, 1975: 77.

世纪 70 年代末成立的大学委员会的协助，他们所付出的努力可能难以取得显著成效。①

其中第三份报告对古典大学的科学教育现状进行调查，并提出进一步的建设意见。一方面，报告肯定了古典大学的改革颇有成效。报告显示，“牛桥”在学生自由选择课程上基本已达成共识，认为强制要求学生接受其不感兴趣的课程对学生自身毫无裨益，也不再要求古典人文课程成为每个学生的必修性科目。“尽管希腊语在大学教育中有着长达三个世纪的传统，但其是否应继续作为必修课程，已经成为一个悬而未决的话题。许多人认为，对于其他研究领域来说，强制性学习古典语要求很难被普遍接受或实施。”② 除了在教育观念上有所改善，古典大学还给予了科学研究物质支持，因其财力雄厚，所设立的科学研究机构也较为完备。报告指出：“有证据显示，牛津大学及其科研机构近年来对自然科学领域持有极为开放和自由的态度，并强烈倾向于认可其作为领先科学机构的地位及其在伟大教育事业中的重要分支。”③ 另一方面，报告也发现古典大学的科学教育仍存在较为明显的不足。尽管注意到最近已经取得的进步，但委员们得出结论，认为科学教学是不够的，需要更多的“多元化教师”才能达到必要的“教学广度和深度”。④

---

① HAINES G. Essays on German influence upon English education and science 1850-1919[M]. Connecticut：Archon Books，1969：55.

② Royal Commission. Third Report of the Royal Commission on Scientific Instruction and the Advancement of Science [EB/OL].（1873）[2023-07-03]. https：//www. education-uk. org/ documents/devonshire/devonshire. html＃03.

③ Royal Commission. Third Report of the Royal Commission on Scientific Instruction and the Advancement of Science [EB/OL].（1873）[2023-07-03]. https：//www. education-uk. org/ documents/devonshire/devonshire. html＃03.

④ HAINES G. Essays on German influence upon English education and science 1850-1919[M]. Connecticut：Archon Books，1969：57.

报告还对古典大学科学教育存在的问题提出了以下建议。第一，大学应继续改革考试制度。进入“牛桥”前学生需要参加毕业考试（Leaving Examination），这场考试用以检验生源的水平。学生通过考试，意味着他已经获得了一定数量的通识知识和科学知识，进而能够在古典人文学科或科学学科间自由选择。然而报告发现，在考试中，古典人文知识与数学基本占据了考试的全部篇幅，这意味着科学教育仍无法获得应有的重视。对此，报告建议大学在毕业考试中增加科学知识，将科学知识纳入评价体系中能够促进科学学科在大学中获得一席之位。委员会表示：“我们坚信，科学知识作为学生教育内容的重要部分，在考试中应得到充分的认可。建立这样的考试机制对于英国科学教育的未来发展具有决定性意义。我们认为十分有必要坚持这一点，因为在目前为离校生准备的考试中，科学学科的重要性往往被忽视，与其他学科相比显得不够突出。对科学的任何贬低都可能对我们当前的努力构成严重阻碍，我们正在努力推动科学学科在学校被普遍认可，并使其成为教育常规的一部分。”① 委员会还主张古典大学效仿伦敦大学设立理科博士学位：“虽然不是由与牛津大学或剑桥大学有相关特殊关系的人员提出，但有人建议传统的大学在不久的将来可以效仿伦敦大学设立理科博士学位。但要求这个学位的候选人不仅要通过考试，对知识达到一定的熟练度，还要有原创性的科学成果。”②

第二，大学需专设科学奖学金。“牛桥”两所学校中，学生在古典人文课程上投入大量精力不仅是受到传统教育精神影响，还因为奖学

---

① Royal Commission. Third Report of the Royal Commission on Scientific Instruction and the Advancement of Science [EB/OL]. (1873) [2023-07-03]. https://www.education-uk.org/ documents/devonshire/devonshire.html#03.

② Royal Commission. Third Report of the Royal Commission on Scientific Instruction and the Advancement of Science [EB/OL]. (1873) [2023-07-03]. https://www.education-uk.org/ documents/devonshire/devonshire.html#03.

金的激励。在牛津大学，赫特福德拉丁文学奖学金和爱尔兰希腊语、拉丁语奖学金，这两项在鼓励学生保持高水平的希腊语和拉丁语方面发挥了极大作用。为此，报告建议大学设立自然科学奖学金，并在数量上与古典人文学科保持相当水平。在学科上，报告提议："我们希望每年提供三类科目的大学奖学金，分别是物理、化学和生物……获得大学奖学金是一种巨大的激励，除了金钱价值之外，这种荣誉十分宝贵，应该成为一种期望得到的强烈鼓舞。"① 报告认为，设立专门的科学奖学金不仅有利于激发学生的学习热情，还能促进科学教育的发展，巩固科学学科的地位。"在其地位更加稳固之前，设立大学自然科学奖学金将促进其发展。"②

第三，报告建议增加教师数量。教学人员的缺失影响了大学的科学教育活动，如科学讲座的开设。剑桥大学的校际讲座中，由于教学人员缺乏，开设科学学科讲座的数量远低于数学学科。因此报告提出，大学内部普遍认为有必要增加大学科学教师的数量，这种必要性并不是因为目前参加课程的学生人数，而是因为所有主要科学科目都应当有其负责的人员，以便每一门学科都能为任何有可能存在需要的学生提供教学。③ 如果大学要成为伟大的科学学院，那么最重要的是确保大量享有盛誉的科学家长期为大学服务。另一方面，委员会考虑到科学研究涉及各种设备、实验室等，还建议增设教授助理。报告建议，自

① Royal Commission. Third Report of the Royal Commission on Scientific Instruction and the Advancement of Science [EB/OL]. (1873) [2023-07-03]. https://www. education-uk. org/ documents/devonshire/devonshire. html#03.

② Royal Commission. Third Report of the Royal Commission on Scientific Instruction and the Advancement of Science [EB/OL]. (1873) [2023-07-03]. https://www. education-uk. org/ documents/devonshire/devonshire. html#03.

③ Royal Commission. Third Report of the Royal Commission on Scientific Instruction and the Advancement of Science [EB/OL]. (1873) [2023-07-03]. https://www. education-uk. org/ documents/devonshire/devonshire. html#03.

然科学教授首先应该配备一定数量的助手，以便教授在准备讲课时免于繁杂事务的打扰；其次，助手还能够进一步推动教授的原创性研究，在必要时候提供帮助；最后，助理能够帮助教授管理实验室等实践教学的设备，节省教授在监管设备上的时间，教授只需要对此进行监督。①

第一份报告、第五份报告与第七份报告对其他大学的科学教育进行了调查。报告建议伦敦大学改进其科学博士学位的授予条件，在此之前伦敦大学的科学博士学位只授予那些熟练掌握知识的学生。对此，委员会指出："我们在第三次报告中建议牛津大学和剑桥大学设立科学博士学位，并表示'该学位的候选人不应仅仅表现出考试所测试的知识熟练程度，还应该为科学做出一些原创贡献'。爱丁堡大学已经采用了这一原则，我们认为伦敦大学参议院最好考虑一下他们是否也应该将科学博士学位授予那些证明自己有意愿与能力为科学知识做出贡献的人。"② 针对欧文斯学院，委员会肯定其科学教育成效，并提出政府要对欧文斯学院进行资助，促进学院办学。报告建议，政府应为欧文斯学院提供资金支持，采取年度拨款的方式促进学院发展，平衡其工作开支，使学生能够完成学习课程。③ 报告还对苏格兰大学、爱尔兰大学的科学教育做出评估，提出完善意见。

---

① Royal Commission. Third Report of the Royal Commission on Scientific Instruction and the Advancement of Science [EB/OL]. (1873) [2023-07-03]. https://www.education-uk.org/ documents/devonshire/devonshire.html#03.

② Royal Commission. Seventh Report of the Royal Commission on Scientific Instruction and the Advancement of Science [EB/OL]. (1874) [2023-07-10]. https://www.education-uk.org/documents/ devonshire/devonshire.html#07.

③ Royal Commission. Fifth Report of the Royal Commission on Scientific Instruction and the Advancement of Science [EB/OL]. (1874) [2023-07-10]. https://www.education-uk.org/ documents/ devonshire/devonshire.html#05.

第二节 推动古典大学的改革

经过 19 世纪中后期的一系列调查，牛津大学、剑桥大学开始切实推进教育改革，从对古典人文教育的“偏爱”逐渐趋于文理平衡。“牛桥”先后建立自然科学实验室，为科学教育提供专业的研究场所；改革考试制度，将自然科学的内容纳入其中；调整课程内容、编写专业的科学教科书、扩充教师队伍，从而建立现代化教学体系。

一、自然科学实验室问世

19 世纪中期后，为促进科学教育发展，“牛桥”先后建立供科学研究的设施与场所。牛津大学于 1855 年建立了牛津博物馆。该博物馆最初由亨利·阿克兰（Henry Acland）设计，其初衷是打造一个能够汇集所有科学学科的综合性场所。该博物馆于 1860 年开放，比剑桥大学的新博物馆早五年，造价是后者的三倍多。① 牛津博物馆建立后，纳入了一部分阿什莫林博物馆中的藏品，拥有化学、地质学、矿物学等学科的设施。“1850 年，牛津大学设立了自然科学荣誉学位考试科目。随后，一个小规模的化学实验室在大学博物馆附近建立起来。”② 但实验室由于资金匮乏，难以投入正常运作，大学只能鼓励各学院建立自己的化学实验室以供教学。直到 19 世纪下半叶克拉伦登实验室建立，牛津大学才建立起正规的实验室。克拉伦登实验室于 1872 年成立，是英格兰最古老的物理实验室。第一代克拉伦登伯爵爱德华·海德（Edward Hyde）为实验室的建成提供了一万英镑的赞助。实验室的建

① HOWARTH J. Science education in late-Victorian Oxford: a curious case of failure [J]. The English historical review, 1987(403): 334-371.

② 周常明. 牛津大学史 [M]. 上海：上海交通大学出版社，2012：199.

筑最初由罗伯特·贝拉米·克利夫顿（Robert Bellamy Clifton）设计而成，是一座由黑暗的小房间、蜿蜒的走廊和意想不到的角落组成的建筑。① 克利夫顿用所获得的资金购置了大量的教学仪器，并对一些仪器进行了改造。1877 年，在对牛津大学调查的皇家调查委员会的报告中，克利夫顿提出物理学再增加两个教授职位，而皇家调查委员会则建议增设电学教授职位。② 实验室后来被扩建，成为牛津大学地球科学系的一部分。

在设立的诸多实验室中，以剑桥大学的卡文迪什实验室最具代表性，是古典大学教育改革的卓越表现之一。1850 年皇家调查委员会发布报告，提出古典大学应将科学学科与古典人文课程、数学置于同等重要的地位。基于此，古典大学开始关注热、电、磁等学科的教学需求，这些学科在 1868 年 6 月 2 日参议院通过的数学荣誉学位考试计划中得到重视。1868 年 11 月，剑桥大学成立专门委员会，对成立实验物理专业的提议展开讨论，并就科学学科的有关问题进行研究。为此，它建议大学设立实验物理教授，成立物理实验室，从事实验物理的创造性研究和教学，配以物理实验演示员、技术工人。③ 然而筹备物理实验室需要一笔较为庞大的开支，剑桥大学的委员会难以承担如此高额的费用，实验室的建设一度陷入停滞状态。幸运的是，在 1870 年 10 月，剑桥大学收到了德文郡公爵卡文迪什的来信，他表示愿意提供建立剑桥大学实验室的资金。卡文迪什在信中说道：“我在 1869 年 2 月的报告中看到，物理科学联合会（The Physical Science Syndicate）建议设立一个实验物理学教授的职位与科学系，这个科学系所需的建筑和

① BLEANEY B. A century of physics in Oxford[J]. Notes and records of the Royal Society of London,1999(3):333-343.

② 周常明. 牛津大学史［M］. 上海：上海交通大学出版社，2012：148.

③ 阎康年. 卡文迪什实验室：现代科学革命的圣地［M］. 保定：河北大学出版社，1999：22.

设备估计耗资六千三百美元。一旦大学在其他方面做好对实验物理教学的安排，批准建筑计划，那我希望帮助大学实现这一提议，并将相应地提供所需的资金。”[①] 实验室的筹备不仅需要资金支持，还需要高水平的人才领导实验室的未来发展。剑桥大学首先联系了英国自然科学领域极为卓越的物理学家威廉·汤姆森（William Thomson），但他因夫人病重以及其他公务缠身而谢绝邀请；随后大学又向德国物理学家亥姆霍兹发出邀请，亥姆霍兹同样未能前来；最终大学选定了英国物理学家麦克斯韦。麦克斯韦在当选卡文迪什实验物理教授问题上，不但具备了卓越的科学能力、适应了讲授新物理学的要求，而且在剑桥的人际关系和印象也是条件优越的，更何况他还是三一学院出身并是该学院的成员和研究员。[②] 1871 年，经过大学委员会的一再讨论，最终决定卡文迪什实验室的首任教授由麦克斯韦担任。

1873 年，实验室业已建成并开始使用。为了纪念实验室资助者第七代德文郡公爵，麦克斯韦担任首任实验物理学教授后把实验室命名为“德文郡物理实验室”，后改称“卡文迪什物理实验室”，后人将其简称为“卡文迪什实验室”，“卡文迪什实验物理教授”也通常被称为“卡文迪什教授”。[③] 实验室的空间布局呈“L”形，共三层。第一层主要用以安放仪器设备，设立了研究电磁的磁室、用于观测摆动规律的钟摆室、用于热学实验的热学室、仪器贮藏室等；第二层可供学术报告、教授办公等活动；第三层有声学室、绘图室、光学室、电学室等（见图 6-1）。

---

① FITZPATRICK T C. A history of the Cavendish Laboratory 1871-1910［M］. London:Longmans Green,1910:4.

② 阎康年. 卡文迪什实验室：现代科学革命的圣地［M］. 保定：河北大学出版社，1999：53.

③ 周保利. 欧美教育史论丛：19 世纪剑桥大学改革研究［M］. 呼和浩特：内蒙古大学出版社，2012：186.

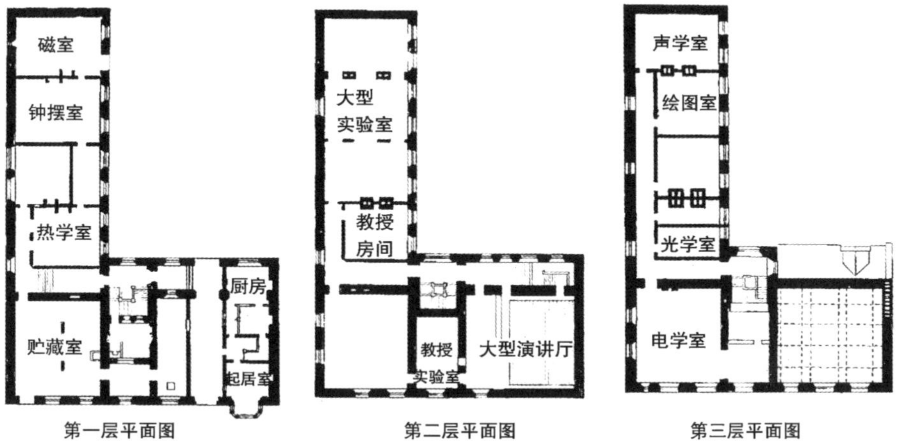

图 6-1　卡文迪什实验室的内部设计图①

作为 19 世纪科学教育发展与大学教育改革的产物，实验室的宗旨主要围绕科学研究的长远发展。其中刻在卡文迪什实验室橡木大门上的一句拉丁文圣诗“主之作为，极其广大，凡乐之嗜，皆必考察”② 成为对实验室宗旨最经典的阐述之一，这体现出卡文迪什实验室在研究上展现了极大的包容性，以期最大程度上促进科学研究的自由发展。麦克斯韦在就任物理学教授时指出：“我们的部门要在对明显的科学说明所依据的证据进行考察的基础上，不仅要提供和传播真实的科学原理，而且要提供和传播深刻的批判精神。”③ 麦克斯韦强调科学研究的严谨性，主张探寻科学规律需要有可靠的依据，他注重激发学生的创新思维，重视教学与科研相结合。他说的“培植和传播”科学原理和批判精神，就是通过研究和教学相结合使青年学者和学生接受新的知

① FITZPATRICK T C. A history of the Cavendish Laboratory 1871-1910[M]. London: Longmans Green, 1910: 6.

② 汤姆森. 马克士威 [M]. 周梦麟，译. 北京：商务印书馆，1936：107.

③ MAXWELL J C. The scientific papers of James Clerk Maxwell[M]. Cambridge: Cambridge University Press, 1890: 250.

识，并对错的和根据不足的科学概念和理论有着鉴别的能力，从而培养出创造性的人才。[①]

在麦克斯韦的领导下，卡文迪什实验室自成立以来一直专注科学研究。1874 年，卡文迪什实验室开始招生，卡文迪什实验室的最大优势在于研究，因为其他机构的教授可能忙于基础课程与实验室操作。与其他实验室主任不同，麦克斯韦在他的五年任期内总共指导了至少四十八名学生的研究。[②] 出身剑桥大学的学生在数学方面受过良好的训练，处理麦克斯韦安排的任务得心应手。卡文迪什实验室不仅促进了剑桥大学科学研究的发展，还提高了学生学习科学知识的兴趣。"实验室开放后大约三年，开始开设适合医科学生和其他本科生的初级讲座。这些讲座很快就流行起来，并形成了大学里规模最大的科学课。"[③] 在麦克斯韦的领导下，卡文迪什实验室的科研力量不断壮大，全职科研人员的数量逐年增长，实验室的学术成果也层出不穷。可以说，麦克斯韦奠定了卡文迪什实验室科学研究的基调，在他的带领下，剑桥大学形成了以卡文迪什实验室为核心的科学研究中心。19 世纪 70 年代后，实验室先后由约翰·威廉·斯特拉特（John Willian Strutt）与约瑟夫·约翰·汤姆森（Joseph John Thomson）接管，他们在麦克斯韦的基础上苦心经营，为国家培养了一大批优秀的科研人才。到 19 世纪末，卡文迪什实验室已名扬四海，剑桥大学的科学研究也因此开始向现代化阶段迈进。

---

① 阎康年. 卡文迪什实验室：现代科学革命的圣地［M］. 保定：河北大学出版社，1999：33.

② SVIEDRYS R，ARNOLD T. The rise of physical science at Victorian Cambridge with commentary and with reply[J]. Historical studies in the physical sciences，1970(2)：127-151.

③ FITZPATRICK T C. A history of the Cavendish Laboratory 1871-1910[M]. London：Longmans Green，1910：35.

二、学位考试制度的改革

19世纪英国大学科学教育派与古典人文教育派的论战影响了大学考试制度，从19世纪中叶起，古典大学对考试制度不断进行改革，最终形成了兼顾文理的考试体系。经过努力，古典大学改革后的考试制度焕然一新，为19世纪后半叶乃至20世纪初选拔社会人才提供了有效的手段。

科学教育引入考试制度发生在19世纪后半叶，主要从科学讲座转变而来。在19世纪中叶前，古典大学的科学教育主要以讲座的形式开展，学生根据自己的偏好来选择科学讲座。虽然讲座不具备强制性，但很多开设科学讲座的教授演讲内容贴近实际生活，风格妙趣横生，吸引了许多学生前来聆听。1825年，植物学家约翰·亨斯洛（John Henslow）被任命为国王植物学教授（King's Professorship of Botany）时，剑桥大学已经有三十年没有举行过关于这一主题的讲座了，亨斯洛立即结束了这种窘况。1850年，他告知皇家委员会委员，在过去的二十五年中，每个复活节学期①（Easter Term）他都要上一门需要做二十场讲座的课。② 尽管开设科学讲座受到了学生的欢迎，可一旦学生面临考试压力便心有余而力不足，导致前来听讲座的人数迅速下降。具体来说，出席教授讲座的人数下降，主要是由于对普通学位（The Ordinary Degree）学生要求的增加以及首次考试制度③（Previous

① 复活节学期是剑桥大学的夏季学期，主要从4月持续到6月。

② WINSTANLEY D A. Early Victorian Cambridge[M]. Cambridge: Cambridge University Press, 2009: 177.

③ 剑桥大学文学学士学生参加的第一次考试。

Examination）的建立。[①] 美国学者查尔斯·阿斯特·布里斯特德（Charles Astor Bristed）曾就读于剑桥大学三一学院，他坦言考试制度在很大程度上给科学讲座造成了消极后果。布里斯特德说："在这些情况中，很难想象有比巴克兰德在牛津大学仅为三位听众讲授地质学更令人沮丧的场景了；但事实上，我自己在1841年也曾是仅有的三名参加詹姆斯·卡明（James Cumming）教授的化学补充课程的学生之一。"[②]

1842年，剑桥大学成立委员会以讨论科学讲座与考试制度二者结合的可能举措。次年，委员会发布报告，建议主考官与监考员在数学荣誉学位考试前将数学与物理相关知识的考试范围告知学生。由于许多考官同时兼任讲座教授，故其规定的考试范围也纳入了一定科学知识。此后，剑桥大学一直有要求单独设置独立自然科学考试的呼声。直到1848年，剑桥大学才正式实施相关举措。1851年，剑桥大学设立了自然科学荣誉学位考试制度，考察的内容十分广泛，涵盖了大部分自然科学学科，其中涉及的学科有化学（包括热力学和电学定律）、矿物学（包括晶体学）、地质学（包括古生物学）、植物学（包括植物生理学）、动物学（包括比较解剖学和动物生理学）。[③] 牛津大学的考试制度改革略晚于剑桥大学，牛津大学在19世纪50年代设立了自然科学学院以巩固自然科学学位制度，但牛津大学在教学中仍难以摆脱根深蒂固的古典人文教育传统。在改革初期，本科生对古典人文学科的学习仍是强制性的，只不过学校允许其增加学习自然科学或其他现代学科

---

① WINSTANLEY D A. Early Victorian Cambridge[M]. Cambridge: Cambridge University Press, 2009: 178.

② BRISTED C A. Five years in an English university[M]. New York: G. P. Putnam & Sons, 1873: 166.

③ SEELEY J R. The student's guide to the University of Cambridge[M]. Cambridge: Deighton, Bell, 1863: 153-154.

的内容。即使到19世纪70年代，古典学科仍是大多牛津大学本科生学习生活的重要组成部分，至少在他们参加一年级或二年级末的主修考试前，考试的主题通常以古典学科为主。[①] 虽然牛津大学自然科学发展较为缓慢，但在自然科学荣誉考试确立后的几十年间，牛津大学选择攻读自然科学学位的人数不断增加，到19世纪末，“牛桥”两所学校研修科学学位的规模已大体相当（见表6-1）。科学教育正式进入古典大学的考试体系，推动了古典大学科学研究的蓬勃发展。

表6-1　牛津大学与剑桥大学自然科学荣誉学位获得人数（1855—1900）[②]

年份	牛津大学自然科学荣誉学位获得人数		剑桥大学自然科学荣誉学位获得人数	
	男性	女性	男性	女性
1855	12	—	5	—
1860	10	—	6	—
1865	10	—	11	—
1870	15	—	17	—
1875	20	—	27	—
1880	27	—	32	—
1885	22	—	20	5
1890	26	—	20	3
1895	43	3	18	3
1900	42	4	23	2

① FOX R. Physics in Oxford, 1839-1939[M]. Oxford: Oxford University Press, 2005: 16.

② FOX R. Physics in Oxford, 1839-1939[M]. Oxford: Oxford University Press, 2005: 15.

19 世纪 50 年代后，根据皇家委员会调查报告，古典大学对考试制度改革进行深化，提升自然科学荣誉学位考试的质量。1862 年，剑桥大学收到了有关深化考试制度改革的提议，建议再次成立专门委员会就改革现有考试制度的诸项事宜进行商榷，随后不久委员会成立并于次年 11 月发布了相关报告。报告指出，攻读普通学位的学生必须通过神学或自然科学或道德科学的第三次或所谓的“特殊”考试，除神学考试外，这些“特殊”考试都在复活节学期举行。[①] 这一建议再次凸显了科学学科在大学考试中的重要性，体现出古典大学科学教育观念的转变。自然科学荣誉考试在古典大学中得到落实的同时，科学讲座的教学形式也得以保留。此外，剑桥大学还规定，参加道德科学或自然科学“特殊”考试的学生要参加相关学科教授的讲座并提交听课证明，业已通过神学“特殊”考试的学生也必须参加由指定教授举办的非神学领域的讲座，并提交由道德科学或自然科学教授签署的听课证明。[②] 也就是说，剑桥大学不仅重视科学教育的发展，还要求非科学教育的学生接受有关科学教育。

1881 年，剑桥大学对物理考试制度进行改革，这对物理教学产生了很大的影响。“获取自然科学荣誉学位分为两阶段：在第一阶段中，学生要研习三门或三门以上学科的基础部分，而第二阶段，他们需要专攻一门学科。但如要获得一级学位，该阶段还需具备一定量第二门学科的知识。第一阶段的荣誉学位考试学生可以在第二学年结束时参加，第二阶段的考试学生在第四学年结束时参加，这样学生就能在连续两年的时间里学习选定学科中更高阶的知识，不必在考试前分散注

---

① WINSTANLEY D A. Later Victorian Cambridge[M]. Cambridge: Cambridge University Press, 1947: 150.

② 周保利. 欧美教育史论丛：19 世纪剑桥大学改革研究 [M]. 呼和浩特：内蒙古大学出版社，2012：175.

意力，也可以较多地研习其他学科的知识。”① 考试制度的改革为学生学习高深的物理学知识提供了充足的时间与精力，更有利于促进物理学科的发展。

对学生而言，自然科学荣誉学位考试制度保证了自然科学学位的学生也可以获得荣誉学士学位，从很大程度上提升了学生学习自然科学的积极性。对教授而言，大学考试制度正式纳入自然科学课程有助于大学科学教育活动的正常开展，完备的考试制度也为科学研究提供了选拔人才的机会，进一步促进科研发展。古典大学考试制度的建立与完善从一定程度上标志着自然科学步入了稳定、迅速发展的新阶段。

三、现代化教学体系建立

自然科学荣誉学位考试制度确立后，古典大学逐渐建立起完善的现代化教学体系。古典大学不再拘泥于古典人文教育内容，学校新设了物理、化学等自然科学课程，教授还编写了体系化的教学用书，牛津大学和剑桥大学中选择自然科学学位的学生数量逐年增长。

古典大学的课程设置不再以古典文学等人文教育内容一家为大，增设了自然科学教学内容。剑桥大学的物理学在卡文迪什实验室建立后已颇有建树，在麦克斯韦后，实验室又迎来了斯特拉特与汤姆森两位颇具远见的领导者。他们在麦克斯韦工作的基础上，进一步推动实验物理教学的组织化与体系化，极大促进了剑桥大学物理学的发展。在就任卡文迪什实验室教授前，瑞利男爵曾游历美国，通过参观麻省理工学院、哈佛大学等培养高科技人才的学府，他意识到美国先进的工业化生产规模很大程度上得益于高校对科学教学的重视。入职卡文

---

① FITZPATRICK T C. A history of the Cavendish Laboratory 1871-1910[M]. London: Longmans Green, 1910: 252.

迪什实验室后，瑞利男爵开始效仿美国麻省理工学院的教学组织形式与教学方法，扩大学生数量并分班教学，使各班课程不同且课程范围广泛。此外，实验室新设实验课，班级分为基础班（Elementary Classes）和高级班（Advanced Classes），都要求学生在规定期限完成实验并记录相关问题，这对学生的自我学习能力提出较高标准。这种实验课一直进行得很好，学生们认为他们是在为了良好的学习和未来的成就才这样做的，因此会花费很大的精力在实验上。①

据统计，麦克斯韦在任时期，卡文迪什实验室的科学教学蓬勃发展，直至他1879年去世，实验室共有二十五个自然科学优等生通过考试。而在瑞利男爵时期，到他退休时，基础班自然科学优等生通过考试的有六十人，而高级班则通过了二十人，这二十人都是按专业高级实验研究人员的水平进行培养的。② 随后在汤姆森任期内，他为本科生开设了四门以上的课程。汤姆森的教学水平颇高，瑞利男爵曾这样评价汤姆森："他很难得的一点是，不会讲得太快且涉及太多内容，因此他避免了让学习较慢的学生感到困惑；同时他也不会讲得太慢以至于让学得快的学生感到无聊。即使课程的主要内容已经阐明清楚，他还会常引入一些自己最近思考或阅读历史材料的推测性观点。他经常在适当的地方为学生展示一两个实验，却不会喧宾夺主，妨碍整个讲座的内容。这些讲座并不是为了展示技巧，而是为了认真教学生，这对任何聪明的学生都具有极大的启发作用。"③ 除物理学科，其他自然科学学科与现代学科也得到了发展，如剑桥大学的化学学科在1876年只

---

① 阎康年．卡文迪什实验室：现代科学革命的圣地［M］．保定：河北大学出版社，1999：86.

② 阎康年．卡文迪什实验室：现代科学革命的圣地［M］．保定：河北大学出版社，1999：87.

③ THOMSON G P. J. J. Thomson and the Cavendish Laboratory in his day[M]. New York:Doubleday,1965:75.

包括物理化学、有机化学和光谱分析，而在 19 世纪 80 年代后课程又得到了扩充。到 19 世纪 80 年代中期，化学教授利文（Liveing）成功地获得了学院化学任命人员的支持，协调了整个大学的化学供给。① 这一举措为化学学科提供了学院与大学的共同支持，解决了研究的财务问题。

与剑桥大学相比，牛津大学发展科学教育的速度略有落后。1860 年，牛津大学建立了带有实验室的博物馆，随后在 1870 年创建了克拉伦登物理学院，在 1877—1879 年设立了化学系。② 自自然科学荣誉考试制度确立后，其科学课程也得到了长足发展。1858 年改革后，牛津大学规定基督教堂学院强制性地为低年级学生留出科学课程，科学教学也成为 19 世纪后期该学院最成功的活动之一。1850 年，牛津大学成立了法学院、近代史学院和自然科学学院。“最初在牛津大学，这些学科只能在获得荣誉学位（人文文学经典学位）之后学习，但从 1866 年开始，这些学科可以作为自身独立的专业学科。”③ 在牛津大学自然科学教育中，化学、生理学和物理学是发展最快的学科。在 1905—1909 年获得自然科学荣誉学位的三百二十四名学生中，有一百四十四人选修了化学专业。④ 剑桥大学各学科的学生数量则更能说明问题。19 世纪 50 年代的数据显示，在剑桥大学，自然科学学生有一百三十六人，经典文学有一百二十六人，数学有八十二人，历史有四十九人，法律有四十六人，语言学有二十五人，机械科学有十八人，神学有十三人，

---

① ROBERTS G K. The liberally-educated chemist：chemistry in the Cambridge natural sciences tripos，1851-1914[J]. Historical studies in the physical sciences，1980(1)：157-183.

② SANDERSON M. The universities and British industry 1850-1970[M]. London：Routledge and Kegan Paul，1972：36.

③ SANDERSON M. Education，economic change and society in England 1780-1870[M]. London：Palgrave Macmillan，1983：45.

④ BROCK M G，CURTHOYS M C. The history of the University of Oxford：volume Ⅶ nineteenth-century Oxford part 2[M]. Oxford：Clarendon Press，1997：459.

道德科学有九人。虽然经典文学仍然占据重要地位，但它现在已经被自然科学所超越，而神学已经完全黯然失色。①

随着班级规模的扩大与教学指导的加强，科学教学开始产生专门的教科书。剑桥大学的物理教科书极具代表性，这些教科书最初源于实验课程一些有关实验细节的记录，后来逐渐成为教学中的重要材料，剑桥大学的实验演示员格莱泽布鲁克（Glazebrook）和 W. N. 肖恩（W. N. Shaw）对其进行了系统化整理。这些笔记被重新整理后最终于1884年出版，其中增加了一些关于物理测量和计算的一般原理的章节，编写成著名的《格莱泽布鲁克和肖恩的实用物理学》（*Glazebrook and Shaw's Practical Physics*），这本教材对全国的物理学教学都产生了深远的影响。② 肖恩于1886年出版了《热学：卡文迪什实验室的实际操作》（*Practical Work at the Cavendish Laboratory*：*Heat*），格莱泽布鲁克于1895年出版了《初等理论与实践教科书：适用于学校及高等院校》（*An Elementary Text-book Theoretical and Practical for Schools and Colleges*），这两本教材更为侧重各自学科领域的高级实验。

科学研究的进展有赖于强大的师资队伍，19世纪后半叶古典大学开始扩大教师数量，尤其在科学教育领域增设教师职位。"1866年，剑桥大学设立了人类解剖学实验演示员职位，协助教授完成部分基础性工作。随着自然科学教育的迅速发展，化学、实验物理学、比较解剖学领域的实验演示员职位纷纷设立。"③ 1883年，剑桥大学又在医学、产科学、法医学等学科增设教职数量，着力建立师资队伍。与剑桥大

① RODERICK G W, STEPHENS M D. Scientific studies at Oxford and Cambridge, 1850-1914[J]. British journal of educational studies, 1976(1): 49-65.

② FITZPATRICK T C. A history of the Cavendish Laboratory 1871-1910[M]. London: Longmans Green, 1910: 252.

③ 高志良. 19世纪中后期英国科技教育发展研究 [D]. 保定：河北大学，2010: 67.

学相比，牛津大学在19世纪初就为解剖学、化学、矿物学等学科设立了高级讲师职位。牛津大学对科学教师的管制也在逐渐放松。1863年前，科学家在学校除了从事科学工作外，还必须通过古典学的初级和终级考试；但从1863年起，只需通过初级考试和宗教知识测试；到1886年后，只需通过拉丁语和希腊语的初级考试即可。① 从教师待遇来看，牛津大学的薪资水平较高，为吸引高水平人才提供了利好条件。19世纪50年代初，牛津大学教授的平均工资为三百英镑，1876年，增至五百七十五英镑，至1913年，牛津大学教职工的平均工资超过六百英镑，大多数教授的工资超过九百英镑。② 而剑桥大学在1878年才决定聘请高级讲师，其年薪在五百英镑以上。到19世纪末，剑桥大学的自然科学教职人员已达教职人员总数的百分之二十六，牛津大学的科学教职人员数则占总职员数的百分之十八。

需要注意的是，虽然政府已经对古典大学进行了强有力的改革，但教育改革具有一定的滞后性。例如，在一战前，牛津大学的科学教育仍处于一种较为缓慢的发展阶段，大学很少与工业发展相联系。19世纪60年代后，牛津大学甚至形成一股反科学的氛围。从1872年到1912年，威廉·奥德林（William Odling）担任牛津大学化学教授，任期长达四十年。他认为，教授出现在实验室是对其尊严的一种侮辱，他也不认为积极参与研究是他作为教授职责的一部分。③ 在一战爆发前，牛津大学的化学研究都处于一种僵死的状态。此时皇家委员会对牛津大学进行调查，并对该校的科学教育状况提出了严厉的批评：学

---

① SANDERSON M. The universities and British industry 1850-1970[M]. London: Routledge and Kegan Paul, 1972: 36.

② BROCK M G, CURTHOYS M C. The history of the University of Oxford: nineteenth century Oxford part 1[M]. Oxford: Clarendon Press, 1997: 397.

③ SANDERSON M. The universities and British industry 1850-1970[M]. London: Routledge and Kegan Paul, 1972: 38.

校的科学教师“太少”，学校的住宿生人数“不足”，学校的设备“不完整”，学校的学生“少得可怜”，且学校在科学领域的工作成果“远未达到一所享有如此优越条件的大学所应达到的期望水平”。①

第三节　催生城市学院的创办

19 世纪下半叶，一批地方城市学院建立，这些城市学院充分迎合了中产阶级的教育需求，立足地方工业发展，重视科学发展以及应用型人才的培养。在其他地方创建新大学是中产阶级表达对古典大学不满、试图对其进行改革的途径之一，伦敦大学在 19 世纪 20 年代建校时就有意摒弃古典大学的弊病并表现得尤为明显。② 1851 年在曼彻斯特建立的欧文斯学院开创了英国地方城市学院的首例，此后在利兹、利物浦、南安普敦等地都陆续建立了地方城市学院。到 19 世纪末，英国的城市学院已达十一所。

一、服务地方的先河：欧文斯学院

19 世纪中期有关科学教育与古典人文教育的大辩论已进入高潮阶段，其在推动科学教育发展与新大学建立上发挥了重要的推动作用。高等教育办学思想的澄清，在理论上为城市学院的兴起指明了方向，也使城市学院的产生获得了更广泛的社会支持。③ 与此同时，第二次工

---

① SANDERSON M. The universities and British industry 1850-1970［M］. London: Routledge and Kegan Paul,1972:37.

② SANDERSON M. The universities in the nineteenth century［M］. London:Routledge & Kegan Paul,1975:79.

③ 刘兆宇. 19 世纪英格兰高等教育变革研究［M］. 合肥：中国科学技术大学出版社，2008：114.

业革命意味着英国迎来新的经济发展阶段，对高等科学人才产生了极大需求。

1846 年英国纺织制造商约翰·欧文斯（John Owens）去世，他留下了十万英镑用以建立一所学院。欧文斯离世后，应他遗愿成立了一个委托员小组，主要由来自曼彻斯特和兰开夏郡的商人组成。1851 年 3 月欧文斯学院成立，这是 19 世纪英国的第一所地方城市学院。

在办学方向上，化学教授罗斯科发挥了关键作用。罗斯科是英国最早认识到大学与工业联系重要性的科学教授之一。① 他对学院的长远考量是学院从死气沉沉的状态到焕发活力的主要因素。欧文斯学院办学伊始，缺乏明确的办学方向，它效仿牛津大学、剑桥大学以古典人文教育为主，没有获得特许状和学位授予权。然而这种对传统古典人文教育的延续在工商业发达的曼彻斯特并未得到认可，这不仅阻碍了欧文斯学院获得地方性的物质支持，也未能激发学生的入学热情，学院一度陷入招生困难的窘境。1856—1857 年，日间学生数从第一届招生的六十二人下降至三十三人。1857 年，不仅学校的日间学生数没有上升，夜校学生数也大大减少。② 罗斯科于 1857 年成为欧文斯学院的化学教授，他充分发挥学院服务当地工业发展的职能，奠定了欧文斯学院的办学方向。早期的公民学院是对牛津大学和剑桥大学的无效模仿，罗斯科所做的工作成为欧文斯学院转型的标志，意味着欧文斯学院从早期的公民学院转变为 1870 年后兴起的强大且追求实效、由地方支持并以技术为导向的学院。③ 19 世纪 60 年代后，罗斯科开始为欧文

---

① SANDERSON M. The universities and British industry 1850-1970[M]. London: Routledge and Kegan Paul,1972:62.

② HARTOG P J. The Owens College Manchester:(Founded 1851) a brief history of the college and description of its various departments[M]. Manchester:J E Cornish,1900:5.

③ SANDERSON M. The universities in the nineteenth century[M]. London:Routledge & Kegan Paul,1975:79-80.

斯学院筹款，他首先引起了棉花制造商托马斯·阿什顿（Thomas Ashton）对地方学院的兴趣，阿什顿曾是海德堡大学的学生，对高等教育有所了解。通过阿什顿，罗斯科向各行各业的制造商、管理者筹集了二十万英镑的捐赠，此举将欧文斯学院迁至牛津路。自此，公众对赞助地方学院的情绪逐渐高涨，人们意识到资助地方学院能够为工业发展提供利好条件，为当地制造业培养人才，且地方学院不像古典大学那样高高在上。到1881年与其他学院合并时，欧文斯学院已筹集了十万英镑捐款，到1883年加入维多利亚大学时，欧文斯学院又筹集了三万英镑。[①] 由于当地工商业捐赠的大力支持，欧文斯学院很快就成为实力雄厚的地方学院。

在服务对象上，欧文斯学院高度服务于中产阶级，将学费金额设置在中产阶级的能力范围内，并为学生提供奖学金支持。“1881年欧文斯学院收到一名匿名捐赠者提供的赞助，这笔赞助最大的成果就是学院借此建立了伯克利主教奖学金（Bishop Berkeley Fellowships）。此奖学金一直发放到1895年，主要授予那些在文学、哲学、历史、物理或自然科学的任何领域有独创性工作能力的候选人，他们无须考试每人即可获得一百英镑，共发放两年。”[②] 学院在教师的聘用上选贤举能，不以宗教信仰为依据。在招生上，学院不以学生的出生地、社会地位等作为录取的标准，准备尽可能多地面向十四岁及以上的男学生提供今后可能在英国大学教授的各类学科和科学知识，并根据基本和不可变的规则和条件，即与该机构相关的学生、教师和其他人员，不需要就其宗教信仰做出任何声明或接受任何测试，使教育教学的内容或方

① SANDERSON M. The universities and British industry 1850-1970[M]. London: Routledge and Kegan Paul, 1972: 64.

② HARTOG P J. The Owens College Manchester: (Founded 1851) a brief history of the college and description of its various departments[M]. Manchester: J E Cornish, 1900: 13.

式中，不得引入任何可能冒犯学生或其亲属的因素。[①] 学院不仅注重与当地经济发展相联系，还为学院升级成大学而努力。尽管学院开设了大量的科学课程，但也注重学生人文素养的培养，最终在 20 世纪初欧文斯学院升级成为曼彻斯特大学。

在学院设施上，欧文斯学院由于受多方支持，筹集资金颇多，设立了化学实验室、博物馆、图书馆等场所，为科学教育提供发展条件。在罗斯科的带领下，学院很快筹集了大笔资金，捐赠者贡献的九千五百五十英镑用于增设化学实验室。曼彻斯特的纺织业发达，有巨大的染料需求，这无疑给欧文斯学院提供了用武之地。因此，欧文斯学院的化学系在天时地利人和的条件下成立得格外顺利。1866 年，工程师约瑟夫·惠特沃斯爵士（Sir Joseph Whitworth）、威廉·费尔本（William Fairburn）和机车制造师查尔斯·拜尔（Charles Beyer）等人筹集了一万英镑，为学院设立了一个工程学教授职位。19 世纪 70 年代，学院筹集约十三万英镑的善款，其中一万多英镑用于科学学科，而拜尔本人多年来直至去世共捐赠了约十万英镑。[②] 这些捐赠为欧文斯学院科学教育奠定了雄厚的物质基础。1882 年 11 月 29 日，市政厅召开公众会议，其主要目的是为自然历史实验室以及曼彻斯特博物馆的新建工程筹集资金。[③] 1887 年惠特沃斯爵士去世，他的部分遗产捐赠给了学院。这笔捐款在 1887 年用于支付工程实验室的费用，该实验室也被称为“惠特沃斯实验室”。

欧文斯学院虽然是地方自主办学的产物，但由于 19 世纪后半叶府

---

① JONES D R. The origins of civic universities: Manchester, Leeds and Liverpool[M]. London: Routledge, 1988: 50-51.

② SANDERSON M. The universities and British industry 1850-1970[M]. London: Routledge and Kegan Paul, 1972: 63.

③ HARTOG P J. The Owens College Manchester: (Founded 1851) a brief history of the college and description of its various departments[M]. Manchester: J E Cornish, 1900: 14.

学关系的变化，政府对其发展也进行了管理。1889年，议会意识到大学学院和古典大学一样，既是国家机构也是地方机构，而且它们没有足够的捐赠来最有效地开展工作，为此议会通过了一项每年一万五千英镑的拨款，用于赞助英格兰和苏格兰的十一所学院。其中明确指出，赠款的目的是“补充和鼓励当地的付出”，而不是取代当地的努力。①自19世纪90年代起，政府开始面向欧文斯学院进行专项拨款。1893年3月，女王从兰开斯特公国的特定基金中划拨了两千英镑，作为赠款授予欧文斯学院，这笔款项被分配至妇女事务部，随后还获得了一些额外的捐赠以补充该基金。② 此后，有人指出捐款的数额对欧文斯学院来说过少，建议增加拨款。该建议虽并未立刻被采纳，但在三年后，财政部任命三位调查员报告欧文斯学院的状况。财政大臣规定，每所学院每年可获得的最高拨款额度为三千英镑。根据委员们的建议，欧文斯学院荣获了一笔三千五百英镑的特别拨款，以此表彰其在学术和教育领域所取得的卓越成就。③ 政府补助金是欧文斯学院财政管理的新特点，体现了政府对地方高等学院的重视，也表明政府在高等教育管理上的加强。

二、城市学院的“回归”：文理兼顾

欧文斯学院创立后，19世纪后期英国开始涌现更多的城市学院。与古典大学不同，这些学院成立伊始就立足于地方工业发展，有着明

---

① HARTOG P J. The Owens College Manchester:(Founded 1851) a brief history of the college and description of its various departments[M]. Manchester:J E Cornish,1900:15.

② HARTOG P J. The Owens College Manchester:(Founded 1851) a brief history of the college and description of its various departments[M]. Manchester:J E Cornish,1900:18.

③ HARTOG P J. The Owens College Manchester:(Founded 1851) a brief history of the college and description of its various departments[M]. Manchester:J E Cornish,1900:16.

确的办学方向，吸引了许多中产阶级学生。这些学院分别是约克郡科学学院、梅森科学学院、布里斯托尔大学学院、谢菲尔德大学学院和利物浦大学学院。20世纪初，这些学院由于实力雄厚、办学成效显著，纷纷升级为大学，也称"红砖大学"（Red Brick University）。

值得注意的是，虽然许多城市学院在创办之初的主要职能是服务地方经济，但在19世纪末，城市学院开设的古典人文课程也同样受到欢迎。此后，城市学院的教育方向从以实用性的科学教育为主逐渐变为兼顾古典人文教育与科学教育。除曼彻斯特外，利兹是19世纪英国另一个工商业迅速发展的城市。以亚麻和羊毛为原材料的纺织业以及后来兴起的工程制造业，为利兹培养了许多新兴企业家和工业中产阶级。这些新兴阶级对兴办教育事业抱有热情，成为利兹创办城市学院的重要因素，如成立约克郡教育委员会（The Yorkshire Board of Education）负责各类教育项目的落实与改进。1867年英国在巴黎博览会上的表现引起人们对国内科技教育的反思，这也直接造就了约克郡科学学院，即后来的利兹大学。

1879—1880年，约克郡科学学院有百分之四十五的学生选择了科学专业。该学院的基础学科教授中，有三位主要负责教授化学、物理、数学、地质学以及采矿学的课程。在这些学科中，化学与地质学因其显著的工业应用价值而显得尤为重要。① 例如英国化学家亨利·理查森·普罗克特（Henry Richardson Procter）将化学应用于皮革工业，他编写了一系列关于化学与皮革制造业的教科书，如《皮革工业实验室分析和实验方法书》（*Leather Industries Laboratory Book of Analytical and Experimental Methods*）、《皮革制造》（*The Making of Leather*）等成为该学科的重要教学内容与工业生产指导。自1891年起，他开始

---

① JONES D R. The origins of civic universities: Manchester, Leeds and Liverpool[M]. London: Routledge, 1988: 56.

主持约克郡科学学院新设立的皮革工业系，他强调与企业联系并合作。后来，该系成为皮革工业的研究基地。该学院还于1874年成立了纺织染料化学系，在博蒙特父子（J. and R. Beaumont）的努力下，该系通过将先进的科技成果转化为生产力，并培养学生进入相关企业，从而显著促进了当地纺织染料工业的发展。①

梅森科学学院是伯明翰大学的前身，由当地的实业家和慈善家约西亚·梅森（Josiah Mason）创立。正如梅森科学学院最有影响力的董事会成员之一T. P. 赫斯洛普（T. P. Heslop）在建校时所说的那样，学院不是“像美国和其他国家曾经认为的那样，而是一所单纯或主要以教授科学为目的的学院”②。科学教育派的代表人物赫胥黎曾在该学院1880年的开学典礼上进行公开演讲，表明自己对科学教育坚定的支持，这也使梅森科学学院建校的科学教育方针更为明确。1882年，伯明翰女王学院医学院的化学系、植物系和生理学被转移到梅森科学学院，紧接着物理系和比较解剖学也被转移到梅森科学学院。医学院向梅森科学学院的转移极大地推动了该学院的发展，到1896年，梅森科学学院与医学院正式合并，形成了大学学院。③

1876年，布里斯托尔大学学院成立。第一任校长阿尔弗雷德·马歇尔（Alfred Marshall）曾指出，新学院的创立能够促进个体发展与城市的繁荣：让我们努力教育学生，确保他们的事业发展能够依赖于在大学期间所获取的智识；我们应当利用科学原理武装学生，使他们懂得与以后生活有关的知识，摒弃经验法则，使他们明白所做一切的原

① GOSDEN P. From county college to civic university,Leeds,1904[J]. Northern history,1904(2):317-328.

② IVES E W,SCHWARZ L D. The first civic university:Birmingham,1880-1980:an introductory history[M]. Birmingham:University of Birmingham Press,2000:14.

③ ANDERSON R. British universities past and present[M]. London:Bloomsbury Publishing,2006:77.

因；如果他们尝试新的实验，他们也许能够以一定准确度测算结果，这样实验就不会是偶然的，而是都为了完成目标而展开……在科学光芒的引领下，学生将勇往直前，无畏地探索前人未曾踏足的领域，克服新的困难，开辟新的道路。① 1879年，依靠钢铁发家致富的马克·菲斯（Mark Firth）出资开办了菲斯学院，学院不受宗教限制，文理兼顾。1897年，谢菲尔德技术学院、谢菲尔德医学院、菲斯学院三院合并成立谢菲尔德大学学院。利物浦大学学院于1881年冬季在传统学年的中期开学，学院依靠利物浦繁荣的商业贸易筹得丰厚的办学资金。在第一学期，共有九十三名学生注册入学，此后学生人数呈现稳定增长的趋势。②

随着学院办学的深入，人们对古典人文学科的需求也逐渐体现出来。各城市当地的教育组织、报纸杂志等社会力量都在为地方学院古典人文教育的办学做出努力，例如约克郡科学学院。伦敦大学的入学条件、学院教授的支持以及对传统人文教育的需求都促使学院开设古典人文课程。尽管有人对学院开设人文课程颇有微词，但“在那些熟谙传统高等教育办学模式的人眼中，课程范围的扩大增加了学院的总体吸引力和声望”③。19世纪末，城市学院开设古典人文课程，学习该课程的学生数逐渐上升，由此可以看出古典人文教育精神的“回归”。城市学院增设古典人文课程的最直接原因是伦敦大学允许校外学生考取学位。受该政策的影响，许多学生选择考取伦敦大学，其中不乏来自城市学院的学生。为解决学院课程设置过于单一的问题，满足学生需求，学院开始增加古典人文课程的比重。以约西亚梅森学院为例，

① SANDERSON M. The universities in the nineteenth century[M]. London：Routledge & Kegan Paul，1975：162.

② JONES D R. The origins of civic universities：Manchester，Leeds and Liverpool[M]. London：Routledge，1988：62.

③ JONES D R. The origins of civic universities：Manchester，Leeds and Liverpool[M]. London：Routledge，1988：57.

有人对该学院在 19 世纪 80 年代初和 90 年代初开设的热门学科的变化做过统计。从统计结果发现，1881—1882 年学科排序是化学、物理学、生理学、数学、法语、地质学、植物学、英语、德语、英国文学、动物学、工程、希腊语和冶金学；而到 1891—1892 年时，热门学科排序发生了变化，即法语、地质学、数学、英语、物理学、化学、德语、英国文学、拉丁语、工程、动物学、希腊语、植物学、冶金学和生理学。① 从两个时间段的排序统计看，古典学科的热度有所“回升”。同样，谢菲尔德大学学院也按照伦敦大学学位的要求，设立了一系列课程，包括数学、古典学、古代史、现代史、音乐理论和物理等。至 19 世纪末，曼彻斯特学院、约克郡科学学院等相继演变成为综合性学院，涵盖人文科学、自然科学等多个领域的课程。②

与古典大学相比，19 世纪兴起的城市学院在办学上呈现完全不同的面貌。古典大学是在社会发展中自发产生与演变的机构，其办学理念、培养目标等经过了漫长的历史变化逐渐形成；而城市学院的办学具有较强的目的性，秉承培养实用性科学人才的原则，以科学与技术教育为核心，面向实际生产开设科学课程。古典大学代表的是上流社会“小而精”的高等教育培养方式，城市学院的建立打破了这种单一模式，将高等教育面向更多群体。城市学院的建立是英国高等教育的重要组成部分，它标志着英国大学职能发生了根本性变化。它不只是为教会和统治者服务，也不再为少数富有阶级所垄断，而是面向广大民众提供职业教育，培养适应地方经济发展需要的实用人才。③

---

① 朱镜人，费建国. “地方”院校何以成为世界名校：英国城市学院初创时期的办学经验及启示 [J]. 合肥学院学报（自然科学版），2012 (4)：52-56.

② 徐继宁，罗家英，李传银. 论地方院校学术与职业的平衡：英国 19 世纪城市学院发展及启示 [J]. 现代大学教育，2010 (1)：53-59.

③ 易红郡. 战后英国高等教育政策研究 [M]. 长沙：湖南师范大学出版社，2012：10-11.

结　语

19 世纪英国大学经历了前所未有的改革。在教育内容上，以科学知识为主的现代学科冲击着陈旧的古典学科；在学校管理上，大学的管理权不断扩大，学院的权力逐渐向大学倾斜；在招收对象上，大学开始摆脱宗教束缚，向更多民众开放入学机会；在人才培养上，大学开始调整教育目标，注重培养实用型人才；在机构数量上，新型大学的成立开始打破牛津大学和剑桥大学在高等教育领域的垄断，推动英国高等教育走向现代化。在这些新变化中，始终隐藏着科学教育派与古典人文教育派论战的线索。这场长达一个世纪的论战内容丰富、影响深远，对当今仍有重要意义。

一、论战的核心议题

首先，对科学教育与古典人文教育关系的探讨，是 19 世纪英国大学论战的核心之一。科学教育派强调通过实证的方式，对自然世界进行发现与探索。古典人文教育派主要关注古典语、古典文学，其目标是对学生进行心智训练，培养学生的思维能力、道德修养和对传统文化的理解。随着社会发展，科学教育逐渐在大学中崭露头角，挑战了古典人文教育的主导地位，从而形成了论战。科学教育派认为，科学研究不仅能够推动工业和经济的发展，还能培养学生解决实际问题的能力，满足了实际生活的需求。古典人文教育派则认为，科学教育过分侧重实证和技术，忽视了教育的文化价值与人文精神，这可能会导致个体精神世界的贫瘠。在科学教育派与古典人文教育派的论战中，科学教育逐渐得到了更多认可，古典人文教育也在坚守传统的同时进行革新。现代大学越来越多地采用跨学科的方法，将教育的科学性与人文性结合起来。科学教育与古典人文教育的关系从对立逐渐走向融合。

其次，职业教育与自由教育之间的关系，是英国高等教育长期以来的重要议题。职业教育旨在培养个体的职业知识与技能，为生产发展提供具备实践能力的人才。自由教育是英国教育长期形成的教育传统，致力于培养个体高雅的品位、完善的道德和全面的知识结构，它并不直接指向某个具体职业，而是立足个体的自由和谐发展。职业教育和自由教育的冲突集中在教育目标的不同。职业教育注重学生将知识应用于实际的能力，主张在大学开设专业课程，如工程、医学等；而自由教育则强调个体自身的发展，反对大学具有过多的职业化倾向，坚持大学的学术性。尽管两者在理念上存在分歧，但在英国高等教育发展的过程中，职业教育与自由教育的结合越来越成为趋势。职业教育可以从自由教育中借鉴批判性思维和人文素养，而自由教育也可以融入职业教育的实践技能，从而更好地应对复杂多变的社会环境。

最后，有关课程内容的争论本质上是关于知识的实用价值与人文价值的讨论。知识的实用价值取向强调知识在解决实际问题、推动技术进步和经济发展方面的应用性，特别是在职业教育和科学教育中，知识的实用性被视为其核心价值之一。例如，工程学知识可以直接应用于建筑设计，医学知识可以用于治疗疾病，这些知识的价值往往体现在它们对社会实际需求的回应上。与之相对的是知识的人文价值，它关注知识对人的精神世界的丰富和对社会文化的提升。知识的人文价值可以帮助人们思考生活的意义以及人类自身的复杂性。在教育实践中，知识的实用价值和人文价值并不是彼此排斥的。科学与技术的发展需要人文精神的指导，而人文学科的研究也离不开科学方法的支持。现代大学越来越认识到这一点，并试图在课程设置中平衡两者。在大学教育中，知识的实用价值和人文价值之间的平衡，不仅关乎个体的发展，也关乎社会的全面进步。在高度科技化的当代社会，实用性的知识能够帮助我们解决环境、能源和健康等具体问题；而人文价值则提醒我们关注人类的价值观、社会公正和文化多样性。在这种背景下，高等教育需要培养既能掌握专业技能，又具有深刻人文关怀的全面型人才。

二、论战的动力多元

首先，物质生产的变革是 19 世纪英国大学科学教育与古典人文教育进行论战的根本动力。工业革命引发了物质生产方式的巨大变革，科学与技术在经济发展中的作用日益显著，社会对高级科学人才的需求日益迫切。因此，在论战的初期阶段，自由教育与职业教育的争论焦点在于科学知识引入大学教育的合理性。在这一时期，以功利主义哲学家为代表批判大学教育的空疏无用，主张引入科学知识促进大学教育的实用化与职业化。随着论战的深入，科学教育派将科学教育的地位提升到与古典人文教育相同的水平上，建立了系统化的科学教育思想。人们普遍认为重视科学教育和科学精神是大学的应有之义。这与英国面临激烈国际竞争和国际经济地位优势的丧失密切相关。人们意识到科学技术对综合国力的重要影响，因此对高等科学教育的需求日益增强。

其次，论战的过程因涉及不同社会阶层的利益而变得复杂，表面上是教育类型的冲突，实质上是社会阶级的对立。“英国的教育传统，曾被布赖斯委员会珍视为‘自由、多样性和适应性’。但是现实的推演结果却是，‘自由’通常意味着特权阶层对精英教育的独享；‘多样性’

意味着教育层级和类型结构的阶级分化；而'适应性'则意味着迟缓的国家干预和统一管理的缺失。可以说，这种沿着社会阶级划分而发展起来的学校组织模式是维多利亚时期英国教育最显著的特征。"①新兴中产阶级在政治经济力量扩大后，为进一步维护自身利益，必然要为自身培养人才。古典大学长期为贵族阶级服务，与中产阶级的教育需求产生冲突，因此以重视科学、关注实用的教育思想对古典人文教育思想造成冲击。古典主义知识分子对科学教育和科学知识的恐惧，亦可被视为古典贵族对新兴中产阶级势力的担忧。当中产阶级所代表的科学文化与实用主义倾向威胁到古典贵族的利益与社会地位时，后者必然会采取行动以维护自身权益。当既得利益者的"蛋糕"面临被分割的"危险"，那么他们必然要捍卫自己所占有的资源。

最后，论战的产生实际上是大学发展过程中的一个必然阶段。古典大学长期存在的问题，如教学质量低下、管理不合理等，成为推动教育论战的动因。在论战过程中，社会普遍强烈反对大学中长期存在的贵族与宗教特权，呼吁破除宗教限制和取消阶级特权。高等教育的精英化倾向引起了英国大众的不满。中产阶级为捍卫自身教育权利所做的努力表明，英国高等教育正从精英化转向大众化。伦敦大学的成立对古典大学构成了挑战，同时，新的教学观念也给古典大学带来了压力。伦敦大学的成立和新的教学观念的出现，不仅是时代进步的体现，也是经济增长带来的必然结果。古典大学对大学教育传统的扬弃，使其在科学教育改革后依旧保留了古典人文教育的优势；新型大学在以科学教育为己任的同时，也注重培养学生人文素养。这场论战的最终结果是，这两种教育力量在大学中从冲突逐渐走向了融合。

---

① 贺国庆，于洪波，朱文富．外国教育史［M］．北京：高等教育出版社，2009：191．

三、论战的现实意义

其一，理想的大学教育应当实现科学性与人文性的和谐统一。不难发现，在论战发展的中后期，无论是科学教育家还是古典人文教育家，他们的思想都逐渐出现一种科学与人文融合的倾向。因为他们意识到完整的知识体系是个体全面发展的必要前提。正如约翰·斯图亚特·密尔所说："如果不包括文学和科学，难道能称得上是好的教育吗？科学教育教会我们如何思考，文学教育教会我们表达思想，这两者我们不是都需要吗？一个人如果缺少了其中任一个方面，不都是一个贫乏而残缺、发展不完整、人格有缺陷的人吗？"① 科学技术转化为生产力，极大地提高了人类的物质生活水平与社会生产效率，推动人类社会迈向新的时代。然而，科学技术在带来物质繁荣的同时，也引发了一系列社会和伦理问题。机器是解放了人类，还是导致了人的异化？先进武器是促进福祉的工具，还是新的杀戮手段？面对苏格拉底的名言"认识你自己"，在千年之后，人类该如何找寻真正的自我？人生的意义究竟何在？诸如此类的问题越来越引起人们的深思。

大学教育应兼顾科学教育与人文关怀，学生既要掌握认识与改造世界的工具，又要避免唯科学主义导致的人性忽视。科学技术的进步并不能回应人性的价值尺度问题。教育的核心宗旨在于培养全面发展的人，其中个体的自我实现与教育的人文关怀密切相关。人类的幸福并非仅仅满足于物质生活的丰富，还在于个体的全面发展和精神世界的充实。回望 19 世纪英国大学这场有关科学教育与古典人文教育之间的论战，论战的两方谈论教育的出发点大多围绕"人的发展"。古典大

---

① GARFORTH W. John Stuart Mill on Education[M]. New York: Teachers College Press, Columbia University, 1971: 160.

学墨守成规的态度固然不可取，但它对自由和谐教育传统的追求值得赞扬。如果教育要摒弃人文性的传统，功利化的教育目的最终只能产生“只有物欲而没有灵魂”的“单向度的人”。这样的教育活动也丧失了其浪漫的生命色彩。忽视实用价值的知识，对教育的理解就容易变为空中楼阁，难以在现实土壤中生根发芽。

其二，大学教育应满足社会需求，社会发展状况是大学教育的改革重要依据。19世纪英国大学中的“文理之争”生动地展现了社会发展如何推动教育改革。这一争议不仅反映了社会工业化对教育的新的要求，也体现了新兴社会阶层在争夺地位和教育话语权中的策略。19世纪的英国正经历着经济、政治结构的双重变革，资本主义经济成为经济发展的主要形态，社会对科学技术型人才的需求大幅提升。功利主义者主张破除贵族政治特权，扩大公民参与权利，通过教育提高公民素质，促进社会的稳定与发展。经济发展对科学技术的需求、社会阶级的变迁等共同推动了大学教育的开放与变革。

同样地，现代大学也面临着由快速科技和经济变革带来的新挑战。在一个变化迅速的世界中，面对领导能力与适应能力的长期挑战，大学的社会职责、构型以及课程几乎永远处于变动之中。① 在高等教育日益普及的今天，大学将采取个性化的方式满足多元学生群体的教育需求。在新一代科技革命的浪潮中，大学教育需要在传递知识的基础上发展新的内涵，而师生则需要在人机交互的趋势中展现人性的温暖。在当今时代，大学需要不断地更新观念，适应新的思想文化。在变革过程中，大学领导层需要展现改革的勇气和决心，勇于承担责任。同时，他们还需辨识哪些是陈旧的负担，哪些是大学宝贵的教育传统。大学是过去的继承者，它保存并传播深厚的历史文化、知识与技能；

---

① 夏普罗. 研究型大学的使命［M］. 冯雪芳，等译. 武汉：华中科技大学出版社，2022：7.

大学是现在的创新者，孕育出新的理论和方法，激发各类思想的碰撞与交流；大学也是未来的指引者，它为人们塑造未来文化的方向，指引社会前进的道路。

参 考 文 献

一、译著

［1］阿诺德．阿诺德论教育［M］．朱镜人，译．北京：人民教育出版社，2016.

［2］阿诺德．文化与无政府状态［M］．韩中敏，译．北京：生活·读书·新知三联书店，2002.

［3］鲍勒，莫鲁斯．现代科学史［M］．朱玉，曹月，译．北京：中国画报出版社，2020.

［4］博伊德，金合．西方教育史［M］．任宝祥，吴元训，译．北京：人民教育出版社，1986.

［5］边沁．政府片论［M］．沈叔平，译．北京：商务印书馆，2009.

［6］丹皮尔．科学史［M］．李珩，译．桂林：广西师范大学出版社，2009.

［7］赫胥黎．科学与教育［M］．单中惠，平波，译．北京：人民教育出版社，2005.

［8］赫胥黎．科学教育思想与《科学与教育》选读［M］．北京师联教育科学研究所，译．北京：中国环境科学出版社，2005.

［9］霍恩比．牛津高阶英汉双解词典：大字本［M］．石孝殊，王

玉章，赵翠莲，等译．北京：商务印书馆，2005.

［10］肯尼．牛津西方哲学史：第1卷［M］．王柯平，译．长春：吉林出版集团有限责任公司，2016.

［11］罗素．西方哲学史：下卷［M］．马元德，译．北京：商务印书馆，2015.

［12］吕埃格，里德-西蒙斯．欧洲大学史：第2卷　近代早期的欧洲大学1500-1800［M］．贺国庆，王保星，屈书杰，等译．保定：河北大学出版社，2008.

［13］密尔．密尔论大学［M］．孙传钊，译．北京：商务印书馆，2013.

［14］帕尔默．教育究竟是什么？100位思想家论教育［M］．任钟印，诸惠芳，译．北京：北京大学出版社，2008.

［15］培根．新大西岛［M］．何新，译．北京：商务印书馆，1959.

［16］培根．新工具［M］．许宝骙，译．北京：商务印书馆，1986.

［17］培根．学术的进展［M］．刘运同，译．上海：上海人民出版社，2007.

［18］培根，弥尔顿．培根论说文集及新特兰蒂斯　弥尔顿论出版自由与教育［M］．张春，张影莹，译．北京：北京理工大学出版社，2014.

［19］斯宾塞．教育论：智育、德育和体育［M］．王占魁，译．北京：中国轻工业出版社，2016.

［20］斯宾塞．斯宾塞教育论著选［M］．胡毅，王承绪，译．北京：人民教育出版社，2005.

［21］斯诺．两种文化［M］．陈克艰，秦小虎，译．上海：上海科学技术出版社，2003.

［22］斯特拉齐．维多利亚名人传［M］．周玉军，译．上海：上海三联书店，2013．

［23］斯通普夫，菲泽．西方哲学史［M］．邓晓芒，匡宏，等译．北京：北京联合出版公司，2019．

［24］汤姆森．马克士威［M］．周梦麟，译．北京：商务印书馆，1936．

［25］沃尔夫．十六、十七世纪科学、技术和哲学史［M］．周昌忠，苗以顺，等译．北京：商务印书馆，2017．

［26］希尔贝克，伊耶．西方哲学史［M］．童世骏，等译．上海：上海译文出版社，2004．

［27］夏普罗．研究型大学的使命［M］．冯雪芳，等译．武汉：华中科技大学出版社，2022．

二、中文著作

［1］陈向明．教育研究方法［M］．北京：教育科学出版社，2013．

［2］戴建平．培根［M］．西安：陕西师范大学出版总社，2017．

［3］杜时忠．科学教育与人文教育［M］．武汉：华中师范大学出版社，1998．

［4］杜智萍．19世纪以来牛津大学导师制发展研究［M］．呼和浩特：内蒙古大学出版社，2011．

［5］顾明远．教育大辞典［M］．上海：上海教育出版社，1990．

［6］高岱．英国通史纲要［M］．合肥：安徽人民出版社，2002．

［7］贺国庆．外国教育专题研究文集［M］．保定：河北大学出版社，2001．

［8］贺国庆，王保星，朱文富，等．外国高等教育史［M］．北京：人民教育出版社，2006．

［9］胡建华. 比较视野中的高等教育研究［M］. 北京：中国海洋大学出版社，2009.

［10］黄福涛. 欧洲高等教育近代化：法、英、德近代高等教育制度的形成［M］. 厦门：厦门大学出版社，1998.

［11］黄福涛. 外国高等教育史［M］. 上海：上海教育出版社，2003.

［12］蒋颖贤，王坚德，叶洵钊. 世界史研究论丛［M］. 福州：海潮摄影艺术出版社，2008.

［13］刘德华. 科学教育的人文价值［M］. 成都：四川教育出版社，2003.

［14］刘海峰，史静寰. 高等教育史［M］. 北京：高等教育出版社，2010.

［15］刘益东，高璐，李斌. 科技革命与英国现代化［M］. 济南：山东教育出版社，2017.

［16］刘兆宇. 19 世纪英格兰高等教育变革研究［M］. 合肥：中国科学技术大学出版社，2008.

［17］李明德. 西方教育思想史：人文主义教育之演进［M］. 北京：人民教育出版社，2008.

［18］单中惠. 西方教育思想史［M］. 太原：山西人民出版社，1996.

［19］沈汉，刘新成. 英国议会政治史［M］. 南京：南京大学出版社，1991.

［20］沈文钦. 西方博雅教育思想的起源、发展和现代转型：概念史的视角［M］. 广州：广东高等教育出版社，2011.

［21］孙正聿. 理论思维的前提批判［M］. 沈阳：辽宁人民出版社，1992.

［22］石中英. 教育学的文化性格［M］. 太原：山西教育出版社，

2001.

[23] 滕大春. 外国教育通史：第4卷 [M]. 济南：山东教育出版社，1992.

[24] 王宝玺，王磊. 19世纪英国大学制度变革研究 [M]. 青岛：中国海洋大学出版社，2015.

[25] 王承绪. 伦敦大学 [M]. 长沙：湖南教育出版社，1995.

[26] 王承绪. 英国教育 [M]. 长春：吉林教育出版社，2000.

[27] 王德胜. 科学史 [M]. 沈阳：沈阳出版社，1992.

[28] 吴式颖，任钟印. 外国教育思想通史：第5卷 [M]. 长沙：湖南教育出版社，2002.

[29] 吴式颖，任钟印. 外国教育思想通史：第8卷 [M]. 长沙：湖南教育出版社，2002.

[30] 吴元训. 中世纪教育文选 [M]. 北京：人民教育出版社，1989.

[31]《现代汉语辞海》编辑委员会. 现代汉语辞海 [M]. 北京：中国书籍出版社，2003.

[32] 徐辉，郑继伟. 英国教育史 [M]. 长春：吉林人民出版社，1993.

[33] 许庆豫，葛学敏. 国别高等教育制度研究 [M]. 徐州：中国矿业大学出版社，2004.

[34] 阎康年. 卡文迪什实验室：现代科学革命的圣地 [M]. 保定：河北大学出版社，1999.

[35] 阎照祥. 英国贵族史 [M]. 北京：人民出版社，2000.

[36] 阎照祥. 英国政治制度史 [M]. 北京：人民出版社，2012.

[37] 杨春梅. 英国大学课程改革与发展 [M]. 北京：北京理工大学出版社，2006.

[38] 杨沛霆. 科学技术史 [M]. 杭州：浙江教育出版社，1986.

［39］袁传明. 近代英国高等教育改革与发展研究：以伦敦大学百年史（1825-1936）为个案［M］. 广州：广东高等教育出版社，2017.

［40］易红郡. 英国教育的文化阐释［M］. 上海：华东师范大学出版社，2009.

［41］易红郡. 英国教育思想史［M］. 上海：华东师范大学出版社，2017.

［42］易红郡. 战后英国高等教育政策研究［M］. 长沙：湖南师范大学出版社，2012.

［43］殷企平. 英国高等科技教育［M］. 杭州：杭州大学出版社，1995.

［44］赵林. 西方哲学史讲演录［M］. 上海：上海三联书店，2021.

［45］张泰金. 英国的高等教育历史·现状［M］. 上海：上海外语教育出版社，1995.

［46］中共中央马克思恩格斯列宁斯大林著作编译局. 马克思　恩格斯共产党宣言［M］. 北京：人民出版社，1949.

［47］周常明. 牛津大学史［M］. 上海：上海交通大学出版社，2012.

［48］周保利. 欧美教育史论丛：19 世纪剑桥大学改革研究［M］. 呼和浩特：内蒙古大学出版社，2012.

［49］朱镜人. 英国教育思想之演进［M］. 北京：人民教育出版社，2014.

［50］朱九思，姚启和. 高等教育辞典［M］. 武汉：湖北教育出版社，1993.

三、中文学位论文

［1］陈秋兰. 传统与变革之间：托马斯·阿诺德教育思想初探

［D］. 上海：华东师范大学，2005.

［2］高志良. 19 世纪中后期英国科技教育发展研究［D］. 保定：河北大学，2010.

［3］姜远谋. 19 世纪下半叶英国古典大学自由教育传统的变革［D］. 长沙：湖南师范大学，2019.

［4］何文华. 剑桥大学自然科学荣誉学位考试制度早期发展研究［D］. 保定：河北大学，2016.

［5］李晶晶. 19 世纪英国传统大学的社会评价及其改革研究［D］. 上海：华东师范大学，2008.

［6］刘文莉. 19 世纪中后期英国古典教育与科学教育之争［D］. 上海：复旦大学，2011.

［7］马晓珍. 赫胥黎自由教育思想探析［D］. 南京：南京师范大学，2017.

［8］潘娣. 赫胥黎与阿什比科学教育思想比较研究［D］. 曲阜：曲阜师范大学，2018.

［9］檀慧玲. 赫胥黎科学教育思想探析［D］. 保定：河北大学，2006.

［10］文进荣. 马修·阿诺德教育思想初探［D］. 上海：华东师范大学，2007.

［11］闫虹. 斯宾塞科学教育思想研究［D］. 济南：山东师范大学，2008.

四、中文期刊

［1］邓云清. 英格兰古典大学改革与大学传统的扬弃［J］. 世界历史，2017（1）：23-41，157.

［2］邓云清. 伦敦大学与英国高等教育的近代化［J］. 黑龙江高教

研究，2008（3）：48-51.

［3］高书国. 世界教育强国的形成与发展：以英、法、德、美为例［J］. 教育研究，2023（2）：15-29.

［4］宫艳丽. 教育大辩论与英国近代大学改革［J］. 现代大学教育，2008（4）：37-41，112.

［5］宫艳丽. 英格兰教育大辩论与高等教育的近代化［J］. 教育评论，2011（4）：145-148.

［6］李甫贵. 西方科学教育与人文教育关系的历史演变［J］. 河北师范大学学报（教育科学版），2007（2）：47-50.

［7］米广宁. “科学与文化”之争：赫胥黎与阿诺德的对话［J］. 世界教育信息，2008（2）：89-90.

［8］齐雅蕊，王保星. 大学博雅教育理念的延续与转变：以纽曼和密尔为讨论中心［J］. 高等理科教育，2023（4）：6-15.

［9］沈文钦. 纽曼博雅教育学说的历史渊源［J］. 高等教育研究，2009（6）：32-37.

［10］单中惠. 试析十九世纪英国科学教育与古典教育的论战［J］. 清华大学教育研究，2000（2）：91-96.

［11］檀慧玲. 科学教育的精神价值探析：赫胥黎科学教育思想解读［J］. 河北师范大学学报（教育科学版），2007（2）：43-46.

［12］王晨. 牛津、牛津运动与纽曼［J］. 清华大学教育研究，2005（3）：33-39.

［13］王晨. 契合与超越：纽曼和赫钦斯大学思想核心概念比较［J］. 教育科学，2005（1）：47-51.

［14］王晨. 热闹之后的冷观察：纽曼大学思想核心概念之意义重置［J］. 教育学报，2007（2）：72-77.

［15］王晓华. 纽曼自由教育思想研究［J］. 清华大学教育研究，2001（4）：62-68.

［16］王艳艳．传统与变革：19世纪英国教育论争研究［J］．教育史研究，2020（1）：148-158.

［17］徐继宁．现代大学的传统理念：纽曼教育思想解析［J］．高教探索，2008（6）：86-91.

［18］肖朗．文理并重、和谐发展的大学教育理念：约翰·穆勒高等教育思想述评［J］．天津师范大学学报（社会科学版），2018（2）：53-61.

［19］易红郡．为英国古典主义教育而辩护［J］．中国人民大学教育学刊，2017（1）：131-145.

［20］周保利．19世纪后期剑桥大学科学教育教学体制的确立［J］．黑龙江高教研究，2009（4）：48-51.

［21］周保利．19世纪英国科学教育与古典教育的论争及其影响［J］．河北师范大学学报（教育科学版），2009（5）：57-61.

［22］朱镜人．19世纪英国教育思想博弈研究［J］．中国教育科学，2015（2）：212，213-229，261-262.

［23］朱镜人．马修·阿诺德文化与教育理论述评［J］．河北师范大学学报（教育科学版），2006（3）：37-41.

［24］朱镜人，费建国．阿诺德古典教育思想述评［J］．安徽教育学院学报，2000（5）：62-65.

［25］郑明霞．19世纪英国高等教育大辩论及其启示［J］．学园，2013（9）：19-22.

五、外文著作

［1］ANDERSON C A，SCHNAPER M. School and society in England：social backgrounds of Oxford and Cambridge students［M］. Washington：Public Affairs Press，1952.

[2] ANDERSON R. British universities past and present [M]. London:Bloomsbury Publishing,2006.

[3] ARMSTRONG G F. A lecture on the progress of higher technical instruction at home and abroad[M]. Edinburgh:David Douglas,1885.

[4] ARMYTAGE W H G. Four hundred years of English education [M]. Cambridge:Cambridge University Press,1970.

[5] ARNOLD M. The complete prose works of Matthew Arnold: volume Ⅳ schools and universities on the continent[M]. Michigan:University of Michigan Press,1964.

[6] BABBAGE C. Reflections on the decline of science in England and on some of its causes[M]. London:B. Fellowes,& J. Booth,1830.

[7] BAMFORD T W. Thomas Arnold on education[M]. Cambridge: Cambridge University Press,1970.

[8] BELLOT H H. University College London, 1826-1926 [M]. London:University of London Press,1929.

[9] BENTHAM J. The works of Jeremy Bentham: volume 8 Chrestomathia [M]. Edinburgh:William Tait,1843.

[10] BILL E G W. University reform in nineteenth-century Oxford: a study of Henry Halford Vaughan 1811-1885[M]. Oxford:Clarendon Press,1973.

[11] BRISTED C A. Five years in an English university[M]. New York:G. P. Putnam & Sons,1873.

[12] BROCK M G,CURTHOYS M C. The history of the University of Oxford: nineteenth century Oxford part 1[M]. Oxford: Clarendon Press,1997.

[13] BROCK M G,CURTHOYS M C. The history of the University of Oxford: volume Ⅶ nineteenth-century Oxford part 2[M]. Oxford:

Clarendon Press，1997.

[14] BURSTON W H. James Mill on education[M]. Cambridge: Cambridge University Press，1969.

[15] CANTOR G. Quakers，jews，and science: religious responses to modernity and the sciences in Britain 1650-1900 [M]. Oxford: Oxford University Press，2005.

[16] CLARKE M L. Classical education in Britain 1500-1900[M]. Cambridge: Cambridge University Press，2014.

[17] COMPATRE G. Herbert Spencer and scientific education[M]. London: George G. Harrap & Company，1908.

[18] COPLETSTON E. A reply to the calumnies of the Edinburgh Review against Oxford: containing an account of studies pursued in that university[M]. Oxford: Collingwood and Co. Printers，1810.

[19] EDGEWORTH R L. Essays on professional education[M]. London: J. Johnson，1812.

[20] EDE A，CORMACK L B. A history of science in society: from philosophy to utility[M]. Toronto: University of Toronto Press，2017.

[21]FINDLEY J J. Arnold of Rugby: his school life and contribution to education[M]. Cambridge: Cambridge University Press，1897.

[22] FITZPATRICK T C. A history of the Cavendish Laboratory 1871-1910[M]. London: Longmans Green，1910.

[23] FOX R. Physics in Oxford, 1839-1939 [M]. Oxford: Oxford University Press，2005.

[24] GARFORTH W. John Stuart Mill on Education[M]. New York: Teachers College Press，Columbia University，1971.

[25] HAINES G. Essays on German influence upon English education and science 1850-1919[M]. Connecticut: Archon Books，1969.

[26] HALL P. Cities in civilization[M]. New York:Pantheon Books, 1998.

[27] HAMILTON W. Discussions on philosophy and literature, education, and university reform[M]. London: Longman Brown Green and Longmans, 1852.

[28] HARTE N. The University of London 1836-1986: an illustrated history[M]. London: Athlone Press, 1986.

[29] HARTOG P J. The Owens College Manchester: (Founded 1851) a brief history of the college and description of its various departments [M]. Manchester: J E Cornish, 1900.

[30] HEYCK T W. The transformation of intellectual life in Victorian England[M]. New York: St. Martin's Press, 1982.

[31] HUELIN G. King's College London, 1828-1978[M]. London: University of London King's College, 1978.

[32] IVES E W, SCHWARZ L D. The first civic university: Birmingham, 1880-1980: an introductory history [M]. Birmingham: University of Birmingham Press, 2000.

[33] JARAUSCH K H. The transformation of higher learning 1860-1930: expansion diversification social opening and professionalization in England, Germany, Russia, and the United States[M]. Chicago: University of Chicago Press, 1983.

[34] JOHNSON F R. Astronomical thought in Renaissance England: a study of the English scientific writings from 1500 to 1645[M]. Maryland: Johns Hopkins Press, 1937.

[35] JONES D R. The origins of civic universities: Manchester, Leeds and Liverpool[M]. London: Routledge, 1988.

[36] KEARNEY H F. Scholar and gentleman, universities and society

in pre-industrial Britain 1500-1700[M]. New York: Cornell University Press, 1970.

[37] LAWSON J, SILVER H. A social history of education in England[M]. London: Methuen & Co. Ltd. , 1973.

[38] LEEDHAM-GREEN E S. A concise history of University of Cambridge[M]. Cambridge: Cambridge University Press, 1996.

[39] MACLURE S. Educational documents: England and Wales 1816 to the present day[M]. London: Chapman & Hall, 1965.

[40] MATHIAS P. The first industrial nation: the economic history of Britain 1700-1914[M]. London: Routledge, 2001.

[41] MILL J S. Inaugural address: delivered to the University of St. Andrews[M]. London: Longmans Green Reader and Dyer, 1867.

[42] MULLINGER J B. A history of the University of Cambridge [M]. London: Longmans, Green, & Company, 1888.

[43] PELIKAN J. The idea of the university: a reexamination[M]. New Haven: Yale University Press, 1992.

[44] PETERS R S. Essays on educators[M]. London: George Allen & Unwin, 1981.

[45] RICHARD T. Economy and society in nineteenth-century Britain [M]. London: George Allen & Unwin Ltd. , 1972.

[46] ROTHBLATT S. Tradition and change in English liberal education: an essay in history and culture[M]. London: Faber & Faber, 1976.

[47] ROYLE E. Modern Britain: a social history 1750-1997[M]. London: E. Arnold, 1997.

[48] RUDY W. The universities of Europe, 1100-1914: a history [M]. Rutherford: Fairleigh Dickinson University Press, 1984.

[49] RUPERT J. John Henry Newman on the nature of the mind: reason in religion, science, and the humanities[M]. Mayland: Lexington Books, 2011.

[50] SANDERSON M. Education, economic change and society in England 1780-1870[M]. London: Palgrave Macmillan, 1983.

[51] SANDERSON M. The universities and British industry 1850-1970[M]. London: Routledge and Kegan Paul, 1972.

[52] SANDERSON M. The universities in the nineteenth century [M]. London: Routledge & Kegan Paul, 1975.

[53] SEELEY J R. The Student's Guide to the University of Cambridge [M]. Cambridge: Deighton, Bell, 1863.

[54] SEARBY P. A history of the University of Cambridge: volume 3 1750-1870[M]. Cambridge: Cambridge University Press, 1997.

[55] SIMON B. Studies in the history of education 1780-1870[M]. London: Lawrence and Wishart Ltd. , 1960.

[56] SLEE P R H. Learning and a liberal education: the study of modern history in the universities of Oxford, Cambridge and Manchester, 1800-1914[M]. Manchester: Manchester University Press, 1986.

[57] SMITH S. The works of the rev. Sydney Smith including his contributions to the Edinburgh Review[M]. London: Longman, 1859.

[58] Smithsonian Institution. Annual report of the board of regents of the Smithsonian Institution, showing the operations expenditures, and condition of the institution for the year ending June 30, 1900 [M]. Washington D C: Government Printing Office, 1901.

[59] SOARES J A. The decline of privilege: the modernization of Oxford University[M]. Redwood: Stanford University Press, 1999.

[60] SPENCER H. An autobiography: volume II [M]. London:

Williams and Norgate，1903.

[61] STONE L. The university in society：volume Ⅰ[M]. Princeton：Princeton University Press，1974.

[62] STRAY C. Classics transformed：schools universities and society in England 1830-1960[M]. Oxford：Clarendon Press，1998.

[63] SYLVESTER D W. Educational documents：1816 to the present day[M]. London：Routledge，2005.

[64] THOMSON G P. J. J. Thomson and the Cavendish Laboratory in his day[M]. New York：Doubleday，1965.

[65] TILLYARD A I. A history of university reform from 1800 A. D. to the present time，with suggestions towards a complete scheme for the University of Cambridge[M]. Cambridge：W. Heffer and Sons Limited，1913.

[66] WHEWELL W. Of a liberal education in general：and with particular reference to the leading studies of the University of Cambridge [M]. London：J. W. Parker，1845.

[67] WINSTANLEY D A. Early Victorian Cambridge[M]. Cambridge：Cambridge University Press，2009.

六、外文学位论文

[1] HUNT J L. Libraries of the new universities in England：a study of public policy[D]. New York：Columbia University，1993.

[2] MATON K. The field of higher education：a sociology of reproduction，transformation，change and the conditions of emergence for cultural studies[D]. Cambridge：University of Cambridge，2004.

[3] MANNION L P. Sydney Smith：a study of his writings on

education[D]. Albany:State University of New York at Albany,1976.

[4] WALSH E. Policy changes and higher education quality assurance: the role for policy networks, globalization and internationalization in Germany,Ontario & the UK[D]. Hamilton:McMaster University,2007.

[5] GEOFFREY C. Virtue and character: the liberal education of the ordinary citizen[D]. Ottawa:Carleton University,2003.

[6] BAYON J. The neo-classical ideal:liberal arts education for the twenty-first century[D]. Claremont: The Claremont Graduate University, 2003.

七、外文期刊

[1] BECHER H W. Voluntary science in nineteenth century Cambridge University to the 1850's[J]. British journal for the history of science, 1986(1):57-87.

[2] BLEANEY B. A century of physics in Oxford[J]. Notes and records of the Royal Society of London,1999(3):333-343.

[3] DAVISON J. Edgeworth's essays on professional education[J]. The quarterly review,1811(6):166-191.

[4] DEBUS A G. Chemistry and the universities in the seventeenth century[J]. Estudos Avançados,1986(4):15-33.

[5] GOWING M. Science, technology and education: England in 1870[J]. Oxford review of education,1978(1):3-17.

[6] HARTLEY H B,HINSHELWOOD C N. Gresham College and the Royal Society[J]. Notes and records of the Royal Society of London, 1961(16):125-135.

[7] JENKINS H,JONES D C. Social class of Cambridge University

alumni of the 18th and 19th centuries[J]. The British journal of sociology, 1950(2):93-116.

[8] JAMES M. Literary education[J]. Westminster review, 1824 (1):43-79

[9] JAMES M. State of the nation[J]. Westminster review, 1826 (7):249-278.

[10] KUHN J F. Some notes on Matthew Arnold's thought on education and culture[J]. Notre Dame English journal, 1971(1):52-66.

[11] LOCKE E A. The ideas of Frederick W. Taylor: an evaluation [J]. The academy of management review, 1982(1):14-24.

[12] MACLEOD R, MOSELEY R. Thenaturals and Victorian Cambridge: reflections on the anatomy of an elite, 1851-1914[J]. Oxford review of education, 1980(2):177-195.

[13] Modern Systems of Instruction. British critic, and quarterly theological review[J]. The British critic, 1827(13):175-211.

[14] ROBERTS G K. The liberally-educated chemist: chemistry in the Cambridge natural sciences tripos, 1851-1914[J]. Historical studies in the physical sciences, 1980(1):157-183.

[15] RODERICK G W, STEPHENS M D. Scientific studies at Oxford and Cambridge, 1850-1914 [J]. British journal of educational studies, 1976(1):49-65.

[16] ROSS D A. Matthew Arnold and Thomas Henry Huxley: two speeches at the royal academy 1881 and 1883[J]. Modern philology, 1977 (3):316-324.

[17] SHAPIRO B J. The universities and science in seventeenth century England[J]. Journal of British studies, 1971(2):47-82.

[18] SMITH S. Essays on professional education[J]. The Edinburgh

review,1809(29):40-53.

[19] The Society for the Diffusion of Useful Knowledge. State of the mathematical and physical sciences in the University of Oxford [J]. The quarterly journal of education,1832(4):191-208.

[20] VIEDRYS R, ARNOLD T. The rise of physical science at Victorian Cambridge with commentary and with reply[J]. Historical studies in the physical sciences,1970(2):127-151.

[21] WANG C. Criticisms of the University of Oxford in the early 19th century and the formation of Newman's idea of a university: focusing on attacks in the Edinburgh Review[J]. Hiroshima: higher education forum,2017(14):11-33.

[22] WILSON D B. Experimentalists among the mathematicians: physics in the Cambridge natural sciences tripos, 1851-1900[J]. Historical studies in the physical sciences,1982(2):325-371.

[23] WRIGH C J. Academics and their aims: English and Scottish approaches to university education in the nineteenth century[J]. History of education,1979(2):91-97.

八、外文电子文献

[1] Huxley T H. The rede lecture [EB/OL]. (1883-06-13) [2023-09-23]. https://mathcs. clarku. edu/huxley/SM5/ Rede. html.

[2] Royal Commission. Fifth Report of the Royal Commission on Scientific Instruction and the Advancement of Science [EB/OL]. (1874) [2023-07-10]. https: //www. education-uk. org/documents/ devonshire/ devonshire. html＃05.

[3] Royal Commission. Seventh Report of the Royal Commission on

Scientific Instruction and the Advancement of Science[EB/OL]. (1874) [2023-07-10]. https://www.education-uk.org/documents/ devonshire/ devonshire.html#07.

[4] Royal Commission. Third Report of the Royal Commission on Scientific Instruction and the Advancement of Science [EB/OL]. (1873) [2023-07-03]. https://www.education-uk.org/documents/devonshire/ devonshire.html#03.

后　　记

这部著作是在我硕士学位论文的基础上修改、扩充完成的。它不仅标志着我硕士生涯的圆满结束，也开启了我攻读博士学位的旅程。完成这部著作后，我对学术工作的敬畏更为深刻，真切地感受到，学术研究是一门需要付出极大努力和心血的工作。撰写书稿的过程中，我每天都会给自己规定需要完成的字数。这种漫长的过程使我时常觉得自己是推巨石上山的西西弗斯（Sisyphus），常常感到疲惫。但每当找到新的资料或产生有趣的想法，又会燃起创作的激情和探索的欲望。学术研究就如同登山，尽管日常的写作就像精疲力竭地攀登，但一旦发表或出版，便油然而生“一览众山小”的豪情。或许，这正是学术研究的魅力所在。

这本书稿能够顺利完成，首先要感谢我的导师易红郡教授。读研三年，承蒙老师悉心指导与关怀。易老师严谨的治学态度深深影响了我，他时刻叮嘱学生做好规划，按部就班地完成学习任务。老师要求我们每月进行一次汇报，总结自己上个月的工作，并制订本月的计划。老师所强调的“规划”的意识对我影响很大，使我意识到人生的每一步都应该从长远的角度出发，向着自己的理想努力前进。易老师是一位负责又和蔼的老师，我们的每一篇论文老师都是字斟句酌地修改，他常因看学生的论文熬红眼睛，即便如此，老师依旧耐心地给我们的论文提出修改意见。刚入学的时候，我对学术论文几乎一无所知，理论功底十分薄弱。面对我在写作中犯的低级错误，老师总会安慰我

"没关系"，并及时指出我在写作中的不规范之处。在撰写书稿的过程中，我也多次面临畏难情绪的困扰，难以顺利推进写作工作。正是易老师一次次地给予我前进的勇气，鼓励我克服困难，挑战自我。易老师不仅给予我学术上严格的指导，也给了我慈父般的关心，为我的人生道路提供建议，老师的栽培此生难忘。老师常叮嘱学生注重身体的锻炼，不要因学习过度疲倦，他还常分享自己的锻炼经验。在老师的影响下，我也养成了定期锻炼的习惯，这让我在学习紧张之余，找到了放松身心的好方法。

英国哲学家欧克肖特（Oakeshott）将教育的目的视为"成人"，在湖南师范大学的三年时光，成为我成长中一段极为宝贵的经历，让我深刻地领悟到了"成人"的真谛。湖南师范大学不仅为我提供了学习的平台，更开阔了我人生的视野，让我看到了世界的宽广。感谢教育史专业和比较教育专业的每位老师，诸位老师深厚的学养与扎实的学识开拓了我的眼界，老师们平易近人的态度和亲切温暖的话语让我身处异乡却倍感温暖。在美丽的教科院度过自己三年的青春，我深知自己是幸运的。每当我看到滔滔不绝的湘江在阳光的照射下波光粼粼，看到巍峨的岳麓山郁郁葱葱，我的愁绪也就随着这秀美的风光逐渐消散了。

我和易门大家庭共度的时光，是读研期间最幸福的回忆。尤其难忘的是每周三晚上和老师、师兄师姐们相聚在教科院共读论文。阅读论文时，作者们的智慧与思维在字里行间流淌，严谨的结构和丰富的理论为我打开了新的视野。每次读书会我都受益颇多，与老师和同学的交流中，思想的火花不断迸发，灵感如流星在心中划过。大家自由平等的对话，营造了一种开放包容的学术氛围，如同"围炉夜话"般，既有知识的深度，又有生活的雅致。三年的时间，不仅让我对学术研究有了更深的理解，也结识了许多志同道合的朋友。感谢易门的师兄师姐、同级学友和师弟师妹们给予的关心与鼓励。他们既是我在学术道路上的榜样，也是生活中值得信赖的伙伴。

此外，我要感谢一直为我默默付出并永远支持我的家人。我的父母都以我为荣，将我视作掌上明珠。母亲的勤劳独立和父亲的细腻善思都为我树立了榜样，他们的爱护与关怀是我最有力最坚强的后盾，我们的小家是我永远的避风港。我还要感谢我的朋友们，他们一次次地在我伤心难过的时刻为我加油助威，不厌其烦地安慰我。虽然我与他们相隔千里，但他们却如同明灯，照亮我走过黑暗崎岖的小路。在快要掉入情绪的陷阱时，我的好友们就像一张结实的网把我牢牢地兜住。感谢教育史的同学们，与他们相遇是我的幸运。每每与他们交流，我都能获得思想上的启迪，他们的真诚和善良也不断治愈我的坏心情。

最后，还要感谢河北大学出版社的各位老师，书稿工作的顺利推进离不开各位老师的辛勤付出。其中，尤其要感谢对接我书稿工作的李达老师，她一丝不苟的工作态度体现了河北大学出版社严谨踏实的工作作风，让我深受感动。总之，感谢河北大学出版社全体老师的支持与帮助，让我得以顺利完成书稿。

无论过去何种喜乐与哀愁，皆是过往。我依然会缓慢但勇敢地向前走，时而蹲下哭泣，时而抬头追光。愿此后自己能够保持豁达开朗，笑对生活中诸多烦恼，如邢岫烟这首诗中所云：“桃未芳菲杏未红，冲寒先喜笑东风。看来岂是寻常色，浓淡由他冰雪中。”

秦　睿

2025 年 2 月 8 日